U0456465

江苏高校优势学科建设工程资助项目

中共江苏省委宣传部与南京师范大学共建马克思主义学院资助项目

江苏省中国特色社会主义理论体系研究基地
——南京师范大学社会主义意识形态研究中心研究成果

江苏省“一级学科”重点学科“马克思主义理论”建设项目

思想政治教育随园文丛

诗意德育

·修订本·

孙迎光　孙　菲●著

上海三联书店

目　录

绪 言

清朝戈守智编纂的《汉溪书法通解》一书中说："凡作字者，首写一字，其气势便能管束到底，则此字便是通篇之领袖矣。"这个道理不仅适用于书法，而且适用于写作。书法的第一个字，著作的开场白都应该具有通篇的领袖作用。为此，在本书的开场白中，最需要说的就是教育中的情的问题。

我国当代著名教育家夏丏尊曾说过一段十分形象的话："学校教育到了现在，真正空虚极了。单从外形的制度上方法上，走马灯似的变更迎合，而于教育的生命的某物，从未闻有人培养顾及。好像掘池，有人说四方形好，有人又说圆形好，朝三暮四地改个不休，而于池的所以为池的要素，反无人注意。教育上的水是什么？就是情，就是爱。教育没有了情爱，就成了无水的池，任你四方形也罢，圆形也罢，总逃不了一个空虚。"①今天，德育无论怎样改革，都不能离开情和爱。

情感教育是德育的一个老话题，"晓之以理、动之以情"是德育的老生常谈。问题是如何使这一老话题生出新意。发挖情感教育的新意不能仅仅从道德功能论上谈情。当今，谈论情感教育最稳当的办法就是把它归入到德育的功能范畴，将"晓之以理"中的"理"作为事物的

---

① 亚米契斯：《爱的教育》，上海书店出版社 1987 年版，《译者序言》。

本质与规律,而"动之以情"主要是德育教师能够善于把握德育对象的心理活动,如兴趣、动机、情感等,以便收到最佳的德育效果。这样,情感教育陷入了一个怪圈,似乎它不能作为"晓之以理"的功能就会丧失威望与效用。在教育中,仅仅将情功能化是以一种对情并不合适的量度来判断情。情如生命之水,没有情,人就处于脱水状态,如鱼在岸上。借用海德格尔的话说,人们不能以鱼在岸上存活多久来评价鱼的生命能力,德育也不能以情在德育中的功能有多大来判断情。因为后者的道德思路始终在工具理性框架之内,不论这种思路对情感的评价有多高,困于工具化的解释,最终它还是对情的贬低。德育不能给"情"以限制和降级,使"情"仅仅成为说理的手段。

伽达默尔说:"亚里士多德为人的本质下了一个经典性的定义,根据这个定义,人就是逻各斯的生物。在西方文化传统中,这个定义成为一种规范的定义。它表明人是具有理性的动物,作为有理性的生物,人由于能够思维而同一切其他动物相区别。"[①]西方文化以理性定义人。德育由于受西方近现代文化的影响,理性与逻辑霸占了语言的解释,德育的理性语言一统天下。

谈情感教育需要回归东方文化的传统。孟子说:"人之所以异于禽兽者几希,庶民去之,君子存之。"[②]人与禽兽相异只在于那么一点点东西,庶民不能保存住它,成为小人;君子保存住了它,成为君子。这一点点东西就是恻隐之心。孟子说:"无恻隐之心,非人也。"[③]朱熹解释:"恻,伤之切也。隐,痛之深也。此即所谓不忍人之心也。"[④]恻隐之心就是爱人的情感,无此心就不是人,东方文化以情感定义人。中

① 伽达默尔:《哲学解释学》,上海译文出版社 1994 年版,第 59 页。

② 《孟子·离娄下》。

③ 《孟子·告子上》。

④ 朱熹:《孟子集注》。

国文化是以儒家为代表的文化，儒家文化的核心就是“仁”。孔子认为仁者爱人。孟子说：“仁，人心也。”[①]仁爱情感就在人心中，就是人的良知。中国繁体字的爱字里有“心”，其简化字虽然简去了“心”，但“爱”是万万不能缺“心”的。孔子和孟子以道德情感界定人，开启了重情的文化传统。这与西方传统文化崇尚理性并以理性定义人形成了鲜明对照。

情字是形声字，从心旁得意义，从青字得声音。宋代文学家王圣美用归纳法把青字含义揭示出来：晴，日之美者；清，水之美者；倩，人之美者；请，言之美者。代入公式：情，心之美者。情是心中最美好的东西。中华民族是一个重情的民族，情感在诗性文化中得以发扬光大。“上邪！我欲与君相知，长命无绝衰。山无陵，江水为竭，冬雷震震，夏雨雪，天地合，乃敢与君绝！”这是男女相悦之情。它以非凡的想像力（高山夷为平地、江水干涸、冬天打雷、夏天下雪、天地合一）表达了至死不变的爱情。“十年生死两茫茫，不思量，自难忘。千里孤坟，无处话凄凉。纵使相逢应不识，尘满面，鬓如霜。夜来幽梦忽还乡，小轩窗，正梳妆。相顾无言，唯有泪千行。料得年年断肠处，明月夜，短松冈。”这是活着的人对已死去的亲人的情感。诗人以“两茫茫”的生死世界的隔离，表达了对亡妻的思念和永远不能相逢的遗恨。“丞相祠堂何处寻，锦官城外柏森森。映阶碧草自春色，隔叶黄鹂空好音。三顾频烦天下计，两朝开济老臣心。出师未捷身先死，长使英雄泪满襟。”这是在世的人对古人的情感。通过描写祠堂表达了诗人对诸葛亮的一腔敬仰、钦佩之情，在阶前林下徘徊，竟使诗人老泪纵横。“安得广厦千万间，大庇天下寒士俱欢颜，风雨不动安如山！”这是诗人对天下人的情感。

在德育中有一句名言：“感人心者，莫先乎情”。这句名言是诗人

① 《孟子·告子上》。

白居易说的,这个“情”是“诗情”。诗情能使人生成为美的人生、使生命成为美的生命、使道德成为美的道德。

诗意德育继承传统文化,培养这样一种诗情。它通过诗情的陶冶塑造一种诗性伦理人格,这种人格不是指诗人的品格,而是指具有中国传统文化精神的“赞天地之化育”的人格,它能够在人与人、人与物之间建立起非占有和非功利性的“我与你”的亲密关系,投身于“自然之道”的运行。诗性伦理人格是具有诗心、诗情的人格,这种人超越了主客二分的对象性思维,进入“由美入真”的人生境界,得“真自由、真解脱、真生命”[①],这种人具有柳宗元宴游西山时“心凝形释,与万化冥合”的“神合”境界,张载的“民吾同胞,物吾与也”的博大胸怀,冯友兰的“与天地比寿,与日月同光”的天地境界。

本书是从诗意德育的角度探讨诗性伦理人格的塑造。诗意德育涉及到德育、诗、哲学与艺术等等领域。今天的德育研究很少有诗化的研究。人们常常从理性上谈德育,将德育作为教育学的一个分支学科。学科分类像一个书架,它使德育研究有一个固定的位置。这个位置决定了德育与诗、哲学、艺术分属于不同的领域。研究诗意德育,则需要打破这些固定界限。本研究在诗化的、艺术性的哲学思维之下谈德育,它所倡导的观念不仅涉及到德育观念的变革,而且涉及到教育哲学观念的变革。

---

① 《宗白华全集》,安徽教育出版社 1994 年版,第 71 页。

第一章　德育内涵、关系及规范

在介绍诗性德育之前，先从理性上解说德育，指出德育“是什么”。只有遵循马克思主义哲学的辩证思想，才能从德育三大要素的相互作用中揭示德育的内涵。德育三大要素的相互作用形成了价值关系、认识关系和实践关系，只有处理好三重关系，才能提高德育效果。在这三重关系中，最根本的关系是价值关系，因此，德育是一门规范科学。

第一节　德育的要素及内涵

对任何事物的理解都有前见，如原始部落的人与文明社会的人看到天上的飞机，感知是不同的。文明社会的人会用空中运输工具诸如此类的观念把握它。原始部落的人可能会用图腾崇拜的观念将其设想为一种神秘物。卢卡奇指出：“思维正确性的标准虽然就是现实性，但这现实并不是现成的，而是生成的——并不是没有思维的参与。”[①]一个事物如何呈现，既取决于事物本身(意识内容中有事物的客观性)，又受制于思维方法。例如，中国古代德育以诗性思维为主，没有“德育是什么”的学理性发问。孔子的思想核心是仁，在《论语》中仁

① 卢卡奇：《历史与阶级意识》，商务印书馆 1992 年版，第 299 页。

出现了109次,但孔子从来没有提出什么是仁。《论语》中对仁的讨论,不下五十处。孔子的弟子,经常以仁为主题,叩问其含义。单单樊迟一人,就有过三次问仁。然而,孔子对不同弟子,所答不同。个中的所问所答都不是针对“什么是仁”,而是“何以成仁”。这是把“是什么”的问题,转换成“如何做”的问题。孔子的“如何做”的教育是把学生放到具体生活情景中去体验道德。孔子开创的以松比德、以兰比德的方法,都是他在具体的教育生活情景中让学生如何学、如何做的诗性德育。

只有当我们受到西方思维方式的影响——学科思维,才有了“是什么”的本质性发问,才会有德育这门学科(中国古代没有现代学科思维下的德育),才能追问德育的定义及其本质。这是一种理性思维。

学科思维来自于对象性意识。有学者指出:“对象是理论的主体和核心,全部的理论分析都是围绕着这个核心展开的,所有的逻辑论证都是为了说明对象而进行的。只有明确了对象,才能开始科学研究,只有科学地界说了研究对象,也才能建立起严格的科学理论及其体系。”[①]如此,从理性德育上说,研究对象就成为德育研究的起点和学科划分的依据。今天有德育学科(教育学下的一个二级学科)依据于学科对象。对象性思维虽然不同于诗性的非对象性思维,但是,它可以成为诗性“德育”的研究“起点”。本书称为“诗意德育”,如果不知道德育是什么,就无法说清诗意德育。因此,诗意德育不妨从理性地界定德育开始。

界定德育即探讨德育本质,揭示德育内涵。可以从三个方面进行:

第一是要素结构。

① 胡德海:《教育学原理》,甘肃教育出版社1998年版,第1页。

马克思指出："完整的表象蒸发为抽象的规定；……抽象的规定在思维行程中导致具体的再现。"①北大哲学教授张世英曾举过一个生动形象的例子，来说明这条认识路线。这里，权且用笔者的语言述其大意：认识是一个整（完整的表象）——分（抽象的规定）——合（思维具体）的过程。譬如，一个乘飞机到南京旅游的游客，当飞机在南京上空飞翔的时候，这个游客从飞机上往下看南京，这时南京对游客来说是一个完整的表象、混沌的整体。当游客下飞机后开始游玩南京，去了中山陵、雨花台、玄武湖、莫愁湖、新街口、夫子庙等等，这时便处于"分"的阶段，是对南京各个部分的认识。游玩结束后，游客乘飞机离开南京，再在飞机上往下看南京，还是这个南京，但这时已不是混沌的整体，而是包含了对南京各个部分的认识、规定的整体，达到了思维具体。这个例子是辩证认识路线的形象化的注解。从中可以看出诗性隐喻思想对深化理性思维的积极意义。这种整——分——合的方法就是德育本质探讨的方法。

正确地走好这条路，寻得德育的学科概念，对德育本质的认识就应该像在飞机上看南京一样，是一个整体性的认识。马克思说："如果我从人口着手，那么这就是一个浑沌的关于整体的表象，经过更切近的规定之后，我就会在分析中达到越来越简单的概念；从表象中的具体达到越来越稀薄的抽象，直到我达到一些最简单的规定，于是行程又得从那里回过头来，直到我最后又回到人口，但这回人口已不是一个浑沌的关于整体的表象，而是一个具有许多规定的关系的丰富的总体了。"②马克思虽然没有这样研究人口，但我们可以看出马克思的研究方法就是这种整——分——合的方法，如乘飞机的游客，对南京

① 《马克思恩格斯全集》（第 12 卷），人民出版社 1962 年版，第 751 页。

② 《马克思恩格斯选集》（第 2 卷），人民出版社 1872 年版，第 103 页。

的认识一头一尾都是完整的。

以下笔者沿此思路对德育本质试作分析。探讨德育本质首先要从完整的表象出发。黑格尔说:“它(指表象——作者注)对于对象还没有省略掉任何东西,而且让对象整个地、完整地呈现在它面前。”[①]我们对德育有一个完整的表象,典型的德育是学校课堂中的教育,它有教室、课桌、教师、教科书、直观教具、学生、笔记本、钢笔、日光灯、空调、上课铃声……这是一种黑格尔所说的“直接知识”,事物如其所是地呈现在我们面前,直接成为我们的对象的知识,这种知识没有任何概念的把握。这里,没有任何概念是指没有任何关于德育的概念。接着,我们对感性认识进行思维加工,形成抽象的规定(抽象概念亦叫知性概念)。萨特指出:“当人们以一种孤立状态来设想并不孤立的状态时,就已是在进行抽象。……红颜色是一种抽象物,因为颜色不可能没有形状而存在。”[②]抽象是为了使人们认清事物,在思维上将某一因素或某些因素从事物总体中分离开来、孤立起来。而实际上,这些因素在现实中是不可分离的。对于本质认识的这种抽象必须掌握好度,不是漫无边际地抽象,而是要抽象出反映事物本质的规定性,这些抽象规定性为德育的教育者、教育手段(媒介)和教育对象,它们是教育的最简单、最普遍、最基本的知性概念。而日光灯、空调等要素与德育没有必然的、内在的联系,它们的存在与否,不能影响德育,因此,它们就不能成为抽象的对象。上述教育者、教育手段(媒介)和教育对象三个因素与德育有必然的、内在的联系。缺少任何一个,都无法形成德育(学生一个人的自我教育也具有这三个要素)。然后,综合上升到思维具体,将这些要素联系起来,形成辩证理性概念:德育的本质是

① 黑格尔:《精神现象学》(上卷),商务印书馆1996年版,第63页。

② 萨特:《存在与虚无》,生活·读书·新知三联书店1987年版,第29页。

德育的教育者、教育手段、教育对象相互作用的流程。马克思指出："从抽象上升到具体的方法，只是思维用来掌握具体、把它当作一个精神上的具体再现出来的方式。"[①]辩证理性概念就是这种再现方式，这个作为"许多规定的综合"的具体是思维中的整体，是思维具体。"具体之所以是具体，因为它是许多规定的综合，因而是多样性的统一。因此它在思维中表现为综合的过程，表现为结果，而不是表现为起点。"[②]辩证理性概念综合了教育者、教育手段、教育对象这些教育规定，作为结果是对德育的理性把握。

德育本质的概念形成于对德育中若干因素的组合、互动的抽象概括与辩证综合之中。经验的现实是杂多，而且是无穷无尽的杂多，我们无法将德育现实的细枝末节全部纳入德育概念之中，这种概念性认识是现实内容的一种简化。李凯尔特指出："关于单一的和特殊的东西的科学是没有的，即从对象的单一性和特殊性方面去阐述对象的科学是没有的。毋宁说，一切对象都从属于普遍的概念之下，在可能的情况下，也从属于规律概念之下。"[③]概念是科学活动的认识成果。

本质是事物的根本性质，是构成一事物的各必要要素的内在联系，正是教育者、教育手段、教育对象诸要素的内在联系、相互作用才构成了德育本质，舍弃其中的任何一项都不成其为德育。

这种本质观可以抓住德育这个事物的全体(斯宾诺莎认为，从事物中抽象出来的诸关系项的总和永远也无法再恢复具体物。这个全体只是相对的全体，即抓住了事物的关键要素)，由诸要素相互作用构成了完整的德育。辩证唯物论认为人的认识是一个否定之否定的过

① 《马克思恩格斯选集》(第2卷)，人民出版社1995年版，第19页。
② 《马克思恩格斯选集》(第2卷)，人民出版社1995年版，第17—18页。
③ 李凯尔特：《文化科学和自然科学》，商务印书馆1986年版，第38页。

程,在仿佛又回到出发点的意义上,德育概念与它的完整的表象相对应,好像是向感性具体的复归,但又高于感性具体。

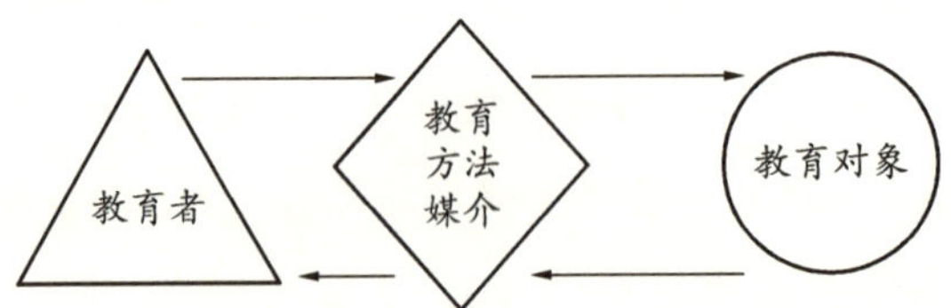

辩证法主张透过现象看本质,这里的"透过"是"通过"之意,而不是"穿透"某种幕布。这里的现象是表象,本质是体现于表象中的诸要素的相互作用。这种相互作用虽然是从思维上得以清晰地把握的,但它可以直接为人所感知,即我们可以感觉一个鲜活的教育过程:在窗明几净的教室中,老师(教育者)与学生(教育对象)通过教学方法(媒介)进行互动。如果德育本质隐藏在这种现象背后(好像幕布后面),是我们感觉不到的东西,那么,它就成为了神秘的东西了。

第二是关系结构。

理解德育不仅要抓住关键要素,而且要弄清诸要素的关系。用什么样的原则将这些要素联系起来,是一个至关重要的问题。因此,在理解德育时,需要价值判断(应该确立起一种什么样的教育关系)。德育学既是一门研究教育规律的理论科学,又是一门涉及到价值的规范科学。

从要素结构上看,德育是中性的,凡是三个要素的组合,都构成了德育。借用柏格森的话说,这种认识所形成的概念是"只缝制一套对保罗和彼得都同样适合的现成的衣服。"[①]这种教育有正向的,也有负向的。从关系结构上看,德育具有了价值追求,它是一门规范科学,价值规范是要给衣服染上某种色彩(例如,我们认为过去的德育是"我打

---

① 李凯尔特:《文化科学和自然科学》,商务印书馆 1986 年版,第 42 页。

你通”，这种教育具有专制色彩。今天的德育倡导以人为本，它有民主与平等色彩等等)。

今天的德育主张民主、平等的教育关系，在教育中坚持以人为本的原则，提倡尊重人、理解人、关心人。现代德育认为：只要不是民主、平等的教育关系，就不是本真的德育。关系的性质决定了教育的性质，例如，“文革”时代存在着政治性德育，但由于专制性色彩太强，人们(从价值判断上看)认为这种德育根本就不是德育。

第三是马克思主义哲学方法。

德育基本的前提条件常常留给哲学去探讨，在德育学科中这些条件常常未被考察和注意，但这些前提却是至关重要的，它们属于基础性哲学论证。马克思主义哲学方法就具有为德育进行基础性哲学论证的作用。卢卡奇说：“正统马克思主义并不意味着无批判地接受马克思研究的结果，它不是对这个或那个论点的‘信仰’，也不是对某本‘圣’书的注解。恰恰相反，马克思主义问题中的正统仅仅是指方法。”[①]这里所讲的方法就是总体性方法，只有坚持马克思的总体性方法才是真正的马克思主义者。黑格尔最早提出了总体性范畴，他的绝对观念就是一种思想总体的概念式的前进运动。他有一个著名的诗性隐喻式的观点：“砍断一个手指，它就不再是手指，而会在化学过程中逐渐瓦解。”[②]对任何事物，只有进行总体性考察，才能确定它的性质。马克思批判地继承了黑格尔的思想，在社会实践的基础上，将社会隐喻为一个总体，研究社会各个方面的相互联系和相互作用。马克思认为，只有把社会生活现象放到作为总体的历史过程中去才能把握它们，而在静止的状态下是无法理解它们的。马克思从人与自然的物

---

① 卢卡奇：《历史与阶级意识》，商务印书馆 1992 年版，第 47—48 页。

② 黑格尔：《自然哲学》，商务印书馆 1980 年版，第 490 页。

质变换这一历史领域来谈论人,他回答了人从何而来——劳动创造人;人是什么——人的本质是一切社会关系的总和;人向何而去——人有一个从必然王国向自由王国的发展过程、一个由碎片化的人向完整的人的过渡过程。德育要准确判定“历史方位”(社会主义初级阶段)、准确捕捉德育的“中国问题”(超越资本主义现代文明、建设社会主义的新型文明)、要以马克思主义哲学方法为指导。

综上所述,通过要素结构、关系结构和总体性方法为德育下一定义,对德育学科目标的理解表现在对这门学科的定义之中。本书的定义为:德育是以马克思主义总体性方法为指导,教育者通过一定的教育媒介和方法对教育对象施加影响,促进教育对象自我教育、自我提升,在思想观念、道德水平上产生自我创造性,从而丰富与反哺(丰富指拓宽德育视野,反哺指教育者接受教育对象的教育)德育文化的双向互动过程。

定义中有三个关键词:教育者、教育媒介和教育对象,构成这一定义的“主干”。在我们给德育下定义时,可以根据每个人对德育的不同理解,将关键词用自己的话“串起来”就形成了定义。例如,可以这样下定义:“德育是教育者依据一定的社会意识形态,通过一定的教育媒介和方法,对教育对象施加影响的过程”。这一定义将德育的外延扩展到古今中外。若改变成“德育是教育者依据马克思主义思想,通过一定的教育媒介和方法,对教育对象施加影响的过程”,这一定义将德育的外延主要划定在当代中国。若感觉“施加”二字带有较强的单向灌输意味(其实未必如此,只是有些人这样认为),那么可以改变为“与教育对象沟通交流、平等对话的过程”。

尼采指出:“所有的概念都是通过把不等同的原体验加以等同化来形成的。就像一张树叶子实际上确定不可能完全等同于另一张树叶子那样,‘树叶子’的概念确实是通过任意地丢弃各个树叶子的个性的差异性,也通过忘却它们种种的偏差点来得以形成的。这样形成过来的概念，至今还使人唤起，仿佛除了现实的种种的树叶子之外，在自然中还存在着似乎称得上‘树叶子本身’的什么东西似的观念。”①所有的概念都是一种抽象理性思维的产物，恰如“一切牛在深夜里都是黑的”，它们在现实中并不存在。柄谷行人说：“尼采说‘所有的概念，均是通过把不等同的东西等值化来得以发生。’换句话说，任何概念都是从‘隐喻’开始的。”②理性思维与诗性隐喻思维有联系，通过理性思维的概念、判断和推理揭示事物的本质，获得事物的概念——一个现实中并不存在的抽象物。当用它来指代具体事物时就是一种隐喻。由此看来，理性思维与诗性思维是密不可分的。

第二节　德育的三种关系

社会与个体之间有着直接的不可分割的统一关系，德育将个体抉择与社会规范发生关联，使个体的目的论设定汇入社会的合规律的目的论设定之中。德育是一种提升人的思想境界的目的论设定活动，这是德育活动的出发点。每个人都是一种可能性的存在，个体的抉择或是合规律的或是逆规律的，德育是将个体的前一种潜能最大程度地调动起来，让其以有意识的目的论设定形式将潜能变成现实。

对目的论设定活动的探讨由来已久。卢卡奇指出：“亚里士多德对目的论设定进行了分析，就是将其划分成‘想’和‘做’这两种行为。哈特曼对亚里士多德的这种分析作了补充。他把‘想’这个行为进而分解成‘设定目的’和‘选择手段’，从而在接近认识这个现象方面确实前进了一步；哈特曼还说明，‘想’这种行为的方向是从主体到（纯想

① 柄谷行人：《马克思，其可能性中心》，中央编译出版社2006年版，第13—14页。
② 柄谷行人：《马克思，其可能性中心》，中央编译出版社2006年版，第36页。

象)的客体,而'做'这种行为却是一种'反向规定',因为在这种行为当中,导致这种'反向规定'的那些步骤是从所规划的新的客体出发反向地加以设计的,这样哈特曼就把目的论设定大大具体化了。"[①]亚里士多德与哈特曼对设定目的这种行为的分析对德育有积极启示意义,可以把德育行为分解为以下几个方面:

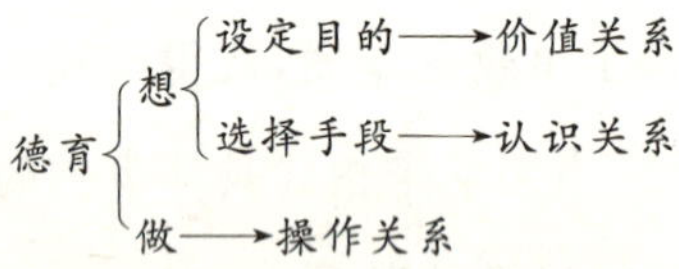

这里把特殊的东西(某时某地的具体的德育工作)置于考察之外,以抽象的、普遍化的形式(同样具有尼采的树叶子性质,同样具有隐喻性质)提出德育的目的论设定活动的三种关系:一是设定目的的价值关系。每个目的论设定都包含着价值选择。德育的价值选择源自一种对于人的全面发展的渴望,其培养目标和教育的价值观是马克思主义哲学所提出的全面发展的人。德育目的论设定的内容随着时代的变化而变化,某一时期的社会历史条件(社会关系总和的某个阶段)规定着目的论设定的特征、回旋余地。在市场经济条件下,相对于片面地追求拥有物的占有式教育,今天的全面发展注重培养完整的人(完整的人本身就是一个诗性隐喻),即"人以一种全面的方式,也就是说,作为一个完整的人,把自己的全面的本质据为己有"。[②] 从人的全面发展的目的论设定出发,将教育活动发动起来并使其保持在运动之中,需要认识方法与实践方法的支撑。二是选择手段的认识关系。目的论价值的实现需要符合教育规律。选择手段的认识关系是实现目的

① 卢卡奇:《关于社会存在的本体论》(下卷),重庆出版社 1993 年版,第 377 页。
② 马克思:《1844 年经济学——哲学手稿》,人民出版社 1979 年版,第 77 页。

的思想准备，教育者要分析受教育者的心理发展规律、接受教育的规律等等，认识受教育者所处的教育环境，以便采取有效的教育方法。三是实现目的的操作关系，这是目的的实际实施过程，在这一过程中有许多实际操作的方法。从认识关系与实践关系中分别产生了德育的认识方法与实践方法。

德育三大要素的相互作用产生了三重关系。在三重关系中，第一重关系是目的论关系，它涉及到教育的价值目标，第二、第三重关系是方法论关系，涉及到目标的实现。与哈特曼不同，德育的“想”与“做”都是从主体到客体、从客体到主体的双向运动，体现为实践、认识、再实践、再认识的循环往复的上升运动。

首先，从目的论关系上看，德育的目的论设定的是马克思主义的人的全面发展。

有学者指出：“包括教育研究和教育实践活动在内的所有人类认识和实践活动首先就是研究和确定它的理想和目的，而不是首先研究它的规律。但我国几乎所有的教育学都不仅没有把教育目的作为研究的首要任务，而且根本没有把它作为研究任务。”①以往的教育理论将自己仅仅定位于研究教育规律以至于忽视了教育目的的研究。然而，教育目的是教育理论首先必须弄清楚的问题。

人的全面发展在德育中具有引领作用，它是一个向来在先的目标。在整个德育活动中始终将其保持在眼界之中，其活动就不会偏离方向。对人的全面发展的考察是一项奠定基础的工作。从理论层面上看，人的全面发展不是一个孤立的命题，它有一个诸多概念相互包含的理论网络。它也不是由诸概念随意拼凑在一起的规定性，即不是

---

① 赫文武：《作为反思教育思想前提的教育哲学》，人大复印资料《教育学》2008年11期。

随意地把概念 abcd……与目标 A 结合在一起。abcd……在理论中的聚合,它们赋予 A 以丰富的意义,在于与 A 的本质联系。只有掌握了理论网络中的概念,才能更好地理解价值目标。胡塞尔举了一个 $(5^3)^4$ 的定义链条,这个概念可以回溯到 $5^3 \cdot 5^3 \cdot 5^3 \cdot 5^3$。而 5^3 又可以回溯到 $5 \cdot 5 \cdot 5$ 上。再进一步 5 可以通过 $5=4+1$,$4=3+1$,$3=2+1$,$2=1+1$ 来澄清。最后可以充分阐明 $(5^3)^4$。[①] 与这种思想相似,人的全面发展概念要有相关概念的解释,它要向人+全面+发展等概念过渡,后者又需要向包含它的一些子概念过渡。每一次过渡,后面的概念都是对前面概念的澄清并且在内容上丰富着前面的概念。只有对这些概念进行透彻研究,价值目标才能真正获得根据。这样,人的全面发展就形成了一个类似现象学的定义链,可以将其称为理论充实链条——通过诸概念相互联系而建立起来的整体。这个理论充实链是一个环节接着一个环节构成的,这一人的全面发展的理论网络涵盖了马克思主义关于人的理论。

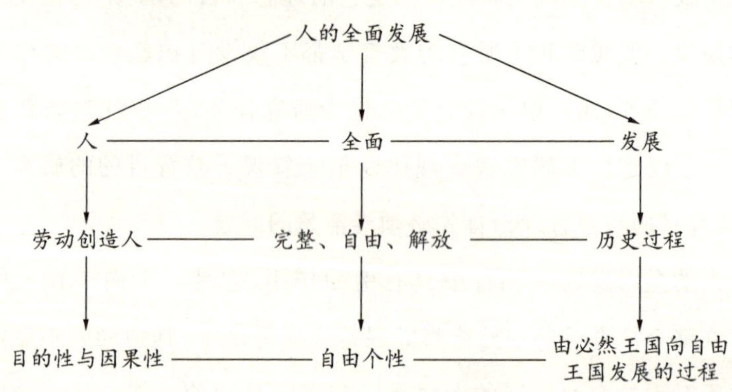

图　人的全面发展的理论网络

值得一提的是:1901 年王国维引进赫尔巴特"传统教育学",全面发展教育思想在他的教育宗旨中就有所体现,他说:"教育之宗旨何

---

① 胡塞尔:《逻辑研究》(第 2 卷)第二部分,上海译文出版社 1999 年版,第 68 页。

在？在使人为完全之人物而已。何谓完全之人物？谓人之能力无不发达且调和是也。人之能力分为内外两种：一曰身体之能力，一曰精神之能力。……而精神之中分为三部：知力、感情及意志是也。对此三者而有真善美之理想：'真'者知力之理想，'美'者感情之理想，'善'者意志之理想也。完全之人物不可不备真善美之三德，欲达此理想，于是教育之事起。"①其体育和真善美的完全之人物的理想追求与党的十八大提出的培养德智体美全面发展的社会主义建设者和接班人在外延上相通。但它们的理论基础不同，前者基于康德哲学（王国维就是在康德把人的能力分为纯粹理性——指向物质现象领域的知识力、实践理性——指向道德实践的意志力、判断力——指向审美情感的感受力的基础上提出来的），后者基于马克思主义人学。因此，要真正理解今天全面发展教育思想就要了解马克思的人学思想。

从目标实现的操作层面看，可以将目标层层分解。在管理学中，有一种目的树理论（仍然是尼采的树叶子），它认为组织要实现一个总目标，可以先将总目标分解为分目标，再将分目标分解为子目标，形成一个目标链条，使目标的实现过程呈现出一个由低到高、由小到大的循序渐进的过程。每一个目标的实现都包含着德育的三重关系。

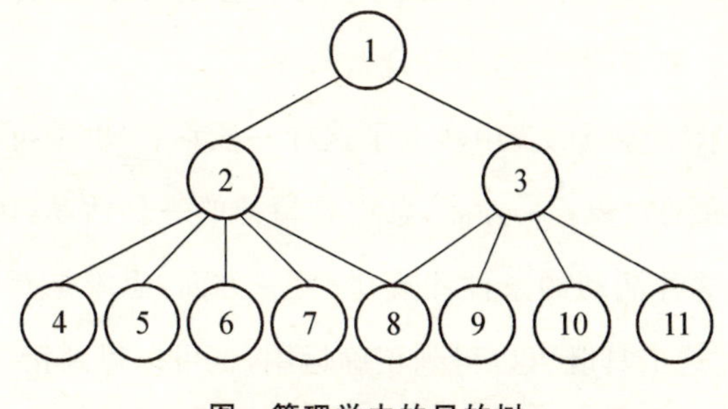

图　管理学中的目的树

① 《王国维文集》(第3卷)，中国文史出版社1997年，第57页。

今天,在以人为本的指导思想下,教育既重视学生的全面发展又重视社会主义建设者和接班人的培养;既重视个体的自我完善又重视社会对于人才的需要,努力地追求两者的有机统一。只有这种教育才有助于实现马克思主义的全面发展目标。

德育的目的论设定的模式可以产生出许多的派生模式。在实施阶段,教育者会面临一系列的可选抉择,进而引发更加细化了的目的论设定活动,使德育呈现出丰富多彩的变化。在学校学生干部选拔和培养上,存在着效率与育人两种不同的价值观念。如果追求组织管理的效率,教育者会选拔组织能力强、在学生中有一定威信的人当干部;如果以育人为组织管理目的,教育者会选拔没有组织能力、缺少自信和交际能力差的学生当干部。两者在认识与实践的操作模式上有着明显区别。判断哪种观念更合理的标准,是是否有助于促进所有学生的全面发展。在这个意义上,以育人为组织管理目标更加合理。所有派生模式的实施都应该是在总的目的论设定(人的全面发展)所规定的主线内进行。

第三节　德育作为一门规范学科

在德育的三重关系中,价值关系处于主导地位,德育不像自然科学那样是关于事实的科学,而是规范科学。

在胡塞尔《逻辑研究》中转引了这样一段话:“思维可以在双重关系上成为研究的对象:一方面,思维是精神的一种活动,由此看来,我们可以研究这种活动的条件和规律;另一方面,思维是获取间接认识的工具,并且这工具既可以得到正确运用,也可以得到错误的运用,由此看来,思维可以在前一种情况中导致正确的结果,在后一种情况中导致错误的结果。因此,既存在着思维的自然规律,也存在着对思维而言的规范规律、规定(规范),思维必须依据它们才能导致正确的结果。对思维的自然规律的研究是心理学的任务,而确定思维的规范规律则是逻辑学的任务。"[①]可以将逻辑学与心理学的关系借用到德育中来,德育学与心理学的关系与此相同。心理学研究人的心理与行为是怎样的,德育学研究人的心理与行为应当怎样。心理学研究人的心理与行为的自然规律,例如,它在研究挫折这样一种情绪反应时,分析人对挫折的知觉判断,即使挫折情景相同,每个人对这一情景的反应不同。德育学研究挫折中的道德反应,为人们提供某种规范,在挫折情景中"应当"有什么样的反应才是道德的。基于此,德育进行有针对性的挫折教育。

作为涉及到价值的规范科学,德育是在广义上谈论某种要求,它不针对具体的某个教育现象或某个教育者,在不涉及到任何人的愿望或意愿的情况下谈"应当"。例如,"老师应当有爱心"、"师生关系应当是民主、平等的"。这种"应当"可以表述为"一个 A 应当是 B","一个不是 B 的 A 是一个坏 A"。在涉及到教育时,这种"应当"的要求都被视为有其合理性。有多少价值设定,就有多少这类的应当。然而,这种应当不是工艺论意义上的应当。

胡塞尔说:"对一种行为——例如绘画、唱歌、骑马的——工艺论,我们首先会要求它'指明,人们必须做什么,以便有关的行为能正确地得以进行',例如,在绘画时必须如何握笔和用笔,在唱歌时必须如何用胸腔、嗓和嘴,在骑马时必须如何收缰、放缰和夹腿。"[②]德育学说与工艺论全然不同。老师有爱心并不是一项具体的规则,老师只有在具体的教育情景中才能观察出什么样的行为属于有爱心、什么样的

---

① 胡塞尔:《逻辑研究》(第 1 卷),上海译文出版社 1999 年版,第 30 页。

② 胡塞尔:《逻辑研究》(第 1 卷),上海译文出版社 1999 年版,第 23 页。

行为属于没有爱心,进而,他做出正当的决定。例如,在北京光明小学,一次上课时,老师问了一个问题,一位平时学习较差的学生举起右手,老师请他回答,他站起来,什么也不会。老师问他:“不会为什么举手?”他说:“同学们老说我不敢回答问题,我也想举一回手,没想到,老师偏偏叫了我。”下课后,老师和他约定:“以后你不会的时候就举左手,当你会的时候就举右手,我准叫你。”教师的理由是,既然学生站起来,就要让他体体面面地坐下去,以便使他充满自信地又一次站起来。“举手约定”的例子反映了教师的道德智慧。教师在教育中体现出爱心,需要道德智慧(在具体情景中的选择、判断、决定能力)。这样,德育的应当并非机械地对应某种行为。

在众多的规范中有着价值目标与基本规范,它们保证着德育学科的方向性,统领着其他规范。例如,在德育中“人的全面发展”是价值目标,“以人为本”是基本规范,价值目标和基本规范统领着所有其他规范(师生平等、彼此尊重等等)。相对于价值目标和基本规范,其他众多的规范称为派生规范,派生规范分有价值目标和基本规范的理念,同时具有与其他规范不同的特殊内容。德育的派生规范不是单个地、以自立的方式存在,而是依赖于价值目标与基本规范。

一旦在一定意义上、一定范围内确定了价值的好与坏,人们会在比较性的价值估量中划分出较好的和最好的与较坏的和最坏的。进而,人们就会对这个决定产生兴趣,就会去研究哪些内在的和外在的条件为这个意义上的好或坏提供保证,哪些不能提供保证。例如,由师生平等关系的价值设定发展出了主体性教育关系、主体间性教育关系、共同主体性教育关系的讨论。这种讨论又产生了有争议的好与坏的探讨。例如,在主体性教育探讨中,有学者认为师生单一主体性不如师生双主体性好;在将主体性教育与主体间性教育比较中,有学者认为主体间性教育更接近师生平等理念。这些探讨试图为建构平等的师生关系提供保证。

如果进一步追问：这种好与坏是建立在价值认定基础之上的，然而，这个价值认定的基础是由什么来决定的？我们是否可以把主观随意性排除掉？关于这种问题的研究属于基础性论证。

胡塞尔曾引用了这样一段话："人们应当做什么的问题始终可以被回溯到人们为达到某个目的的必须做什么的问题上去；而这后一个问题与另一个问题又是一致的，即：这个目标事实上是如何达到的。"①它说明了"应当"与"是"的关系。这种关系表现为人的目的论设定与实现目的的因果关系之间的关联问题。这本是一个生活中的常识。马克思主义价值观的"应当"是建立在"是"的基础上的，这个"是"要在社会发展趋势的相关理论中得到说明。马克思主义哲学提供的价值的根基并非像笛卡尔哲学设想的"我思故我在"那样，是一个清楚明白、确定无疑的出发点。这个根基的生命力在于它不断引发对人生的发问，根基处于不断的发问之中。如果我们需要这样一个根基，不仅要了解马克思主义哲学，而且要探讨马克思主义哲学的基本问题。

由此看来，德育有一个价值链：基础性论证——价值目标——基本规范——派生规范——条件性论证理论。具体说来这个价值链如下：社会发展趋势理论（基础性论证）——人的全面发展（价值目标）——以人为本（基本规范）——民主、平等的师生关系（派生规范）——围绕师生关系问题展开的主体性教育关系、主体间性教育关系、共同主体性教育关系理论探讨（由派生规范引发的条件性的论证理论）。马克思主义德育的价值链中派生规范有许多，条件性论证因派生规范的不同也出现不同情况。

德育价值链是一个相互联系的整体，存在着一种单方面的奠基关

---

① 胡塞尔：《逻辑研究》，上海译文出版社1999年版，第48页。

系,派生规范直接奠基于基本规范中、间接奠基于价值目标中、再间接奠基于基础性论证中。这样,教育规范的奠基就分为直接奠基与间接奠基。

同样是一个规范,相对于A价值链(例如,马克思主义德育学)来说,可能是一个因素,也可能是一个独立部分。例如,“教师要有爱心”,若它直接奠基于马克思主义的“以人为本”的基本规范之中,就是A价值链的一个不可分离的因素。若它奠基于教育现象学的规范中,就是相对于A价值链的一个独立部分。这个独立部分可能为A价值链借鉴与吸取(例如,马克思主义德育理论可以在某一层面上借鉴教育现象学的方法),可能成为A价值链的一个潜在的颠覆因素(例如,从教育现象学的规范走向现象学,使教育价值链的基础性论证成为现象学的论证,进而完全否定马克思主义哲学)。在德育价值理论中,提出基础性论证问题有助于提醒研究者注意,在五花八门的西方哲学思潮纷纷涌入我们的教育理论中来的时候,我们可能在彼此相同的论题中(“教师要有爱心”)说着相互反对的话(基于马克思从现实出发或胡塞尔给现实加括号的基础性论证)。

由于教育规范的奠基关系分为直接奠基与间接奠基,这样,在德育价值链中,规范与奠基者之间就存在着邻居、邻居的邻居、邻居的邻居的邻居的关系状态,在教育价值链中形成了直接部分、贴近部分和疏远部分的各部分联系状态。有时教育规范只与奠基层a与b发生联系,例如,在对教师进行有爱心的教育中,只涉及到“以人为本”的基本规范与人的全面发展目标,不会追溯到基础性论证(例如,追溯到马克思主义哲学的劳动创造人与人类社会如何形成的基本原理)。

有学者指出:“教育部2001年6月颁布的《基础教育课程改革纲要(试行)》,作为‘指导本次课程改革的纲领性文件和开展工作的行动指南’,行文中只是表明了本次课程改革的指导思想,即:要以邓小平同志关于'教育要面向现代化,面向世界,面向未来'和江泽民同志'三个代表'的重要思想为指导,全面贯彻党的教育方针,全面推进素质教育。其中并没有具体、明确说明和阐述本次课程改革的理论基础。2002年4月,由教育部基础教育司组织编写的行政推进课程改革的文本《走进新课程——与课程实施者对话》出版,具体'阐述了《纲要》所涉及的核心概念,新的课程理念和对推进新课程工作的思考',目的在于'准确和深入浅出地阐释《纲要》的基本内容,其中也淡化了本次课程改革的新理念来源何处,依据是什么等问题。'"①这说明教育价值链中的基础性论证在这次教育改革的行动指南中没有涉及,但它不是可有可无的东西。

基础性论证这种若隐若现的状态常常使人忽略了它的存在。然而,一旦马克思主义德育学的基础性论证受到损害,德育就偏离了方向。今天,"资本主义国家在推行其经济全球化的同时,以资本主义生产方式为载体极力推行资本主义社会制度、生活方式、价值观念在全球的渗透,体现了强烈的意识形态色彩。"②面对这种状况,德育巩固自身的价值链,提高抵御西方意识形态渗透的能力,是这门科学发展的重要任务。

---

① 和学新:《我国课程改革理论基础研究的反思》,人大复印资料《教育学》2011年第9期。

② 路明亮:《经济全球化:文化认同、价值渗透与文化安全》,《红旗文稿》2007年第2期。

第二章　德育方法与境界

德育三大要素的相互作用形成了价值关系、认识关系和实践关系,后两种关系涉及到德育方法。“方法”一词从西方文化上说最早可以追溯到古希腊语 metodos,意为做事的步骤和手续。从中国文化上看,《论语》中有“工欲善其事,必先利其器”的思想,“器”即是工具。作为“器”,方法本身是一种工具。列宁在《哲学笔记》中摘录过黑格尔《逻辑学》中的一段话:“在探索的认识中,方法也就是工具,是主观方面的某个手段,主观方面通过这个手段和客体发生关系。”①毛泽东曾经把任务和完成任务的方法比喻为过河和桥或船的关系,他说:“我们不但要提出任务,而且要解决完成任务的方法问题。我们的任务是过河,但是没有桥或没有船就不能过。不解决桥或船的问题,过河就是一句空话。不解决方法问题,任务也只是瞎说一顿。”②可见,方法是十分重要的。从哲学上说,方法是认识世界和改造世界活动的工具和手段的总和。

从诗性德育上说,理解方法要打破主客二分思维,方法与目标统一,例如人的自我塑造与物的塑造有不同方法,《大学》的三纲领、八条

① 列宁:《哲学笔记》,人民出版社 1956 年版,第 207 页。
② 《毛泽东选集》(第 1 卷),1991 年第 2 版,人民出版社,第 139 页。

目向人们展示了德育中“人——工具——被塑造者”三者统一性的修养方式。实现目的的方法并非仅仅是达到目的的手段，并非在实现了目的后，手段就成为外在于目的的可以丢失的工具。方法是潜在的目的（三纲领、八条目的实施过程就是修身目的的逐渐实现过程），目的是展开了的方法（达到了修己安人即彻底地展开了并实现了三纲领、八条目）。在《大学》中，方法与目标是统一的，方法即目标，至善的目标存在于三纲领、八条目的方法之中。如果说最好的教育手段就是能够最好地服务于一定的教育目的的手段，诗性的打破主客二分的方法使德育目的与手段达到了最佳的匹配程度。

维特根斯坦指出：“洞见或透识隐藏于深处的棘手问题是艰难的，因为如果只是把握这一棘手问题的表层，它就会维持原状，仍然得不到解决。因此，必须把它‘连根拔起’，使它彻底地暴露出来。这就要求我们开始以一种新的方式来思考。这一变化具有决定意义，打个比方说，这就像从炼金术的思维方式过渡到化学的思维方式一样。难以确立的正是这种新的思维方式。一旦新的思维方式得以确立，旧的问题就会消失。实际上人们会很难再意识到这些旧的问题。因为这些问题是与我们的表达方式相伴随的，一旦我们用一种新的形式来表达自己的观点，旧的问题就会连同旧的语言外套一起被抛弃。”[①]马克思主义思想方法的产生，转变了传统的哲学观念，使人们从全新的角度看待问题，有如从炼金术的思维方式过渡到化学的思维方式。德育以马克思主义思想方法为指导，研究新时期德育具体方法。所谓德育方法是教育者在德育中所采用的认识方法和实践方法。进行德育必须运用一定的方法，方法得当事半功倍，反之，事倍功半。因此，方法在教育中显得十分重要。

---

① 皮埃尔·布迪厄：《实践与反思》，中央编译出版社1998年版，第1—2页。

第一节　方法及其层次、境界

德育方法多种多样,为了防止不加选择地将所有教育方法都纳入到研究范围而导致学术研究的碎片化,本书从哲学方法、一般方法与个别方法三个层次分析德育方法。在德育中要使方法发挥作用,就不能过分地专注于方法,不能使方法“十分触目”。本书认为隐身而去是方法的境界。

一、方法的三个层次

德育方法分为哲学方法、一般方法与个别方法三个层次。

一是哲学方法。德育以马克思主义哲学为指导,因此,德育的哲学方法就是辩证思维的总体性方法。总体性方法强调总体对个体的优先性,整体对局部的优先性。事物的总体有两个维度,决定了总体性方法有两个思维维度:

第一,从共时性上说,总体是一个结构性总体。这一总体表现为事物内部诸要素的有机统一。例如,课堂教学就是一个总体。有学者指出:“目前,受后现代课程观过于强调学生对课程的参与与建构的消极影响,一些中小学的课堂上充斥着令人眼花缭乱的所谓‘参与’和‘互动’。在这些课堂中,对于学生而言,无论是学恐龙还是学数学都是次要的,最重要的是参与活动本身。教师则像演员怕冷场一样,最怕课堂上出现学生无事可做的局面。为此,一些教师往往竭尽所能地‘认真负责’地填充课堂上的每一分钟和每一寸空间。由于教师根本不知道怎样或能否将这些‘参与’和‘互动’组成一个有意义的整体,结果,往往在教师和学生极富‘表演’性质的‘参与’与‘互动’之中,课程被肢解得支离破碎,课程的整体意义也就丧失殆尽。”[①]这从反面说明

① 徐瑞:《后现代课程观的理论创新与不足》,人大复印资料《教育学》2001年第1期。

了总体性在教学方法中具有核心地位，总体的理解（课程的整体意义）对部分的认识有着引领作用。没有这种引领，课堂的参与和互动就成为孤立的碎片，教学意义就消失了。

课堂教学是一个总体，它又隶属于更大的总体。例如，今天的课堂教学强调学生参与和师生间的互动。如何理解这一现象呢？它与1995年以后教育倡导师生主体间性交往有关，人们将主体间性作为教育的当代价值加以追求，主张师生的民主、平等的交往。再进一步，倡导主体间性交往又与跨国家和地区的经济与文化交往日益频繁、主体交往范围的日益扩大、人的价值观多元化、人们渴望沟通与理解有关。当今作为总体性的社会关系的互动状态要求教育发展主体间性。课堂教学中学生的参与和师生互动只有放到总体性的社会关系之中来审视，才能显示出其时代意义与教育价值。这样，课堂交往隶属于教育中的人际交往总体，它们最终隶属于社会关系总体。

第二，从历时性上说，总体是一个过程性总体。马克思认为历史性构成了每一存在的基本特征，这种历史性就是过程性。任何事物的存在都处于一定的历史过程之中，如果把研究的事实从过程总体中抽象、孤立出来，就看不到它们的历史性，其意义就不能得到说明。卢卡奇指出："只有在这种把社会生活中的孤立事实作为历史发展的环节并把它们归结为一个总体的情况下，对事实的认识才能成为对现实的认识。"①例如，受消费主义价值观的影响，一些人注重消费品的"符号价值"，在消费品的消费中炫耀自我。若一个学生不停地变换高档手机，作为教育中的一个偶然现象、另类事件，人们该如何看待呢？只有将这一现象放到全球化的历史进程、中国目前正处于由生产性社会向消费性社会过渡的历史阶段、资本操纵的商品文化正逐步走进中国等

---

① 卢卡奇：《历史与阶级意识》，商务印书馆1972年版，第56页。

社会现实的总体性关联之中,才能深刻地解说这一现象。

总体性方法为德育判定历史方位和捕捉时代问题提供了方法论基础。马克思在《1857年—1858年经济学手稿》中根据人的发展状态,提出了三大社会形态理论,他指出:“人的依赖关系(起初完全是自然发生的),是最初的社会形态,在这种形态下,人的生产能力只是在狭窄的范围内和孤立的地点上发展的。以物的依赖性为基础的人的独立性,是第二大形态,在这种形态下,才形成普遍的社会物质交换、全面的关系、多方面的需求以及全面的能力的体系。建立在个人全面发展和他们共同的社会生产能力成为他们的社会财富这一基础上的自由个性,是第三阶段。第二阶段为第三阶段创造条件。”[①]马克思的社会三大形态理论将人类历史视为一个发展过程,这是马克思的总体性观点。今天,中国处于从“人的依赖关系”状态向“以物的依赖性为基础的人的独立性”状态的转变过程中(这是德育所处的历史方位),尚没有完全达到“第二社会形态”。由于社会经济仍然是二元的(存在着自然经济、半自然经济和市场经济),“人的依赖关系”状态的人和“以物的依赖性为基础的人的独立性”状态的人同时并存(这是德育问题产生的世俗基础)。社会主义初级阶段的建设面临着双重任务:通过发展以物的依赖为基础的交往关系尽快克服传统的以人的依赖为基础的社会关系,走出落后的自然经济,实现现代化;通过以人为本的科学发展观去克服以物的依赖为基础的异化的社会关系,由过于注重物质财富的积累走向关注人的全面发展,建设和谐社会,最终消除“物的依赖”。前一个任务在客观上强化着人的占有式(以占有物质财富为指向的)生存方式,后一个任务涉及到如何克服人的占有式生存方式,实现以人为本的目标——人的全面发展。这双重任务使德

① 《马克思恩格斯全集》(第46卷·上),人民出版社1979年版,第104页。

育面临着一个“人的发展”问题：如何克服人的片面性——片面地依附他人、片面地依赖于物(此为当今德育的重大问题)。教育研究只有在社会关系的总体性中才能判定历史方位，产生自觉的历史方位意识。总体性方法是德育的根本大法。

二是一般方法。一般方法主要指系统论、信息论和控制论方法。它们处于哲学的“下位”，个别方法的“上位”。德育是一个有机系统，它作为一个教育信息传播系统进行着内部与外部的信息交换。这样的交换过程是可控的过程。系统论、信息论和控制论对促进德育三大要素互动产生最佳教育合力有着积极的方法论意义。

三是个别方法。个别方法指德育的具体方法，它既包括理性德育方法，又包括诗性德育方法。

关于方法的三个层次的排列有两种形式：一种是把哲学当成“指导思想”，它们的排列方式是哲学方法处于最高位置，一般方法居中，个别方法处于最低位置，这种排列体现了马克思主义哲学的指导作用。另一种是把哲学当成理论基础，它们的排列秩序与前一种秩序相反，哲学处于最低位置，一般方法居中，个别方法处于最高位置，这种排列体现了个别方法建立在基础性的思想方法之上。

二、隐身而去——方法的境界

随着经济全球化的到来，我国市场经济的深入发展，德育环境变得日益复杂。德育方法应该与时俱进，适应时代发展的要求。探讨德育方法的“无”之境界对增强方法意识、提高德育者方法论修养有着十分重要的意义。德育方法的“无”之境界主要体现在以下几个方面：

(一) 从方法的掌握上看，无法之法，乃为至法

古语说：无法之法，乃为至法。禅宗六祖慧能曾说：“正人用邪法，邪法亦是正；邪人用正法，正法亦是邪。”这里的“邪人”是偏执的

人,"正人"是懂得变通的人。方法只有在懂得变通的人手中才能发挥作用。禅宗主张"以无门为法门"。古代的大禅师赵州和尚住在赵州城。有人想向他学禅法,问道:"如何是赵州?"意思是说"我怎么样才能达到你赵州这般成就?"赵州和尚以赵州城作比喻,答道:"东门、西门、南门、北门。"进赵州城不一定就走一个门,同理,禅宗也不止一个门。正因为禅宗不拘泥于一门,才开出了所有的门。正所谓条条大路通罗马。若罗马只有一条路可走,就是死胡同而不是大罗马。这一深刻的道理落实在教育上就是"教育有法,但无定法,重在得法"。

德育如何遵循无法之法呢?

首先,在理论上要摒弃门户之见。德育以马克思主义哲学为指导,但教育者不要以马克思主义者自居而排斥一切其他哲学思维方法。过去,传统哲学教科书用与宗教传播相类似的手法,将马克思主义哲学浓缩为一系列"原理",使其成为主流意识形态话语。在相当一段时间,由于把传统哲学教科书当作马克思主义哲学的唯一解读方式,教育研究以马克思主义哲学为指导,实际上就是以传统哲学教科书为指导,这使德育思维方法单一,表达方式贫乏,哲学教科书的话语通行于德育理论。这种状态曾使德育范畴、概念、话语难以令人信服地解释市场经济社会的生活实践。如今,教科书"一元独尊"的时代已经结束,原先处于被批判地位的西方的哲学思潮和学术思潮大量涌入,使研究者们可以在世界范围内寻找学术资源,拓宽研究视野。今天,德育要摒弃门户之见,大胆借鉴西方哲学思潮中的一些有益的方法(例如海德格尔的诗性哲学方法),以丰富德育方法的思想资源。德育的目标是促进人的全面发展,只要有助于提高学生的思想境界、满足德育需要的理论方法都应该借鉴。德育方法的创新必须有海纳百川的宽广胸怀。

其次,在实践上不能执着于某种某类方法。德育实践方法多种多样，有理性方法和诗性方法，这两大类方法下面分别有榜样教育法、情感陶冶法、社会实践法、自我教育法、个别教育法等等具体方法。由于受教育者个性不同、教育场景的差异需要灵活多样地使用方法，不能执着于某种某类方法。

对于方法的实践与应用，伽达默尔曾指出："方法论本身并不能在任何意义上保证其应用的创造性。生活中的任何经验都可以证明，存在着运用方法论而毫无成果的事实，那就是，把某些方法用到并非真正值得认识的事物身上，用到还没有成为以真问题为基础的研究对象身上。"[①]这提醒人们：有好的方法，用的不是地方，未必就有收获。例如，数学方法是科学方法，是人认识世界的一种有效工具。在实践中，一些人执着于这一方法，将它不加分析地运用到德育中来，追求思想品德的量化，将德育中的一切事物的性质都变成必须满足可计算的数理性质，使精神沦为为数字服务的工具，这种方法的运用就完全背离了德育的目的。在实践中，所谓最好的教育方法就是针对德育具体情况采用的最恰当的教育方法。正确地运用各种教育方法，对实现教育目的，完成教育任务具有重要的意义。

（二）从方法的使用上看，最佳状态是仿佛抽身而去

方法在运用中仿佛抽身而去。海德格尔认为，方法就是工具，它具有不触目性。他说："对锤子这物越少瞠目凝视，用它用得越起劲，对它的关系也就变得越原始，它也就越发昭然若揭地作为它所是的东西照面，作为用具来照面。"[②]在我们用锤子砸进一根钉子时，我们对锤子越少瞠目凝视，它就越顺手。相反，如果把注意力放在锤子上，则可能砸到手。戴眼镜的人注意力不在眼镜上，看电视的人注意力不在电

① 伽达默尔：《哲学解释学》，上海译文出版社 1994 年版，第 11 页。

② 海德格尔：《存在与时间》，生活·读书·新知三联书店 1987 年版，第 86 页。

视机上,打手机的人注意力不在手机上,开汽车的人注意力不在汽车上,它们在使用中仿佛抽身而去了。

这一道理同样适应于德育方法的运用。掌握德育方法有一个潜移默化的过程。例如,教育者与受教育者进行沟通交流,需要掌握沟通技巧。从传播学的理论上看,一个完整的传播行为包含以下几个要素:"谁(who)? 说了什么(say what)? 通过什么渠道(through which channel)? 对谁(to whom)? 产生了什么效果(with what effect)?"与此相关的沟通技巧包括以下几个方面:"目的(purpose)——为什么说(why, for what)? 内容(content)——说什么(what)? 方式(style)——怎么说(how)? 时间(time)——什么时候说(when)? 空间(space)——在什么场合说(where)? 人物(person)——与谁说(to whom)? 说几遍(how many)? 说多快(how fast)?"如果一位德育者在与受教育者谈话的时候始终想着这些要素和技巧,它们"纠缠"着他,在他的头脑中十分"触目",反而形成了交流障碍。即使这种交流能进行下去,教育也是机械、生硬的。教育者在实际运用沟通技巧时必须达到潜移默化的境界,使这些沟通要素与技巧"仿佛抽身"而去,"仿佛抽身"打破了主客二分状态。潜移默化的境界是教育者知道教育方法,在教育实践中忘却了教育方法,而所作所为却合乎教育方法的要求。这种境界需要德育者有一个长期修炼过程。

(三)从作用于受教育者上看,隐性教育的无痕教育方法是滋润心田的不可或缺的教育艺术

德育要充分发掘隐性教育资源。清代散文家刘大櫆在《论文偶记》中说:"理不直指也,故借事以明理;情不可以显出也,故借物以寓情"。这种借事以明理与借物以寓情运用到教育中来就是隐性教育手法。前苏联教育家霍姆林斯基说过:"教育者的教育意图越是隐蔽,

就越是能为教育对象所接受，就越能转化为教育对象的内心要求。”“随风潜入夜，润物细无声”的隐性教育是滋润受教育者心田的不可或缺的教育艺术，它是显性教育的必要补充。今天，教育者在努力提高显性教育实效的同时，还要注重发挥隐性教育作用。这种含而不露的教育方法的作用是显性教育所无法替代的。

随着学生主体性的提高，德育日益重视从单向灌输法转向双向对话交流法，从而转变传统德育“我说你听，我打你通，我令你行”的权威训导状态。因此，教育者日益重视隐性教育方法。隐性教育方法是无痕教育方法，它去除了教育的符号之痕、身份之痕、教化之痕，它具有潜隐性、渗透性等特点。在教育中，教育者把教育目的隐藏到周围的校园环境和特定活动形式中，摒除赤裸裸的、直白的教育形式，采取“迂回”的渗透式的教育方式，以“化有形为无形”、“化有意为无意”的方法对受教育者的思想、观念、价值、道德、态度、情感等产生影响，它的目的更含蓄，过程更愉悦。这种方法要求教育者在教育中精心选择与创建具有教育意义的教育环境，通过寓教于乐、寓教于情、寓教于境的教育活动和人格感化、环境熏陶和艺术陶冶等方式，化解学生对教育的逆反心理和“精神厌食症”，引导他们去感受和体味德育的人生哲理。如此，有助于弥补传统显性教育方法的不足，以期达到春风夜雨、润物无声的效果。

在隐性教育中，特别重要的是行无言之教。古语说：“不教之教，无言之诏”①。这种教不表现在言语上，而表现在行为上。孔子说：“其身正，不令而行；其身不正，虽令不从。”②　管理者自身端正，作出表率，不用下命令，被管理者会跟着学习；相反，如果管理者自身不端

① 《吕氏春秋·君守》。

② 《论语·子路》。

正,而要求被管理者端正,那么,纵然三令五申,被管理者也不会服从的。孔子还说:“苟正其身矣,于从政乎何有?不能正其身,如正人何?”[1]意思是如果管理者端正了自己的行为,管理政事还有什么困难呢?如果不能端正自己的行为,怎能使别人端正呢?孔子的这些思想已经成为德育中的至理名言,党的德育历来重视榜样的示范作用。

在历史上禅宗有一个故事:一日,崇信问唐代禅师道悟:“自从我到这里来,从未听过你为我指示禅的要义。”道悟说:“自从你到这里来,我时时刻刻都为你指示禅的要义。”崇信追问:“你哪里有指示呢?”道悟说:“你奉茶来,我接纳;你送饭来,我领受;你行礼时,我点头。怎么说我没有为你指示呢?”崇信低头良久。道悟说:“见道当下便见道,一旦你用大脑去思考,便有偏差。”禅的要义就表现在日常生活中。道悟对崇信行无言之教与孔子的上述主张相类似,都是一种隐性教育。俗话说:语言是银,沉默是金。海德格尔认为,言说的另一构成部分就是沉默。沉默有时比喋喋不休更能言说,大声希音。孔子和道悟给今天德育的启示是教育者通过以身立教去影响、感召受教育者(当然不是否定有言之教),达到“不教之教,无言之诏”,更能有助于提高教育效果,使受教育者向善、迁善。不教之教的影响往往是觉察不到、不见痕迹的,但会在受教育者的心灵上留下深刻的印记。

(四)从教育效果上看,教是为了不教,不教是教育的价值追求

法国教育家弟斯多惠说:“一个不好的教师奉送真理,一个好的教师则教人发现真理。”教人发现真理就是通过教而达到不教,从而提高学生“自渔”的能力(让学生自己探讨真理)的一种教育。这种不教

---

① 《论语·子路》。

是教育的价值追求。“教是为了不教”是叶圣陶的名言，他说：“‘讲’当然是必要的。问题可能在如何看待‘讲’和怎么‘讲’。说到如何看待‘讲’，我有个朦胧的想头。教师教任何功课（不限于语文），‘讲’都是为了达到用不着‘讲’，换个说法，‘教’都是为了达到用不着‘教’”。“学生入了门了，上了路了，他们能在繁复的事事物物之间自己探索，独立实践，解决问题了，岂不是就用不着给‘讲’给‘教’了？这是多么好的境界啊！教师不该朝这样的好境界努力吗？”[①]这是德育应当追求的境界。借用陶行知的话，德育“千教万教，教人求真；千学万学，学做真人”。其中最好的“教”就是教学生自己去学，最好的“学”是学生学会学习。因为增强德育效力的关键在于启发和培养学生的自我学习、自我教育能力。没有自我学习、自我教育的作用，任何强有力的德育都难以奏效。苏霍姆林斯基说：“只有促进自我教育的教育才是真正的教育”。[②]“促进自我教育的教育”就是要通过教去培养学生自我学习、自我教育能力，从而使教育达到让学生自己探索、独立实践、解决问题的不教境界。

老子说：“为学日益，为道日损”。求学的人，知识一天天在增加。求道（大智慧）的人知识一天天在减少。借用老子的话：对于德育者来说，既要求学以增加知识，又要求道以“减少”（损）知识。增加知识是使教育者跟上知识经济时代步伐，与时俱进地开展德育；“减少”知识是不执着于知识，不要让知识蒙蔽了智慧之眼，而要有自己的独立思考，创造性地开展德育。在德育中，有方法不执着于方法就是一种这样的“减少”，它使教育者达到“无”的境界。

---

① 《叶圣陶语文教育论集》，教育科学出版社1980年版，第152页。

② 苏霍姆林斯基：《少年的教育和自我教育》，北京出版社1984年版，第100页。

第二节　从唯对象性研究中走出来

读者如果有兴趣，可以翻阅德育学和教育学方面的教材与专著，在第一章总是有一个“研究对象”。对象性的德育学与德育方法论未必就能继承党的德育实践的全部经验，相反，它可能遗漏了许多有价值的东西，例如作为德育宝贵财富的毛泽东的诗性思维。

德育学和德育方法论是借鉴了教育学的框架体系。当今的教育学就是对象性的教育学，其任务是揭示教育规律，其目的是创造合规律性的教育理论。什么是对象？《辞海》解释：“观察或思考的客体”。人一旦确立一个对象，就在自我与对象之间区分出了主体与客体。德育方法固然包含着主体与客体二元思维的理性方法，但它不就是只有这样一种理性方法。

人大复印资料《教育学》在2005年10期转载了刘伟芳的《我国教育学研究对象的历时考察与现时探讨》一文，该文指出：“特定的研究对象是一门科学之所以存在的理由和前提，研究对象的科学性和准确性是衡量一门科学是否成熟的一个重要标志。”并提出教育学要顺利发展必须确立科学公认的研究对象。这种“公认”的研究对象产生了共同的对象性教育学。人大复印资料《教育学》在2005年第6期转载了冯文全的《关于德育学的研究对象的考察》一文，该文在考察德育学的研究对象时指出：“鲁洁、王逢贤主编的《德育新论》(江苏教育出版社，2002年9月版)和储培君等著的《德育论》(福建教育出版社，1997年版)，则对德育学的研究对象避而不谈，未进行任何研究。这不能不说是该两本书理论上的缺陷。”为什么是缺陷？源于作者认为没有对象，就不成学问。什么样的学问？对象性学问。这就使人想起了维特根斯坦的话，没有新的思维方式就不可能发现原有的问题。同时，该文指出："概念是否明晰，是否有确定的研究对象，是一门学科或科学是否成熟的重要标志。"可以说，教育学的对象性思维是需要的，但其过分"成熟"，已经排斥了其他思维方式，即非主客体的、诗性的思维方式。

这两篇论文是对中华人民共和国成立后教育学、德育学的研究对象的系统综合考察，它们的"结论"十分一致：先有研究对象，再有一门科学；先有教育学、德育学的研究对象，再有教育学和德育学。现有的德育学与教育学的思路惊人相似，绝非偶然，前者的思路是从后者的思路中推导出来的。所谓"德育学，是在德育实践中形成和发展起来的一门科学"，这不过是一个空洞的说法，因为研究者不是从现实出发，而是从原则出发(此原则就是教育学的对象性原则)。

刘伟芳、冯文全的两篇论文无一例外都引用了毛泽东在《矛盾论》中的一段话："科学研究的区分，就是根据科学对象所具有的特殊的矛盾性。因此，对于某一现象的领域所特有的某一种矛盾的研究，就构成某一门科学的对象。"在这段引文后面都有"据此"两字，然后得出"结论"。由此看来，在教育学、德育学中都有这样的结论，它们都把教育理论视为对象性科学。现在的德育学与方法论也常引用《矛盾论》的话并有同样的结论。

毛泽东的这段话说的是科学研究，把握事物内在矛盾及由矛盾运动所产生的规律靠科学认识。事物内在矛盾是不以我的主观意志为转移的，其认识结果是主观反映客观。科学认识排除了价值判断、主观体验、情感好恶。德育无疑要有科学研究，要有科学方法。但据此，为教育研究立论，教育研究就成为认识论意义上的对象性研究。

德育从唯对象性研究中走出来，应该明确德育方法有两大类：一类是对象性方法，它基于主客二分的哲学思维，理论基础是哲学认识论；另一类是非对象性方法，它基于主客合一的哲学思维，理论基础为诗性哲学。

第三节　德育方法的确立并非仅仅依据客观规律

从唯对象性意识,推导出德育研究的内涵是“客观规律”;由研究“客观规律”推导出“方法论实际上是研究如何运用客观规律自觉地认识世界和改造世界的理论”,使德育方法的确立仅仅依据客观规律。现有的德育学体系只有这样一种认识论意义上的框架结构。这个框架结构与德育三重关系的结构不同,它忽视了价值关系。这个框架结构是从教育学中转嫁过来的。为此,我们有必要回忆一下我国教育学关于研究对象的理论的发展历史,通过这种历史的分析,可以感觉到教育理论中对象性意识根深蒂固,扭转这一倾向是有一定难度的。

我国的教育学受到凯洛夫主编的《教育学》影响。在凯洛夫的教育学中有个“研究对象”,他是这样界定的:“教育学的对象就是青年一代的教育。”他不仅为教育学设置了一个“研究对象”,而且认为学生“掌握知识的过程和人类在其历史发展中认识世界的过程具有共同之点,因而教学过程必须在科学认识论的指导下进行。”①凯洛夫的教育学将认识论作为教育学的唯一理论基础,这个“研究对象”就是“认识对象”。刘伟芳的《我国教育学研究对象的历时考察与现时探讨》一文分析了我国教育关于研究对象的认识有四个阶段,从中我们可以看到凯洛夫的影响。

中华人民共和国成立后关于教育学研究对象的界定的第一阶段,就是认为教育学的研究对象是“教育”,凯洛夫的观点被普遍接受。我们接受了什么?接受了对象性思维并只认这种对象性思维为真。

既然教育学的理论基础就是认识论,教学过程就是认识过程,自

① 王天一:《外国教育史》(下册),北京师范大学出版社1985年版,第433页。

然导致了中华人民共和国成立后关于教育学研究对象的认识的第二阶段——教育学的研究对象是“教育现象及其规律”。这一观点只是在认识论意义上深化了凯洛夫的思想,研究对象由“教育”发展到“教育现象及其规律”,把认识论的思想具体化了,因为认识论就是研究人的认识如何揭示事物现象背后的本质与规律的学说。

有学者指出:第二阶段的理论难题在于,“规律”是通过研究而得到的结果,本身不可能成为研究所指向的事物和对象或考察的依据和起点。因此,它最多只能是教育学的研究任务,而不可能成为研究对象。因此,华东师大金一鸣教授1995年出版的专著《教育原理》中提出:“将教育学的研究对象定义为教育现象,把教育学的研究任务定义为把握教育的规律,其目的是指导教育实践,应当是合乎逻辑的。”这里的“合乎逻辑”只是合乎认识论的逻辑。不管人们是否承认教育规律是研究对象,人们都是在认识论框架下进行的争论,只是有人将教育规律视为研究起点,有人将其视为研究结果。如果哲学认识论是研究自然、社会、人类思维的一般规律的学说(这是哲学认识论的经典定义),那么将教育规律作为认识论意义下教育学的研究对象也说得通。因为研究对象未必就等于“考察的起点”,研究对象是人们需要探索和发现的东西,将教育规律视为研究对象在逻辑上一样说得通,因此,还是有许多人坚持将教育规律视为研究对象。

中华人民共和国成立后关于教育学研究对象的界定的第三阶段,学者们认为教育学的研究对象是“教育问题”。这一观点受日本学者大河内一南等编著的《教育学的理论问题》的影响。该书认为唯有以“教育问题”为研究对象,教育学才能成为科学。我国学者吸收了这一研究成果,首先提出:“教育学就是研究教育现象、教育问题,揭示教育规律的科学。”在第三阶段,一些学者仍然是从认识论的角度借鉴日本学者的观点,突出了问题意识,人们在认识论指导下研究“教育问题”,以期发现教育规律。

中华人民共和国成立后关于教育学研究对象的界定的第四阶段,是上述三种观点的并存。由于将认识论视为教育理论的唯一基础,教育研究就成了科学研究。回过头来,我们看教育学、德育学引证上述毛泽东《矛盾论》中的那段话,将其视为教育研究的指南就在情理之中了,因为毛泽东讲的就是科学研究。

国内关于德育学的研究对象的观点与教育学的观点大致相同,"研究对象有'德育现象'、'德育现象及其规律'、'德育本质'、'德育问题'、'德育一般问题或德育问题一般'等,不一而足。"由于思维模式一样,得出的观点也大致相同。这里,"现象"与"本质和规律"是相对应的范畴,由现象到本质与规律是由感性认识到理性认识。德育学研究的认识论思路与教育学相同。

建国后的教育研究就是"自古华山一条路"——认识论研究。这不禁使笔者想起一个统计数字,有学者统计:已编写的《教育学》教材达200余种,仅1986年至1989年的4年间就出了77种,平均每个月有将近两本《教育学》出版。然而,繁荣的背后却隐藏着思想的贫乏。这些《教育学》大多大同小异,其基本结构还是前苏联凯洛夫主编的《教育学》所形成的教育概论、教育学、德育原理和学校管理四大块。在德育学的体系中,"德育的研究对象、德育规律、德育的本质"等等是规定整个教育研究的方向性东西,德育学在教材与专著结构上都大同小异。

钟启泉在《发霉的奶酪》一文中指出:"自20世纪50年代我国将'凯洛夫教育学'恭迎进来后,我国的教育理论和教育模式便深深地打上了它的烙印;自80年代中后期,随着我国教育理论研究水平的提高和对世界诸多教育思想的了解,'凯洛夫的教育学'思想主导我国各项教育事业的时代便逐渐终结了。尽管如此,'凯洛夫教育学'的阴魂却未散尽,它仍旧在我国的天空中飘荡,仍旧在试图影响或控制我们的思想观念。如果说,建国初期我们将'凯洛夫教育学'作为一块诱人的

‘奶酪’迎进来的话，那么，今天这块‘奶酪’已经发霉了；处理发霉的奶酪的唯一方法便是摒弃，义无反顾地摒弃，尽管它曾经是散发着香味的奶酪。”[①]此文是针对王策三的《认真对待“轻视知识”的教育思潮》一文所写的。

王策三著有《认真对待“轻视知识”的教育思潮》一文，论文认为由“应试教育”向素质教育转轨提法的流行，反映了一股“轻视知识”的教育思潮，干扰教育、课程改革，必须坚决克服。他在论文的第六部分“究竟何谓课程和教学?”中指出：“课程的本质是教学认识的客体——人类认识的成果——知识；教学的主要工作就是将知识打开，内化，外化；教学中‘注重知识传授’，根本、永远不存在‘过于’的问题。”[②]钟启泉的《发霉的奶酪》，其副标题是“《认真对待“轻视知识”的教育思潮》——读后感”，其后著有《概念重建与我国课程创新——与〈认真对待“轻视知识”的教育思潮〉作者商榷》，另外有张正江的《素质教育是轻视知识的教育吗？——与王策三先生商榷》、《教育的本质：传授知识还是培养人？——与王策三先生商榷续》、赫德永的《课程认识论的冲突与澄清》等等。王策三的思想基于凯洛夫教育学。钟启泉等人则认为要从这种教育学中走出来。王策三的论文引发了教育界激烈的争论。读者若有兴趣，可以查阅这些论文。

笔者这里所谈的应该是德育方法论，怎么会谈到教育界当前的争论呢？源于德育方法论就建立在教育学上，而德育学又是受到教育学乃至凯洛夫的教育学影响。要谈清德育方法论问题必须反思教育学问题，而且这种反思本身就包含着思想方法（在教育中既要提倡理性方法，又要倡导诗性思维，两者不可偏废）。理解德育方法论必须了解

---

① 钟启泉：《发霉的奶酪》，人大复印资料《教育学》，2004 年第 12 期。

② 王策三：《认真对待“轻视知识”的教育思潮》，《北京大学教育评论》，2004 年第 3 期。

我国的教育学。否则,德育学还是从教育学的既定原理出发,写出的德育学与德育方法论就只是局限于认识论的视野内。

上述争论没有对唯对象性思维质疑。同时,对凯洛夫应该有一个公正评价。说"'凯洛夫教育学'的阴魂却未散尽,它仍旧在我国的天空中飘荡,仍旧在试图影响或控制我们的思想观念",并非是凯洛夫要这么做,而是我们的学者们愿意这么做。相信凯洛夫本人(如果他有知的话)对中国的教育研究并无兴趣。

我们如何看待凯洛夫的教育学呢?凯洛夫的教育学将哲学认识论引入教育学是一大贡献,教育中有许多客观规律有待于人去发现(如人类认识规律、个体认识规律、个体接受知识的规律和相关学科的发展规律等等),引入哲学认识论有助于人们在更高的哲学层面上去概括和总结这些教育规律。从这个意义上讲,凯洛夫主编的《教育学》没有"发霉"。但由于凯洛夫教育学的理论基础只有认识论,他把教育过程仅仅视为认识过程,这样就导致了他的《教育学》具有以教师、知识、学科为中心的倾向。我们今天的教育也有这种倾向,王策三的论文恰恰强调了这一倾向。这是今天教育所必须改变的。

但我们有必要将今天教育中的这种倾向归结为受到凯洛夫的影响吗?凯洛夫引进马克思主义认识论是"从无到有",这是教育理论的创造,对一个创造性学说是不能求全责备的。卢梭的教育理论、杜威的教育理论作为一种创造性理论都有片面性或者说可证伪的成分。例如,卢梭反对儿童在十二岁之前读书,这能适应于今天的教育吗?但其学说仍不失为一个有价值的教育理论(这里无需赘述)。问题是我们为什么受凯洛夫的影响?源于我们没有继后的发展与创造。我们忙着写作教育学、忙着争论研究对象、忙着梳理各种研究对象的争论,我们忙得来不及去思考了。当我们"写作"、"争论"、"梳理"时,我们以为自己在思考,但思考却从我们身边抽身而去了。

这里旨在提出问题，让从事德育乃至教育学基本理论研究者关注这些问题，从而共同努力去改变当今教育理论的局面。但不能矫枉过正，彻底否定了对象性思维及认识论研究方法。

第三章　教育——思的唤醒

为了培养诗性伦理人格，诗意德育首先是要唤起人们的思。思包含着诗性之思和理性之思。唤起人们的思要重新审视我们的思想、表达和教育学的规范。本章分为三节，首先谈什么召唤思，这是教育的根本性问题，因为教育就是思的唤醒；其次谈表达与思想，意在让思想得以顺畅地表达；最后谈教育学与书写规范。思想的顺畅表达需要松动教育学中僵硬的规范。这三节为诗意德育作铺垫。提倡诗意德育，要转变表达与思想的异化关系，克服唯理性的书写规范。

第一节　什么召唤思？

任何一所学校都会对自己的办学指导思想和办学特色进行不断地探索和反思。许多学校坚信：办好一所学校，必须要有正确的教育思想观念。有些教育部门认为：教育思想是人们对办什么样的教育和怎样办教育的总的看法，这个总的看法是对教育宏观的、理性的认识。

上述的“坚信”和“认为”常常基于一种传统的理性哲学指导下的教育哲学观，这种哲学观认为真理的实质是“正确性”，真理是靠“理性”来把握的。因此，人们在探讨和反思办学指导思想和办学特色时，常常是一种(主观符合客观)"正确"和(通过概念、判断、推理揭示教育规律)"理性"的追求,这种追求摒弃了诗意。

如果我们的教育观有问题,那么,"正确的"教育思想观念和"理性"的认识就是大可质疑的了。由此而来,我们的探索和反思自其开始,就缺少一种准确的定位,将思仅仅理解为理性。准确的定位不是在一种唯理性的教育观指导下的思想观念的转变。教育观不变,思想观念上的更新,不论在形式上有多新颖、在表述上有多清晰,办学思路都可能是陈旧和模糊的。

在今天,学校往往要花费很大的精力去探索和完善新的办学指导思想和办学特色,以体现"与时俱进"的精神。特别是遇到上级教育部门教学检查时,这种"探索"和"完善"就显得更为急迫。例如,一所高校往往从目标定位(如使学校成为国内先进、国际有影响的大学等)、类型定位(如双一流大学)、层次定位(如以本科教育为基础)、学科定位(综合性有特色)、服务定位(如服务某地、辐射全国)等确定其办学指导思想;从多媒体教学、教学实验室、教授讲坛、双语教学等等方面突显其办学特色。这种探索和完善常常又给教育管理者和教师带来困惑:我们的办学指导思想和办学特色究竟是什么?为了得到满意的答案,人们会在上述的"定位"和"特色"上继续开拓。

然而,要获得满意的答案,必须为办学指导思想和办学特色找到一个根本性的东西,即教育之本,古人说"本立而道生"。教育是对思的呼唤。只有教育者真正去思且让学生能够真正去思,才能有教育思想的转变,才能给学生带来人格与心灵的改变。如果我们忘记了这一根本性的东西,陷入办学指导思想和办学特色的具体项目筹划之中,就会本末倒置。这种本末倒置是思的衰败现象。兹下,从五个方面谈教育应该是对思的呼唤:

第一,无论我们倡导多么新的教育形式,教育的实际都应该是思的唤醒。

形式要服务于内容,如果教育内容不是唤醒人们去思,那么教育形式就变得无意义了。例如,现在提倡对话教育,并将其视为教育的最佳方式。然而,我们提倡对话教育,却不能将真理获得的过程局限于师生即时的"相互的提问与回答中不断地合作"这一形式。对话未必就是师生即时性的你说、我说。对话可能是教师或学生自己与自己的对话(即主我与客我的对话),也可能是教师与学生(你与我)的对话;对话可能是即时性的(当下的有问有答),也可能是延时性的(今天的话题,到了明天、后天才成为问题,才有了应答)。对话教育不仅包含着人与人的对话而且还包含着人与物的对话。对话的核心是思的唤醒。如果教师在教学中不能唤起学生的思考,对话就可能使师生共同分享着老生常谈、偏见和无知。

再如,教育要有现代化的教学手段。当今社会以电子设备为媒介的传播环节与日俱增,电子媒介打破了人与人之间符号交流的单一形式。现在一些学校往往把由电脑、多媒体等现代化教学设备为主体组建而成的多功能学术报告厅、教学实验室作为教学条件改革的标志性成果,把网络教学、多媒体教学及以它们为基础进行的双语教学所开设的课程作为教学手段、教学方法改革的标志。多功能学术报告厅、教学实验室和教师电子教学手段常常成为本单位现代化教学手段、教学方法改革的核心内容。当然,在现代社会任何一个教学单位、任何一位教师都不应该忽视电子媒介的交流,教学"耕耘"如农业生产,现代社会不可能仅靠锄头、铁锹等简单和原始的工具从事生产。电子教学手段是为了"方便"教学,使教师从钢笔的备课方式和粉笔的板书方式这种原始、繁重且表现形式单一的课堂教学中解放出来。但教学改革不能形成一边倒的舆论,似乎教师只要使用了现代化的电子教学手段就是实现了教学方法的现代化。教学方法现代化之魂是思想方法的现代化，若没有唤起学生之思的思想方法，一味地强调电子教学手段就会舍本逐末。

有学者指出："技术作为座架，为我们的生存和理解设置了框架，我们所有的理解和生存方式，都发生在这一框架的背景之中，无法逃脱框架或站在框架之外。我们生活在这一世界之中，就只能在这一框架中解蔽世界，根据技术的秩序理解世界，座架的支配作用归于命运，技术是我们时代的命运，命运意味着某个无可更改的事件的不可回避。按照这个逻辑思考，以计算机网络为核心的信息技术正是体现了现代人的命运。信息技术作为座架，使我们只能以信息化的方式解蔽世界，从而生存在一个不同于工业时代的全新的社会活动环境或场域之中。"①这段话提醒我们：信息技术可能改变我们的认识方法与思想方式。将信息技术仅仅视为工具的观点是错误的。然而，信息技术还没有"座架"（支配与控制）课堂。全然否定信息技术在今天的教学中扮演着手段性的工具角色也是错误的。就召唤人的思意义上来说，传统的教学手段与信息技术手段没有本质性的差异。不因为使用了信息技术就自然提升了思的能力。

第二，以大思想家黑格尔的教学和研究为例，说明思的重要。

虽然黑格尔是一个理性主义的集大成者，今天倡导诗意德育要克服他的唯理性主义的哲学影响，但从黑格尔的教学与研究上却给人们一种关于思的启示。在阿尔森·古留加的《黑格尔小传》中记载着黑格尔的教育与科研情况。

首先，黑格尔的教学。"黑格尔经常陷于沉思，显得超脱而宁静。什么事情也搅扰不了他。有一次上课，他心不在焉地提前了一小时，下午三点的课，两点就去了。讲堂里听课的是另一批人，可是他没有

① 李芒：《对教育技术"工具理性"的批判》，人大复印资料《教育学》2008年8期。

觉察到,就在讲坛上坐了下来,讲起来了。有个学生向他暗示他搞错了,他压根儿没有理会。按照课程表,这时应该由奥古斯蒂教授来上课。他来到教室门口,听到黑格尔的声音,以为自己迟到了一个小时,于是赶紧退了出去。到三点钟,黑格尔的学生们都来了,他们已经知道这件事,就好奇地等待着,看看他们的老师怎样摆脱这个尴尬局面。黑格尔说,诸位,感官可靠性究竟是否真正可靠,首先取决于关于自身的意识经验。我们一直认为感官是可靠的,本人在一小时前却对此有了一次特别的经验。他的嘴角刹那间浮起一丝微笑,但又马上消失了。一切照常进行。”①

黑格尔在上课时并没有与学生进行双向互动式的对话,甚至都没有去觉察有没有自己的学生,以这样的姿态上课,当然不符合今天学校的教学规定。但这个被称为“木头人”的黑格尔在当时却被他的学生奉若神明,他的奥秘的思辨智慧和费解的思想,引发了他的学生不断地与他进行延时性的对话(即对他的思想的思考与探索)。由他的讲稿所形成的著作,直到今天仍震撼人心,引发无数的思想者与之对话。难道还有比这更深刻的教育思想吗?还有比这更深刻的对话吗?唤醒思的教育和深层的精神对话有时在教学形式上是显得“木讷”的。

其次,黑格尔的研究。在黑格尔的《精神现象学》一书的创作时期,普法战争一触即发。“黑格尔于星期三(10 月 8 日)和星期五(10 月 10 日)寄出了原稿的大部分。星期四就爆发了战争。只有最后几页稿子还没有寄走,但是邮局停止营业了。10 月 13 日早晨,法军的先头部队占领了耶拿。正如黑格尔一次说的那样,忧患时刻来临了。……一些满身尘土的步兵冲进了黑格尔的住所。……他把现象学的手稿塞进衣袋,用一只篮子装了一些东西,提着走上了街头。黑

① 阿尔森·古留加:《黑格尔小传》,商务印书馆 1978 年版,第 43 页。

格尔最初在大学副校长加布勒家里落脚，后来又躲到市场旁边王室代表费尔德家里。他借着营地和炉灶的火光，把幸免于难的手稿整理出来，并写完了最后几页。黑格尔后来功成业就，想到自己在一场大战前夜写完精神现象学一书，常为此而感到自豪。”①

今天父母让子女读书，都希望给他们一个独立的房间，没有条件的至少要为他们准备一个书桌。在人们看来读书需要一个安静的环境，至于教师的科研更需要这样一个环境。但真正的思却可以从战火中产生，就如毛泽东的一些著名诗篇（是另一种形式的思）是在长征的马背上产生的一样。

我们处在一个和平与发展的时代，这个时代有许多激动人心的字眼：市场经济、知识经济、信息社会、全球化等等，许多学者为这个世纪作出了许多预测，如21世纪是教育学的世纪等等，似乎这是一个高得不能再高的创造性的时代，但思并非只钟情于这个激动人心的时代。思既可以产生于和平与发展的时代，又可以产生于动荡不定的年代。从这个意义上说，我们并没有比黑格尔更优越的创作时代。今天，对于教育来说，教学与研究的形式与条件固然都重要，生动的课堂和宜人的学习环境有助于思，但不必然使人能思。思靠教育者艰苦卓绝的努力。海德格尔说：“有待思想的东西的伟大处是太伟大了。也许我们能够修修一个过程的一段段狭窄而又到不了多远的小路也就疲惫不堪了。”②由此可见思之艰难。

第三，海德格尔的《什么召唤思》的启示。

海德格尔有一篇演讲稿叫《什么召唤思》，在呼唤教育创新的时代、在寻求教育理论原创性的今天，有必要向教育提出“什么召唤思”

---

① 阿尔森·古留加：《黑格尔小传》，商务印书馆1978年版，第47页。

② 《海德格尔选集》（下），上海三联书店1996年版，第1317页。

这一问题。这是一个有冲击力的问题,它可以刺激和引领着教育去思。

德国文化教育学代表人物斯普朗格认为教育的核心是人格心灵的唤醒。[①] 他认为只有唤醒人的灵魂的教育,才是成功的教育。笔者认为这种人格心灵的唤醒就是思的唤醒。笔者十分欣赏“唤醒”一词,唤醒指人在教育中的精神状态的转变:从一种麻木的、自我意识沉睡的状态转向清醒、兴奋的状态。唤醒的教育必须是能够给人以刺激的教育,它有刺激性的问题和令人惊讶的、意想不到的结果。在教育中最难以使人忍受的莫过于教师在课堂上平淡无奇的老生常谈和教科书、教学参考书上无新意的、冗长的理论叙述。一个呼唤创新的时代是一个需要刺激的时代。

海德格尔在论文中反复追问什么召唤思?他指出:人是理性的动物,所以人人都能够思。正因为人人都能够思,才有可能不思。他说:“正如只因为我们是听者,所以才会聋,正如只因为我们曾年轻,所以才会老,同样地,我们之所以也会变得思想贫乏甚至无思想,是因为人在其本质上具有思想的能力,具有‘精神和理智’,并且是被注定要去思想的。”[②]我们不说岩石不思、草木不思,只说人不思。这说明只有人才能思。然而,能思的人却可能闲置自己的思想。这种闲置未必是无所事事状态,它也与非功利的、从容的学问精神毫不相干。它有时表现为忙碌,在应试学生的死记硬背中,在功利性学者的著书立说中,大家忙着考试与写作,来不及思。

我们读这篇论文,恐怕最感兴趣的是找出答案:到底“什么”召唤思。海德格尔对这个问题的解答是十分奇特的,他一再重申最能激发

---

① 邹进:《现代德国文化教育学》,山西教育出版社 1992 年版,第 190 页。

② 《海德格尔选集》(下),上海三联书店 1996 年版,第 1232 页。

人们去思的是"人们尚未去思"。他并没有给人们一个关于"什么"的明确答案，他的结论"空无结果"。但正是这个空无结果的答案给人以极大的启发。

在海德格尔看来，如果我们要倾听思的召唤，就要首先学会思。要首先学会思，就要明白自己还不会思。最糟糕的是我们可能压根儿就没有这种自己还不会思的意识。当我们自认为在思时，其实我们根本未曾去思。他的这种观点对于教育来说是很有启示的。我们教会了学生去思吗？在哲学教育中当我们问"什么是哲学？"学生回答："哲学是关于世界观的学问。""什么是人的本质？"学生回答："人的本质是社会关系的总和。"若他们的回答是基于我们教学的标准答案，就早已经封闭了问题，在他们认为自己正在思时，思已经从他们身边"抽身"而去了！只要在这些问题上学生还没有形成发问心态，还没有自己的体悟和心得，他们就根本未去思。

在教育中当我们的学生留滞在某些结论上（这与结论本身正确与否无关），思就逃之夭夭了。教育无疑要向学生传授类似上述观念，但若以留滞的方式（满足于获得考试的标准答案）传授，就是在拒斥思。

海德格尔在探讨人的本质时，他不是探讨人性、人的历史，却是探讨语言的本质、真理的本质。这种探讨方式使任何接受过西方哲学传统教育的人都会感觉到诧异：真理问题不是认识论的专题吗，怎么能与人的本质联系在一起呢？但谁能否认这种超常规的探讨没有令人惊叹的发现呢？如果我们的学子（硕士生、博士生）在毕业论文中也进行这样的探讨，按照常规的思路，指导教师恐怕会说"你已经跑题了"。今天，在一篇研究生学位论文中若没有社会关系、生产方式、历史性、社会性诸如此类的字眼，我们根本无法谈人！我们习惯于按照固定的套路谈人，如果所谈的内容不符合这种套路，就会被逐出学术话语的圈外。

笔者不否定经典理论的指导价值,更不是让学子按照海德格尔的路子去探讨人。而是说,我们必须有关于“人”的探讨的新路子。马克思主义辩证法的本质就是不断地突破和创新,马克思主义哲学的发展取决于在新时期人们运用这种真理对未知的东西的探讨。尼采说过:“有着一千条无人走过的路、一千种健康和一千座隐蔽的生命之岛。人和人的大地始终未经深究,未被发现。”[①]如果我们仅仅是重复经典话语,那不是思,仅仅是演绎经典结论尚不会思。

海德格尔在《什么召唤思?》中指出了教比学难。他说:“的确,教比学更难,人们知道这一点,但却很少思考这一点。为什么教比学更难呢?并不是因为教师应具有更多的知识积累,并得做到有问必答。教比学难是因为,教意味着让人去学。真正的老师让人学习的东西只是学习。所以,这种老师往往给人造成这样一种印象,学生在他那里什么也没有学到,因为人们把获取知识才看作是‘学习’。真正的教师以身作则,向学生们表明他应学的东西远比学生多,这就是让人去学。”[②]在教育中我们很少去思考教与学谁比谁难的问题,我们最关心的是教学相长。然而,要达到真正的教学相长,就要树立起教比学难的观念。今天的教育常常是学比教难,小学生的奥数比赛的数学题有时让数学专业的大学教授都看不懂(学难),而教师却有习题标准答案、教学参考书等等,凭着这些他们成为有问必答的万事通(教易)。

教比学难不是指知识传授,而是指教师要善于激发学生去思。要能激发学生去思,教师就应该使学生意识到老师自己有许多的无知。苏格拉底提出了“自知自己无知”的思想,孔子说出了“吾有知乎哉?无知也”的话语,就是树立起求知的榜样,激发学生去思。释迦牟尼告

① 转引周国平:《尼采:在世纪的转折点上》,上海人民出版社1986年版,第83页。

② 《海德格尔选集》(下),上海三联书店1996年版,第1217页。

诉弟子们："我说法四十九年，却没有说出一点真理。"就是要打破学生对老师的迷信，不把老师的说法当成真理。学习不等于学习知识或学习老师的"说法"。学生真正的学习是要学会超越知识和说法，思人们尚未去思的东西。教师要让学生学会思所未思的东西，就要让学生意识到教师自己有更多的无知的东西、更多的需要学习的东西。在这个意义上，教比学难。

我们为什么思？为思而思。我们的思不能太过沉重了，学生从小就为自己、为父母、为学校、为某一地区的教育（升学率意义上的面子）而读书，为追求真、善、美而思。学为了讨好他人、思考是为了迎合世人。然而，思不是为了讨好别人。尼采说："死后享誉的人（譬如我）比起合时宜的人来，被理解得较差，但更好的被倾听。严格地说，我们从未被理解——而我们的权威由此而来……。"[①]当尼采在思时，他不是为了迎合当世人的胃口，所以不能被当时的人们理解。正因为他不降低思的格调，才能更好地被后来人倾听，才能成为权威性的思想家。思不能落入某一个时期真、善、美的既定标准。"古代学者试图理解历史的方式之一就是按照'第一个发现者'这个范畴，企图给自己的过去（不论是现实还是想象）强加秩序，为每一个重要的文化领域安排谱系树，把权威的'第一个发现者'当作树根。"[②]借助这一做法，以真理为例，柏拉图是第一发现者，二千多年来在哲学上的真理观都是"符合论"，归属于柏拉图主义谱系树。海德格尔的思使这一信念得以动摇。如果思执着于真、执着于"正确性"，那么，传统的真理观就永远不会受到质疑。

海德格尔在《什么召唤思？》中提出了最能激发人思的东西是存

---

① 尼采：《偶像的黄昏》，河南人民出版社 1987 年版，第 5 页。

② 罗伯特·沃迪：《修辞术的诞生——高尔吉亚、柏拉图及其传人》，译林出版社 2015 年版，第 9 页。

在、是诗性真理这一尚未思的东西,它与理性真理不同。教育既需要理性真理又需要诗性真理,教育召唤思就包含着这两方面的召唤。

然而,本研究专注于诗意德育,受到海德格尔诗性哲学的启发。本研究召唤思是让教育去思其未思的东西——诗意教育。

第四,思要与读书联系起来。

我们若学会去思,就要善于去读"读不懂的书"。这是治学的方法与态度。传统的教育思想主张"循序渐进"、"知之为知之,不知为不知,是知也"。它强调一种谦虚和诚实的学习态度,这使人们养成了学习上经常复习、弄通弄懂、循序渐进的习惯,在学习上讲究稳扎稳打,步步为营,学生必须在弄懂了某一种知识单元的内容之后,再学习下一个知识单元。这样的教育思想并非适应所有的教育。例如,人们就不能以这样的态度学习哲学。

法国文学家大仲马在《基督山伯爵》一书中借法利亚长老的口说:"哲学是踏在基督脚下升上天去的一块五色彩云。"哲学很美、很玄。深刻的思想家总给人一种云里雾里之感。尼采认为哲学家是一种稀有植物。这种人与众不同,他们常常思考一些被人们认为抽象的、脱离生活的和虚无缥缈的事情。尼采说:"抽象思维对许多人来讲是一种苦难,而对我来说,在那些好日子里,却是一个节日,一份陶醉。"[①]哲学家的这种自我陶醉常常使他们的思想变得异常难懂。

西方学者曾说读懂康德的《纯粹理性批判》,要上三十三年的牛津大学,其著作的艰深程度可想而知。海德格尔在《尼采》这部著作中说,尼采总习惯自言自语,他的有些话语是永远弄不明白的。这说明一个哲学大师未必能全部弄懂另一位哲学大师的思想。尼采称自己的著作《查拉图斯特拉如是说》是一本"写给所有人而又无人能读的

① 转引海德格尔:《尼采》(上),商务印书馆2002年版,第20页。

书”。在尼采看来，这本书“高出于人类和时间 6000 英尺。”它特立高标，难以捉摸。

现象学家胡塞尔的著作也十分艰深，曾有人对胡塞尔提意见，说你的书不好懂。胡塞尔说：是的，不仅你感觉不好懂，在我工作了一天，比较疲惫的时候，在晚上连我都看不懂自己所写的东西。胡塞尔的《现象学观念》是一本很薄的小册子，哲学专业的博士生一开始接触这本书，能看懂 40％就已经很不错了。

雅斯贝尔斯说海德格尔的哲学虎头蛇尾，空无结果。这或多或少标画出了海德格尔哲学的这种精神状态。反复通读了海德格尔的著作，我们可能始终不能理解海德格尔思考的一个中心问题——存在。萨特直接师承胡塞尔和海德格尔，受海德格尔《存在与时间》的影响，萨特写出了《存在与虚无》。萨特哲学推理的深度和思辨的逻辑性使其在法国思想界享有崇高的地位，但他始终没有理解海德格尔的“存在”。针对萨特的《存在主义是一种人道主义》一文，海德格尔著有《关于人道主义的书信》，海德格尔指出：萨特的“存在先于本质”仍然是一个传统的形而上学命题，是柏拉图的“本质先于存在”的颠倒。把一个形而上学的命题倒转过来仍然还是一个形而上学命题。作为这个命题，它就和形而上学一起固执于对存在的真理的遗忘之中。萨特以《存在与虚无》这部气势恢宏的哲学巨著（此书翻译成中文 61 万字）思考了存在问题，他不仅在思想上借鉴了海德格尔，而且在举例和表述方式上对海德格尔都有模仿，但其思考的结果，在海德格尔看来却是对存在的遗忘！试想，如果你参照老师的思想，写出了一部有着巨大社会反响的哲学著作，老师告诉你：你根本就不懂我的思想！这种评价多半会使你绝望的。然而，这种现象出现在萨特身上，并非表示其思维上的低能，只能说海德格尔的思想太深奥了，其思想像一块“五色彩云”。

这些思想性很高的书,对很多人来说一辈子都不可能全部弄懂。但学生要提升自己的思想,就必须读读不懂的书。我们的教育尽管也提倡学生读原著,但没有告诉他们,读原著必须打破传统的循序渐进的心理。一位大学生如果对哲学有兴趣,若他能读懂一部原著的15%,就应该坚持读下去了。学生总有一种错觉:似乎现在读不懂是因为自己理论水平不够。事实上,哪怕他将来成为博士、教授,如果以前没有读过原著,在他初次接触原著时,仍然可能是理解15%,他遇到的困难,与刚刚接触原著的大学生遇到的困难一样。这种等到理论水平提高了再读原著的想法,使一些人永远不能接触原著,永远从二手资料中了解大师的思想,这种了解注定了不能对哲学家有富有成果的理解。有位教育家曾说过:读一流的著作,能产生二三流的思想;读二三流的著作,其思想就不入流。对于本专题来说,要了解诗意教育,必须研读古今中外一些深奥的书。

第五,培养学生对追求真理之思的激情。

黑格尔曾说过:“真理诚然是一个崇高的字眼,然而更是一桩崇高的业绩。如果人的心灵与情感依然健康,则其心潮必将为之激荡不已。”[①]黑格尔的思是与他追求真理的“激荡不已”的情感联系在一起的。

马斯诺在心理学上曾提出了“约拿情结”。约拿是《圣经》中的人物,上帝派他去完成一个使命,而他却逃跑了。约拿情结就是拒绝崇高。黑格尔在《小逻辑》中曾提到古罗马的总督庞蒂乌斯·彼得多冷笑地向耶稣提出“真理是什么东西?”由此,流露出他对真理的蔑视。在现实生活中有不少这样的“彼得多”,只要是他们弄不懂的深奥哲理,一律被贬为空洞、乏味、脱离实际的东西。他们拒绝思的充分论据

① 阿尔森·古留加:《黑格尔小传》,商务印书馆1978年版,第80页。

恰恰就在于自己的无知(此无知是愚昧无知意义上的,而不是苏格拉底自知自己无知意义上的)。在他们看来,似乎只有那些停留在经验思维层次、大家都能懂的东西,才是现实的,才是符合实际的。在今天的德育生活化的呼声中,就伴有这类噪声。

有学者曾描述法国思想家萨特的《存在主义是一种人道主义》的演讲:"在1945年10月29日萨特作了报告之后,他一夜之间成了欧洲文化的名人。他的报告是在中央大厅举行的。一大堆人云集在这里,期待着这个晚上生存主义'通谕'的公布。人群拥挤,你推我搡,乱成一团,连票房也被挤塌了。踏坏的椅子不计其数。萨特花了十五分钟才从听众中穿过,挤到讲台上。在这个极其拥挤、极其热闹的地方,面对兴奋已极的人群,萨特双手随随便便地插在上装里,一句一句、有板有眼地宣布着他的'声明'。他给人留下的印象是:这里宣布的是存在主义的最后的标准表达方式。那些拥挤在一起,相互碰撞,闷得半死的听众们好像觉得,听到的每句话都是今后可以不断反复引用的定理。这次报告之后,没有一天的太阳会在没有引用或提到萨特和存在主义的情况下落山。"[①]海德格尔的演讲,也常常引起轰动,"如同一个节庆日,像映红了天的大火。"[②]

这是民众对思的热情。这种热情与思想家对思之激情是相互作用的。据说,福柯讲课的教室有三百个座位,装有闭路电视,通到相邻的教室。不仅教室里座无虚席,而且教室后排和窗外都站满了听众。要想抢占一个座位,通常至少需要提前一个小时。[③] 听众的热情与福柯每次演讲都力求是研究的新成果这种对思的激情相互影响。

---

① 吕迪格尔·萨弗兰斯基:《海德格尔传》,商务印书馆1999年版,第475—476页。

② 吕迪格尔·萨弗兰斯基:《海德格尔传》,商务印书馆1999年版,第475—476页。

③ 刘北成编著:《福柯思想肖像》,上海人民出版社2001年版,第232页。

这样热闹的场面,今天大概在明星演唱会中最容易出现。在崇尚物质主义的年代,人们更喜爱感性的东西。演唱会上舞台灯光、音响、歌声的感官刺激和观众对着明星的呼喊、尖叫的情感宣泄等给人们(特别是青少年)的心理带来了极大的满足。今天,很难设想人们会为一个“主义”而将票房挤塌。上个世纪 80 年代,某报曾报道过一个笑话:一位大明星到某地的机场,成百上千的追星族在热情期待着。这时传来消息:与他同机的还有杨振宁。于是,这群追星族问:“杨振宁是唱什么歌的?”有时,学校教育没有大众传媒的影响大,教育树立的榜样没有明星的榜样影响大。

思想家的思之水平与民众的思之水平是相互作用的。在海德格尔晚期的学术研究中,许多思想都是以演讲的形式表现出来的,有广播电台的演讲、艺术协会的演讲、纪念会的演讲。这些演讲稿对我们来说,就是仔细读十遍也未必能弄懂,更别说是听一遍演讲了。假如海德格尔没有能理解他的听众,那么,他的许多思想至少难以通过演讲的方式产生。

从物质条件上讲,人在陋室里决不比在豪宅里思考能力差,例如,荷兰哲学家斯宾诺莎以磨镜为生,艰苦生活并没有制约他的思考力。杜甫的茅草屋被大风所破却引发了他的传世之作。但从精神条件上说,思一定要有民族的文化底蕴。例如,德国是一个有着哲学思辨传统的国家,所以能出黑格尔的辩证法哲学;中国是一个诗意大国,所以能出诗性的文学与艺术家。对于我们民族来说,既要弘扬传统的诗性之思,又要发展理性之思。将青年人的思的热情调动起来,是教育的一项重要工作。

第二节　表达与思想

今天,我们倡导思,就要打破对思的僵硬控制,这种控制表现在思的表达上。思想具有内隐性，它无声、无色、无味、无形，内在的思想只有通过外在的言行与文字等等才得以表达，并为人们所感知。表达是思想的再现性活动，它对思的内容具有揭示性功能。在教育中，欲表达的思想总是等待着被说出（如课堂讲授）和被写出（如教学理论研究）。思的经验通过语言通道流露出来，我们既通过语言来表达，语言表达形式又塑造着我们。

伽达默尔说："亚里士多德曾用如下方法来区别人和动物：动物之间是通过相互指示哪些东西在激起它们的欲望从而可以去寻求这种东西，哪些东西在伤害它们从而可以避开这种东西而相互理解的。这就是动物的本性所能做的。唯有人除了本性之外还有逻各斯。这样，人才能互相表达出哪些东西有用，哪些东西有害，什么是正确的，什么是错误的。……人能够思想，能够说话。他能够说话，也就是说他能够通过他的话语表达出当下并未出现的东西，从而使其他人能够了解。他能把自己意指的所有东西表达出来从而使他人知道。"[①]人与动物的区别就在于人能够通过语言来表达。表达是为了（表达人的）思想。

然而，在教育生活中，思想与表达不是内与外的简单、自然的关系，语言表达（包括体语、口语、书面语言等等）对思想具有约束力，教育规范性的语言表达甚至对思想有强制性。有时，思想与表达的关系存在着分裂、异化的事实：被指代的东西（思想）与指代的东西（表达）的关系被颠倒过来，表达被置于思想之上，它反客为主，最终篡夺了主导地位，内在的思想受制于外在的表达技巧，"内"禁锢在"外"之中。思想的艺术几乎就变成了说与写的规范性的表达艺术。此时，言语与文字已不再顺畅地通报着我们的思想。

---

① 伽达默尔：《哲学解释学》，上海译文出版社 1994 年版，第 59 页。

教育发明了一套套僵硬的表达方式,当教育的目的旨在使学生学会表达,并使学生亦步亦趋地接受这些表达规范时,表达就制约着学生的思想,它甚至变成了思想的专门囚室。思想与表达脱位。最终,思想在表达中沉没,乃至沉默!人将心灵自由的创作交给了表达规范,符合表达规范的论文、专著造就了学者,但是有时却毁灭了思想者。

在强调表达的今天,人不再对增添书本中的思想感兴趣,而是对增添现有书本的数量感兴趣。有学者指出:"如今,对于一个学者学术创造水平的认定,已主要不是学界的口碑和业内专家品评,而是各种量化指标和表格:一个通文识字、能熟练进行程序化操作的普通行政人员,只要把某人套入表格,根据他占有经费的多少、在特定级别刊物上发表论文的数量和相关获奖等级,就足以认定他是半斤还是八两了。"[①]在注重数量的今天,思想是有"重量"的,有的教师在职称评定时甚至用麻袋装科研成果。大学像个"收购站",教育管理以记账的方式查看教师的科研成果,思想是可以用"秤"来称的。教师写得越多,越能表达,其文化资本就越丰厚,似乎就越会思想、越有思想。有时,"已经写得太多"正是思的缺席和不在场。

在学术领域,思想要为人感知、得以传达,就必须要符合规范性的表达。任何试图打破这种限制的思想,都不得不先臣服于它们。例如,只要你写的是论文,即使是要打破规范性的表达的论文,首先就必须符合学术规范才能发表。

教育是一种知识传授过程,要确保知识从教师流向学生,教育者对受教育者就有一种规范化的权力,教育者通过这种权力使学生从孩

① 于连胜:《改革开放三十年中国的教育学话语与教育变革》,《教育学报》,2008年第5期。

提时代就开始接受说话方法、思想方法和行动方法的训练。德勒兹说："当小学老师讲解一道运算题或者教拼写时，说她是在传递信息，这就很令人怀疑。她是在指令，主要是在发布命令。给孩子们提供句法，犹如给工人们提供工具，目的在于造出符合占统治地位涵义的语句。应该从本义上理解戈达尔的话：儿童是政治的囚犯。语言是一套指令系统，不是一种信息手段。"[①]在德勒兹还有福柯这样的法国后现代思想家看来，教学(哪怕是小学教师教拼写)并不是一个简单的知识传授过程，规范化的权力渗透进这种知识传授之中。这种思想不无道理。

教育不仅使学生掌握符合规范的文字书写方式，而且使学生掌握符合规范的动作书写方式。福柯在《规训与惩罚》一书中对学校在书写规范上的控制有一段描述："书写漂亮是以一种体操、一种习惯为前提的。这种习惯的严格符码支配着从脚尖到食指的整个身体。学生应该总是'保持笔直的身体，稍稍向左自然地侧身前倾、肘部放在桌上，只要不遮住视线，可以用手支着下颌。在桌下，左腿应比右腿稍微靠前。在身体与桌子之间应有二指宽的距离。这不仅是为了书写更灵活，而且没有比养成腹部压着桌子的习惯更有害健康了。左臂肘部以下应放在桌子上。右臂应与身体保持三指宽的距离，与桌子保持五指左右的距离，放在桌子上时动作要轻。教师应安排好学生写字时的姿势，使之保持不变，当学生改变姿势时应用信号或其它方法予以纠正。'"[②]动作书写规范是对孩子不正确的姿势的身体矫正术，它出于对孩子健康的考虑。动作书写规范本身也是一种知识，这种管理身体的技术是通过教育学、医学、管理学等学科的发展而不断积累起来的知

---

① 德勒兹：《哲学与权力的谈判》，商务印书馆 2000 年版，第 47 页。

② 福柯：《规训与惩罚》，生活·读书·新知三联书店 1999 年版，第 172 页。

识。随着这些知识的积累,学校对照明的灯光、学习的桌椅及学生书写行为都有一定的标准化规范。从上述例子中我们可以看出教育早就有一套控制表达的技术。

学生从孩提时代起就被教导着遵循某种适当的行为举止,这些被“记录”在他们身上的书写、举手等规范决定了他们的表达行为。这些规范不仅规定着他们如何做,还规定着他们如何说,使他们“成为一个学生”。

然而,教育的理想是促进人的自由全面的发展,从这一点上说,教育规范应该促进人更好的发展。如果教师利用规范的目的是为了培养温顺、驯服的“肉体”,规范就成为压迫人的工具,它就起了一种对思想抑制的消极作用,规范阻碍着思想的表达。

教师对规范性技术的运用有一个道德问题,如果教师使学生在动作、行为、姿态乃至思想上与规范保持一致,旨在培养一种身体上的标准件,使学生在“做什么”和“如何做”上都符合教师的愿望,满足自身的权力控制的需要,这种教育就成了一种对学生肉体和精神的征服。教育规范有时就起着对肉体和思想的征服作用。

有人戏言:在幼儿园中教师在黑板上标出一粉笔点,问学生它是什么?学生会说它像雪花、像星星……这能激起无穷想象。在大学里若教师在黑板上标出一粉笔点,学生就会说它只是“一点”。固然,教育让大学生像幼儿园小孩那样的天真烂漫是不现实的。但这戏言的背后却有更深层的意义:随着学级的提高,学生的思维方式慢慢就剩下了那么“一点”——成人式的常规性表达。教育者通过所选择的技术——某些僵硬的“行为规范”和“学术规范”,按照预定的教育进度和计划,使学生不仅在“做什么”、“想什么”,而且在“怎么做”、“怎么想”方面都进入了一个整齐划一的模式之中。在这样的教育模式中,受训练少者较之受训练多者、儿童较之成人更具个性化。

规范性的表达优于思想,在教育中有如下特点:

第一，有时越是需要表达的场合，规范性表达就越是优于思想。逢上级教育部门的教学检查，学校更加重视表达。教学文档（教学大纲、教学计划、教案、学生试卷、考场记录等等）建设常常成为检查的“重头戏”，这些文本“表达”着学校的教学管理水平。为了使文档健全，有些单位在人力不够的情况下，不惜让学生参与“造假”，将没有的文档“补齐”，将试卷批改的错误“改正”。这在教书育人上产生了负面影响，表达使诚实做人的教育思想受到扭曲。

有些学校开设的公开课、示范课，师生间配合高度默契。教师是一个有始有终的导演。师生“交流”如何发生转变、如何继续进行、如何得出结论，都是受教师意志支配而降临于学生身上的事情。学生问题的回答、对原理的生活体认（如举例说明原理）、“即兴”发挥的小品等等，都是预先（几天甚至十几天）排练好的。学生如“提线木偶”，只有预期的呼应，没有新奇、探索、未知的问题，没有即兴发挥的思想。有个性的思想对排练好了的“公开课”、“示范课”是一种“冒犯”与“侵害”，它在这种表达场合中被压制。

第二，越是能被规范化的表达，就越有学术价值。文字较之口语更能被教育规范化，今天人们更推崇文字。古人（如庄子）轻视文字，认为口语较文字更贴近思想。今人则反其道而行之，这触目地表现在学术成果评定中的“书写中心主义”，学术成果必须是被书写成的论文、专著。孔子、苏格拉底仅凭“述而不作”就获得了学术史上的无可争议的地位。王阳明“不立文字”，他的主要哲学著作《传习录》、《大学问》等，都是弟子记录整理的关于他的语录和通信。然而，今天一位学者若仅靠口述“立言”，在教育界是无人承认的。口语是思想的自然表达，文字是思想的人工表达，一个人必须要使思想与口语的自然表达拉开距离，诉诸笔端（经过人工包装使表达离思想更远），才能称得上真正的学者。“书写中心主义”使教育本末倒置，好教师成了好的研究员,而不是教育者。

第三,越是具有规范力的权威话语,越是能被重复表达。学者的思想在权威话语中隐退,表达不是自我思想的符号,而是符号(权威话语)的符号。有学者曾经指出:“对教育本质的探讨,经典名著的广泛使用已经证明其实我们不在思而历史语言曾经告诉我们那些已经是的东西。教育本质的威严面孔使得私人几乎无权力在其研究领域制造出一个‘私人事件’。……诸如教育本质与规律的权力话语几乎包容了教育生活的方方面面。”[①]个体湮没在权威话语中。在教育中借他人的脑袋说话的现象普遍存在,在复印式的反复表达中不是“我说话”而是“话说我”。

第四,只有符合学术规范的表达,才算是“真正”的表达。此问题将在教育学与书写规范中详细论述。

欲唤起人们的思,在教育中就需要处理好表达与思想的关系,要打破一些僵硬的表达规范,克服教育中在表达上的功利主义(如科研成果量的追求),让人们自行建构“新方言”,创造出新的适合于自我思想的表达方式,使表达服务于思想。

第三节　教育学与书写规范

表达优于思想,在教育中最突出的表现就是书写规范制约着人的思想。兹下,谈谈教育学与书写规范问题。

今天,教育学是一门什么样的学科仍有疑问。由于教育学没有形成独立于相关学科的术语和概念,有人感叹它成为别的学科的领地。

① 高伟:《“阐释”与“拒绝”:教育的话语权力》,《海南师院学报》,1998 年第 4 期。

有学者指出：教育学语言的学科移植始终是单向的，即只能用相关学科的语言说话，而教育学科的语言没有渗入到相关学科之中。在这个意义上，教育学能否独立仍使少数人怀疑。多数人承认教育学是独立学科，但由于教育学以哲学为指导，有什么样的哲学观，就有什么样的教育观；有什么样的哲学意识形态，就有什么样的教育意识形态。在这个意义上，它即使是独立学科也只是一门从属性学科。还有人认为教育学是一门次等学科，各种学科似乎都可以为教育所挪用，只要加上“教育”这个前缀词即可，如教育心理学、教育社会学、教育经济学……如此，教育学就是比其他学科次等的学科。

教育学能否成为独立的学科、教育学能否改变自身在学科中的从属和次等地位，是一个“理论问题”。解决这一问题似乎取决于教育学能否建立一套独立的话语系统。这是一个探讨了多年且没有结果的问题。从教育学产生之日起，它的话语就不是独立的，至今人们没有找到这种独立的话语系统，将来也未必能找到。

这个“理论问题”掩盖了教育学的地位。说它没有独立或说它是从属学科、次等学科，难以看到教育学的真正影响力。如果不再纠缠理论问题，而是关注教育的“规范性实践”，就会发现教育学远非从属者，反而是统领者，所有学科都以教育为缘起。教育学的规范性实践内容很多，例如，有行为规范和书写规范等等。本节只探讨教育学的书写规范，通过书写规范揭示教育学的统领地位及由此而带来的问题。

克罗齐指出：“一种知识，如果不应用于实践的行动，或者按假定不易应用于实践的行动，就叫做‘纯粹的’；同一知识，如果有效地应用于行动，就叫做‘应用的’；如果假定它容易应用于某一行动，就叫做‘可应用的’或‘技术的’。”[1]教育学在实践中有一套书写规范，这套规

① 克罗齐：《美学原理、美学纲要》，人民文学出版社1983年版，第53页。

范没有高深的理论甚至说它根本就不是理论性的,它不是纯粹的知识而是应用的和技术性的知识。当今的教育理论关注自身的话语系统,不仅关注话语的独立性问题,而且关注教育理念,例如,关注主体教育、素质教育、生活世界的教育等等,但不关注规范性实践。然而,任何教育理论都要遵循这套规范性实践,即理论研究者的声音要变成学术的声音,就必须服从和接受这套书写规范的“监督”。这套规范的力量远远大于一百种教育理念。

教育学的书写规范就是学术论文的写作模式,学术专著只不过是扩大了的论文(如博士论文常常变成专著,学者写专著也按论文的方式书写)。论文的书写规范不仅制约着大学生、研究生、大学教师、研究机构的研究人员的思维,而且制约着受过高等教育的中小学教师的学术研究和理论思维。

从大学本科开始,直到硕士、博士(特别是硕士、博士)毕业考核的一个重要标准是论文。论文的书写方式是理性和科学的,这种研究成果是理性论证,一旦发表就被称为“科研成果”。论文的书写方式决定着在学术研究中哪些研究方法和表达方式是允许的,哪些是要排除的。在这种教育模式中,无论学生书写什么和怎么书写,都要受到论文的“书写规范”的审查和评定。不同学级的论文字数有不同的规定,例如,有的学校规定学士论文五千到一万字,硕士论文三万字左右,博士论文六万字以上。尽管字数不同,但论文的“书写规范”(特别是研究生的“书写规范”)是相同的。一篇论文要有标题、引言(一般为论文字数的十分之一)、内容摘要、关键词、章节、按顺序编排的索引、参考书目等等。指导教师的任务就是教会学生按照这套既定的思考方式来思考。每一学级的尽头都是提交论文——越来越规范化而且越来越长的论文。

这个书写规范成为教育界的共识源于四个方面的作用:第一,本科生、研究生的培养。随着高等教育的发展、学院和研究生院的增加，论文的书写规范日益受到学校的重视。各校都独立地制定出了一套书写规范，它表现为教务处、研究生院为本科生、研究生所提供的论文书写格式。第二，学术期刊的示范作用。在期刊上发表论文本身就是对学生或学者的学术研究的肯定，今天学术期刊对作者的书写要求日益规范化，越来越重视关键词、内容摘要乃至英文摘要等书写形式（这在三十年前是少见的）。第三，学校的理性化管理。教育管理机构将论文作为这个时代通用的书写标准，它为教育管理提供了可比较（如不同等级的论文包括省级期刊、中文核心期刊、C 刊、学校自己认定的权威期刊可比较）、可计算（张老师的论文数量和李老师的论文数量可计算，精确的甚至计算到论文和专著的字数，计算的原则是多多益善）的依据。当今的教育管理日趋理性化，在精打细算上日益完善。第四，网上传播。许多学校将自己的本科生、研究生培养经验公布在网上，一些学校在制定人才培养计划时，常常在网上吸取其他学校的培养经验，借鉴他人的经验从而补充和调整自己的书写规范。

论文书写方式早已有之，但它成为教育界的共识，以至于成为唯一的书写方式且日益规范化是近三十多年的事情（恢复高考之后特别是研究生教育的发展）。当这个书写规范统领着学术研究的所有形式时，教育学就成为众学科的统领学科。教育学的学者实无必要再担心人们会轻视教育学的地位和作用。没有任何一个时代能像今天的教育这样规范着人们的书写表达。尽管教育在整个学术界没有多少响当当的人物，但却制定出了一个响当当的规范。这套书写规范可以说是活生生的教育学，教育中人（广义的受过教育的人）要发表自己的学术思想，就必须具备理性与科学的研究素质，受到论文书写规范的训练，学会井井有条、严密精确、内涵确定的逻辑论证。只是没有一本教育学著作探讨过这种“教育学”，人们对此保持沉默或熟视无睹，真正属于教育的东西反被排除在教育学视野之外!如果我们关注现实的教育,就应该关注这一活生生的"教育学"。当教育取得了规范性的胜利之后,学者的理性思维大大地向前推进了。但这种推进却带来了教育和学术的片面的发展:

第一,论述的单一化。教育学的文体原本是多元的。有学者指出:"历史地看,教育学科的措辞分为以下四种。一是叙事,即讲故事。如拉伯雷的《巨人传》、卢梭的《爱弥儿》,通过生动的叙述,来表达某种教育思想。二是比喻。传统的教育学著作中存在着大量的比喻,如把人比做植物、动物。尤其是隐喻,往往借之阐述深刻的论点,如柏拉图的《理想国》中借'洞穴的囚徒'这一隐喻,论证了什么是真正的教育,即使人的灵魂发生转向。还有夸美纽斯的'种子'、杜威的'生长',都很好地表达了他们的教育观。三是事实,即祛除掉教育叙事中所带的情感与想象的成分,保持价值中立,以大量的调查研究、各种教育实验来呈现事实。四是逻辑,即以逻辑起点为出发点,采用归纳逻辑或演绎逻辑的方式,在事实的基础上进行逻辑推演。"①今天,在学术上,教育学的措辞方式(书写方式)只关注第四种,即以逻辑为起点的论文与专著这种方式,隐喻和事实都服务于逻辑论证,成为逻辑论证的点缀。

教育学之外的话语原本也是多元的。中国传统文化的原创者们的学术风格没有固定的模式:《论语》是对话式文本,《老子》是格言诗式文本,《庄子》是寓言式文本。如果这些原创者的文本只有一种格式,就很难想象有春秋战国时代百花齐放、百家争鸣的学术景象。百家争鸣不仅是学术内容的争鸣,而且有书写风格的争鸣。有学者指

① 李伟言、王卓:《问题与对策:试论教育学话语方式的改造》,《教育理论与实践》,2003年第8期。

出：西方(在教育学外)的学术话语也是多元的。"尼采的诗化哲学在哲学史上具有不可替代的地位，开启了多种哲学思潮。海德格尔、德里达、福柯等人的文体和措辞更是迥然不同。人类学对'叙事'的方法也持开放的态度，如人类学的经典之作——米德的《萨磨亚人的童年》和列维斯特劳斯《忧郁的热带》就是用叙事的方式写成。"[①]红黄蓝白黑，山里的花样样有，所以显得自然界多姿多彩。如果让论文、专著的单一研究方式统领着学术研究的所有形式，学术的精神花园就会黯然失色。

第二，阻碍了文风的创造。学术研究重在创造，创造不仅应该有思想的创造，而且应该有文风的创造。例如，胡适于1919年正式出版了《中国哲学史大纲》(上)，冯友兰认为这是一部具有划时代意义的书。冯友兰指出："我当时觉得，胡适的这一部书还有一点特别。在中国封建社会中，哲学家们的哲学思想，无论有没有新的东西，基本上都是用注释古代经典的形式表达出来，所以都把经典的原文作为正文用大字顶格写下来，胡适的这部书，把自己的话作为正文，用大字顶格写下来，而把引用古人的话，用小字低一格写下来。这表明，封建时代的著作，是以古人为主。而五四时期的著作是以自己为主。这也是五四时代的革命精神在无意中的流露。"[②]胡适的书写方式显现了当时的知识分子的能动性，转变了知识分子的文风。如果胡适仅认同前人的文风，就不会有"革命精神在无意中的流露"。学术研究要允许多样化的文风，并鼓励人们创造出没有被前人所发现的新文风。法国后现代思想家认为，创造性学者不仅应该创造出新的文风，而且应该培养出新的读者，改变人们的阅读习惯。我们今天的教育尚提不出这样的

---

① 李伟言、王卓：《问题与对策：试论教育学话语方式的改造》，《教育理论与实践》，2003年第8期。

② 冯友兰：《三松堂全集》(第1卷)，河南人民出版社1985年版，第201页。

问题。

北大中文系教授钱理群指出：我们的论文答辩“对学生看似严格，其实是严格要求学生按照主持答辩者自己的学术模式去进行论文的写作，学生从写作论文的一开始，就在战战兢兢地揣摩‘考官’的学术路子，以投其所好，保证顺利通过，修改论文时，更是把有可能引起争议的有锋芒有棱角的文字删除以尽，这样的保险系数很大的论文，大多为平庸之作，谈不上多少创造性。在这样的答辩的‘导向’下，学生逐渐学会了写新的‘学术八股’的文章，从材料，到观点，到引文、注释，甚至到论证等等，都很齐备，但就是没有多少创意、新意，原有的一点灵气都被‘规范’掉了。我曾经发牢骚说，我现在最不愿意看的是博士论文，其次是硕士论文，还不如读本科学生的最出色的读书报告，那里至少还有些新鲜的气息，有自己的东西，越是经过专业训练，反而不会写文章了。这当然是极而言之，有些以偏概全也说不定，但学生创造活力的减弱，却是不争的事实。”[①]

教育的“书写规范”使学生必须首先学会“我说”(怎样书写)，然后才是“我思”。在学术研究中，“我说”重于“我思”，规范性的表达重于思想，怎样书写重于书写什么。笔者参加过许多硕士、博士的论文答辩，当有的论文写得略带散文色彩或不太符合“书写规范”时，答辩委员会的导师就会质疑：“这像是论文吗?!”不像论文就不能拿学位。在教育中有一个现象，学生们有感而发的随笔，常有思想的闪光。一旦书写论文，思想有时就僵硬了，随笔比论文好看。表达的僵硬(用一个模式要求学生)常常会带来思想的僵化。

书写规范本来是一套学生应该掌握的知识，学习写论文就像学习写诗、写散文一样需要一定的技巧。但今天，论文书写规范已经成为

---

① 钱理群：《学魂重铸》，文汇出版社 1999 年版，第 101—102 页。

“权力知识”(福柯的语言,这很准确),征服了学生和学者的思想。

第三,使教育研究产生了悖论。论文的书写方式向人们提供了一个封闭而自由的学术空间,所谓“封闭”就是学术研究必须符合论文写作规范,所谓“自由”就是在这个写作规范中学者可以任意探讨任何一个自己感兴趣的话题。于是,学者们在理论研究中就出现了一个悖论:在学术领域,任何试图打破“理性”与“科学”一统天下局面的思想,都不得不先臣服于这一书写规范。当今,只有论文才被认为是合法的学术话语,学者必须通过论文才能反对论文!唯有论文才能把唯论文是求的危害表达出来。有的学者提出了教育学话语方式的改造,但只能在要被改造的话语中才能谈改造;有的学者批评教育学话语的单一,但只有在单一的话语中才能批评话语的单一。非理性教育研究开始于上个世纪的八十年代,今天,关于非理性教育研究的呼声日益高涨:教育学要走出“唯理性”的迷途、要复兴“隐喻”在教育中的价值与功能、在教育中要引进缄默知识、要补充被唯理性忽视的另一半——非理性教育……所有这些呼声都是为了打破理性话语一统天下的局面,然而,所有这些呼声都是以论文的形式即理性的形式发出的。正是由于教育太理性了,人们才不断地呼吁非理性;正是由于书写规范太僵硬了,呼吁复又变得太理性。于是,所有关于非理性教育的研究其表现形式与思维方式都是理性的,理论研究步入了关于非理性的理性循环。

今天,人们可以用各种各样的方式谈教育,但在学术上谈教育就只有论文一种方式,学术研究只有“科研”。教育反对唯理性、唯科学,是戴着镣铐跳舞。学者是由各种教育关系构成的,学位论文是学生进入学者行列的通行证,职称是学者晋升的阶梯。不少学校规定高级职称不仅要有若干篇核心期刊论文,而且至少要有数篇权威期刊论文,这成为不可更改的硬性条件。诸多的关系(还包括评奖、审报课题等等)决定了学者必须被教育圈内的权威机构认同,他们的学术思想表达方式必须是论文。学术自由只是思想内容的自由,不是书写形式的自由。

书写形式的自由者拿不到学位、评不上职称。在思想内容上学者似乎有自主性,但在表达方式上学者没有自主性,其学术成果都是由权力机构规训出来的客体化的产物。人们常常说“教育不是训练”,但要把“教育不是训练”这问题说清楚,要批评它的弊端,就得先接受“训练”。当这套书写规范渐成习惯时,学者除了书写论文就不会再写其他东西了。在这样的教育关系中,受教育多的较之受教育少的具有更多的唯理性色彩,学历越高、职称越高,理性和科学性就越强。学术“精英”是治学的榜样,如果“精英”们都是高度的理性和科学性的,又怎能指望他们推行的教育是“非”唯理性的呢?怎么能达到理性与非理性的平衡?

有学者指出:“人类的文字确是功能性的,人类的思维并不是天赋的,而是书写技术直接或间接构成的能力。没有文字,人的脑袋不仅在写作时无法思考,就是用口语的形式理好头绪,也是做不到的。文字书写比其他任何单项发明更大地改变人类的意识。”①书写技术构成了人们的思维能力,有什么样的书写规范,就有什么样的学术研究,甚至就有什么样的专家与学者。在这个意义上,教育学的书写规范规定着其他所有学科的研究方式、制约着其他学科的思维。可以毫不夸张地说,论文的书写规范“改写”了今天中国的教育学。这不仅是因为当今的教育学是由论文书写方式写成的(论文书写规范不允许《爱弥儿》这样的书写方式成为教育学的学术话语),而且成为教育家也必须

---

① 华勒斯坦等:《学科·知识·权力》,生活·读书·新知三联书店1999年版,第101页。

靠论文。再进一步说，成为学者和专家都要靠论文。

孔子、苏格拉底仅凭“述而不作”就获得了教育史上无可争议的教育大师地位，陈寅恪经梁启超推荐为清华大学研究生院的导师时，既不是学士又没有著作。台湾著名学者南怀瑾的绝大部分书籍是学生帮助其整理的讲课记录，只要到新华书店看看南怀瑾的学术专柜，就能感到其学术的博大精深。中国的教育有“述而不作”的传统，有些受过旧式教育的知识分子仍保持着这样的遗风。然而，今天，没有论文、专著就算不上教育家，更坐不上研究生导师的教席。

论文造就了学者和专家。今天的学术界已经步入了“资历社会”，在世的教授多于历史上教授的总和，一年中毕业的博士多于 20 世纪 80 年代毕业的博士总和，随着研究生的扩大招生，中国成为博士大国。学士特别是硕士、博士、专家、学者都是在论文的话语流中产生的。学位论文、期刊上发表的论文是获取学位、评定职称和取得学术成就的重要的、有时甚至是唯一的先决条件。不仅如此，教师申请科研课题、申报科研奖、申报硕士生导师和博士生导师，乃至于一所学校申报硕士点、博士点、重点学科、重点课题等等都要靠论文和专著。论文造就了学术，今天学术的繁荣就是论文的繁荣！在学术研究中，只有论文才是真的，非论文的话语对于学术是“不重要”和“不相干”的。这使今天的教育区别于中国的古代教育、近代教育。笔者并不反对论文的书写方式，不论今后的学术怎样发展，论文都是不能被其他书写形式取代的一种研究形式。笔者反对的是在学术探讨上只认论文为真的做法。

教育学尽管在理论上是个大杂烩，但其书写规范却是一个单一化的东西。当今的教育学在理念上并没有太多原创性的东西，主体教育、素质教育、生活化教育都来自于哲学上的主体理论、全面发展理论、生活世界的理论。但教育学通过书写规范规定了人们的书写方式,这是个新的东西。维特根斯坦说:“我的语言的界限意味着我的世界的界限。”教育学书写规范的语言的界限意味着学术研究的界限。评定教育学的学科地位不应该从理论上而应该从规范性实践上着眼。将来编辑教育史,描述此时此刻的教育学,要揭示它的特色,论文书写规范无疑是不能忽略的重要内容。教育学成为统领学科,是教育理论研究者多年的梦想,教育圈子里的人都希望人们重视教育学。但教育学在书写规范上成为统领学科却是一件尴尬的事情,因为这个统领地位不利于“不拘一格降人才”,它应当改变。

第四章　理性之思与诗性之思

教育是思的唤醒，思不全然是理性的。转变理性话语一统天下的局面，就要在理性之思外，倡导诗性之思。理性之思与诗性之思都是对现实生活的把握，但在思维的质上有不同形态。本章首先指出什么是诗、诗意、诗教，进而分析理性之思与诗性之思的不同特点。第三、四、五、六节是理性与诗性问题在不同的教育层面上的深化，其分析方法是结合现实的教育实际，侧重于诗性教育与唯理性教育的对比。第七节提出在教育中要倡导诗性的人化，反对神学的人化与理性的人化。

第一节　诗教何为

这些年来，教育常常谈“诗意”（人的诗意栖居、诗意教育等等），许多教育论文都喜欢与“诗意”结缘，似乎言说到了“诗意”，教育思想就已经变得深刻了。若问一句：教育为何谈“诗意”？找不到任何答案。诗意教育在说、写、播中司空见惯，“诗意”成了高谈阔论的闲谈，谁都不愿追究一下它的意义。

诗意教育不是狭义的诗歌教育，它是一种教育哲学观。它应该贯穿于隐喻教育、布白教育、暗示教育、无意识教育、隐性课程、非理性教育、艺术教育等等教育中去，这些教育都应该以它为基础。理解这一教育哲学观就要理解“诗教何为”这一问题。

诗教何为?这个问题与海德格尔的发问——“诗人何为”有相通之处。海德格尔的“诗人何为”与“什么召唤思”是联系在一起的。他认为最能激发人去思的东西就是人尚未去思的东西,这个东西就是诗意的存在,而诗人则揭示了人的诗意存在状态。海德格尔的这两个问题指向同一目标,使思与存在契合。受海德格尔的启发,本研究从“教育——思的唤醒”到“诗教何为”,也是为了使德育克服唯理性,走向诗意的存在。

海德格尔在《诗人何为》一文中引用荷尔德林的诗句“……在贫困时代里诗人何为?”海德格尔指出,我们今天几乎不能领会这个问题了。“这贫困时代甚至连自身的贫困也体会不到。这种无能为力便是时代最彻底的贫困,贫困者的贫困由此沉入暗冥之中。贫困完全沉入了暗冥,因为,贫困只是一味地渴求把自身掩盖起来。”[①]这里的“贫困”不是物质的贫困而是指精神的贫困。

《诗人何为》是海德格尔在1949年所作的演讲,荷尔德林说出“在贫困时代里诗人何为?”有百年的历史了,海德格尔重提这话也有五十多年历史了。今天,时代已经发生了很大的变化。以电子设备为媒介的传播环节与日俱增,电子媒介强化着文化工业,打破了人与人之间符号交换的时空限制。电子媒介的发展引发了信息爆炸。今天,人们不仅有非电子媒介上的言谈和文字的交流,而且通过电视、电话、手机、收音机、电影、电脑、网络等等进行着电子化的语言交流。面对如此丰富的交流方式,我们还能重复着他们几十年乃至上百年前的关于精神“贫困”的话语吗?答案是肯定的。

“贫困”与信息社会多样化的交流方式无关。美国学者罗洛·梅

---

① 《海德格尔选集》(上),上海三联书店1996年版,第409页。

指出："高度发达的传播工具从各方面轰炸我们，与此同时，真正的个人交流却变得极其困难和罕见。"[①]电话、手机、电脑和网络等进入了普通家庭，在工业化的物化的世界中，人们却感觉到相互理解的困难。

"贫困"也与出版业的繁荣昌盛、研究人员新观点的层出不穷等等这类精神生活现象无关。现代的学术体制下的研究活动暗含着提高效率、追求成果量的"诱惑"，研究者的生产活动与企业活动相似，商人的时间就是金钱，研究者的时间就是"成果"。当人们一味追求成果量，看着日历和钟表思维时，又有多少真正的思想呢？

"贫困"主要是唯理性的贫困，它限制、扭曲、关闭了与敞开者的关系，使人无法进入诗意的生活状态。无论一个时代的精神交流手段多么先进，符号交流多么丰富，如果不能领会"诗人何为"这一问题，这个时代就存在着贫困。教育不了解"诗教何为"，同样存在着教育思想上的贫困。海德格尔讲的贫困是指人们失去了精神家园，处于无家可归的状态，产生这种状况的原因在于人们忘记了诗意的存在。

"诗教何为"与"诗人何为"有相通之处，它们都是基于精神贫困而发出的追问。这些问题是今天的教育需要思考的问题。至今，它们在教育中始终是未涉猎的问题。对教育来说，关键是"诗教何为"的问题，"诗人何为"的问题解答服务于"诗教何为"这一教育目的。

诗教首先表现为诗歌教育，教会学生欣赏诗歌；其次表现为哲学教育，教会学生诗意地欣赏生活。诗教何为？既是一个文学问题，又是一个哲学问题。诗教是文学与哲学的沟通，只有从文学上升到哲学才能把握住诗意。诗意地冥想是哲学掌握世界的一种方式，诗意地掌握世界是诗教的最高目的。

"诗教何为？"是一种追问，人的诗意的存在是一个无蔽的敞开状

---

① 《罗洛·梅文集》，中国言实出版社 1996 年版，第 24 页。

态,这决定了这个问题不可能有一个最终的、完美的答案。海德格尔曾指出:答案只不过是追问本身的最后一步,而且,一个告别了追问的答案,就毁掉了自己的答案身份,因而就不能论证任何知识,而只有导致单纯的意见并且把这种意见固定起来。我们不是去寻找一个告别了追问的答案,诗意的追问者永远在途中,它永远找不到一个终极性的封闭答案。这恰恰是这个问题的魅力所在。

触发笔者思考"诗教何为"这一问题并非单纯来自海德格尔的发问"诗人何为",它还来自于我们现实的教育。我们将从一篇中学生的作文谈起。

一位高中生在作文中写道:"某科学院的一位杜甫研究专家在一次电视讲座上耗用一个多小时向观众仔仔细细、详详尽尽地讲述了杜甫是如何死于吃牛肉的。末了,那位'知名'的教授还一再强调他是有关杜甫死因方面的专家。呜呼!我们要这样的专家又有何用?……若非亲见,我还真当是笑话,但这确实是发生在我们生活中的事,我们未曾想到文化界也已经败落到如此地步了!"①这位中学生以严峻的目光审视了令人吃惊的文化现象:诗教已经流于旁枝末节的繁琐考证。他进而担心:这种抓住现代人的好奇心,哗众取宠的"作秀"、"炒作"之风,若在文化界越刮越甚,我们可能连屈原、李白为何许人都不知道了。

这个中学生对电视讲座的议论引发了"诗教何为"的问题,虽然这个问题并不在他的作文的有形的问句中存在。我们不能通过对文学专业文献的寻视(收集现成结论),来组建问题的解释。这个问题只有从哲学思考上才能得到解决。

首先,这位中学生的质疑引出了"专家"问题。质疑是对"专家"的质疑:"我们要这样的专家又有何用?"这是一个现代教育问题。在文

---

① 《金陵晚报》,2000年7月1日。

学上,“专家”的“专”有时却不能使人通达诗意,进而就不了解“诗教何为”。

在今天,诗仅仅表现为文学,这来自于教育中的职业化和专业化的压力。教育中人常常要熟悉和顺应现代教育的日益增长的专业化、职业化趋势,服从自己所从事的某种教育学科的固定的学术标准,尊重各专业领域的界限。有学者指出:“从莱布尼茨以来,大概再也没有人能够完全掌握他那个时代的全部知识活动。从那时起,科学日益成为专家的工作,其领域显示出日渐狭窄的趋势。……今天,没有哪位学者可以不加限定地自称为数学家、物理学家或生物学家。一个人可能是拓扑学家或声象学家或甲虫学家,他也许精通本行,掌握其全部文献,但是,他通常会把邻近学科当做属于其邻近的同仁的领域。”① 专业化的分工使研究者的行动处于已为他设置好了的划地自限的专业情景中。

专业化使诗表现为文学,诚如海德格尔所言,在工业—绩效的社会中,诗自行被社会性地理解为文学生产。古往今来的所有诗篇现在都汇总在“文学”的名下。专业化(文学)和职业化(中小学语文教师、大学中文系教授),使诗歌的研究和教育成为教育体制下高度分工的专业人员进行的专门活动,诗教成为中小学语文课教师和大学中文系教授的“专利”。从事这一专门的研究活动就有了诗学,诗学像物理学研究物理现象、经济学研究经济现象一样,将诗作为一种文学现象来考察。一部《诗学通论》考察诗歌的起源、变迁和发展,同时也考察诗人的生平。诗学研究产生了诗学专家,在专家群体中又可细分出李白、杜甫等研究专家,再细化就可能出现杜甫死因方面的专家。死因研究对理解杜甫的生平无疑有一定诗学价值。虽然专业化有助于深

① 刘易斯·科恩:《理念人》,中央编译出版社 2001 年版,第 323 页。

化诗学的研究,但唯专业化的教育眼光却培植着一种不祥之见,它使诗归属于文学并仅仅成为文学的一部分。进而,诗学研究及诗教就可能流于旁枝末节的繁琐考证。在诗歌研究中不是不能有这种考证,只是一旦这种考证成为专家研究的"主题"乃至主要学术目标,他就可能成为精通某一知识领域的一流的匠人,但却不再关注"诗教何为"这一问题。这就使专家在诗教上显得无用,就会引发"我们要这样的专家又有何用"的问题。

在人类的早期文化史上,诗与思是结合在一起的,早期文化本身就是诗化的。古希腊荷马诗人的作品《伊利亚特》和《奥德赛》就充满了哲学的智慧。苏格拉底称荷马为诗人中最杰出和最神圣的一位。当时一个流行的观点是:荷马是希腊民族的老师。阿里斯托芬告诉人们:小学教员教育孩子,诗人教育成年的公民。诗的神圣和它的教育功能使诗人获得了"民众之师"的美称。诗是雅典地区小学生们的必修课,他们通过读诗了解历史,学习做人的美德。在中国文化史上虽然没有出现像荷马这样的表现英雄业绩的叙事诗,但诗性文化源远流长,儒家的经典《诗经》曾发挥着重要的教化作用。

诗是中国文化的心和血脉,孔子创立了诗教,以此为其教育而非文学教育的出发点。在孔子的思想中,诗教并不局限于文学,它渗透在生活的方方面面。幸运的是当时没有"文学专业","没有"比"有"为诗教提供了更为广阔的空间。海德格尔说:"各门学科千差万别。它们探讨对象的方式根本不同。这许多支离破碎的学科,在今天只是被各大学科系的技术组织维持在一起,并且只是靠各学科的实际应用目的而保持其意义。反之,各门学科的根株在其本质深处则已经死亡了。"①这话有一定的警世意义,中国的诗性文化是不能通过专业分工

① 《海德格尔选集》(上),上海三联书店 1996 年版,第 136 页。

被置于狭窄的文学空间的，过细的专业化就可能挖掉了中国诗性文化的根。当专家“专”到成为杜甫死因方面的专家，不就忘记了中国的诗性文化精神了吗？当文学专业的诗教仅仅是为了提高学生的遣词造句能力、增强学生的文学修养时，不也是大大降低了诗性文化的育人功效了吗？笔者并不否定专业化的教育事实存在，诗教需要诗学的专门研究。但诗教必须从狭窄的文学专业中走出来，诗学专业人员不能仅为文学而从事诗学的研究和教育活动，非诗学专业的教育者、特别是“照料人的心魂”的人文学科的教育者，也不能因非诗学专业的身份而不关心诗教。唯文学专业的眼光就可能使诗教产生异变。

在教育中我们既要培养“专材”，又要培养“通材”。“通材”并不是各个“专材”的相加，“通材”是具有哲学智慧的人。有学者这样解释冯友兰的话，冯友兰说哲学“是使人作为人能够成为人，而不是成为某种人”。要成为“某种人”，即具有特定身份和从事特定职业的人，就要学习某种专业知识，掌握某种专业技能，扮演某种专业角色。哲学智慧是超越了“某种人”的关于“人”的智慧、关于“人”与“世界”的关系的智慧。[①] 只有哲学（诗性哲学）才能打破狭隘的专业视野，使人既走进专业，又走出专业，走向诗性的开放的人生。

其次，中学生的质疑又引出了“诗人何为”这一问题。专家耗用一个多小时向观众仔仔细细、详详尽尽地讲述了杜甫是如何死于吃牛肉的，没有将诗人介绍到点子上，诗人之为诗人不是通过吃牛肉得以领会，牛肉不是诗人之意义的栖身之所。不了解“诗人何为”，就不知道“诗教何为”。但应该怎么介绍诗人呢？这是教育所要认真思考的。

海德格尔在《艺术作品的本源》中指出：“艺术作品来自艺术家的活动，通过艺术家的活动而产生。但艺术家又是通过什么成其为艺术

---

① 孙正聿：《哲学通论》，辽宁人民出版社 1998 年版，第 3 页。

家的?艺术家从何而来?使艺术家成为艺术家的是作品,因为一部作品给作者带来了声誉,这就是说,唯作品才使作者以一位艺术的主人身份出现。艺术家是作品的本源。作品是艺术家的本源。两者相辅相成,彼此不可或缺。”[①]由此可以说是诗人造就了作品,同时,作品也成就了诗人,作品是诗人的本源。因此,介绍诗人当以作品为主而不是以“牛肉”为主。

如此,我们就要理解诗。诗在文学中早已经是不言自明、无可争议的东西,大量的有典可稽的文献已经设定了问题的回答方向。任何从事诗歌教学和诗学研究的人或多或少都具有了这种专业知识。人们可以从文学上这样界定它们:(例如《辞海》解释)诗是文学的一种载体,它按照一定的音节、声调和韵律的要求,用凝练的语言、充沛的情感、丰富的想象,高度集中地表现社会生活和人的精神世界。古人称不合乐的为诗,合乐的为歌,现代一般统称诗歌。而诗人就是写诗的作家。

我们并不能全然否定文学的解释,这种解释揭示了诗歌的文学特点。在今天诗归属于文学专业,人们在这个专业领域学习诗歌,这是不争的事实。诗教首先表现为文学中的诗歌教育,学生首先是从文学中而不是从哲学中了解诗的。这是理解诗意的初级阶段。

但文学解释巧妙地将这些问题作为文学的研究对象包裹起来,使我们很难触及到诗意问题的根本。文学解释出于学科分类的考虑,使诗歌解释的眼界受到文学的严格限制。在文学眼光的引领下,每一种新的哲学诘问都可能被束之高阁,以特殊的方式压制延宕下来。更进一步理解诗意,只有放弃文学的固定立场,不再从一个局部(文学领域)而是从全体上(人生领域)去思考这些问题,才能找到对它们的根

---

① 《海德格尔选集》(上),上海三联书店1996年版,第237页。

本性的解释。如果我们要揭示人诗意地栖居，就不能再局限于文学，这时，我们所寻找的是一种总体性的解释，这要求我们把这些问题从隐蔽的文学书房中带到诗性哲学的聚光灯下。

诗为何？诗是一种艺术创造，它在语言中发生，从语言、声音那里被创造出来，但诗并不创造语言。那么，诗“创造”了什么呢？诗是在作品中将美创造出来，这种美就是诗意。白居易在《金针言诗》中说：“诗有七义例，一曰说见不得言见，二曰说闻不得言闻，三曰说远不得言远，四曰说静不得言静，五曰说苦不得言苦，六曰说乐不得言乐，七曰说恨不得言恨。”诗的作品是通过言内之意（字面意思）辐射出更为深广的言外之意：不言喜而喜在其中，不言悲而悲从中来。诗的作品是高度重视由显到隐的想象的，附着于作品字符上的东西、使诗具有诗意的东西是显隐结合的意识。清初叶燮在《原诗》中说：“可以言言，可以解解，即为俗儒之作。”没有显隐意识，一目了然的诗为“俗儒之作”。只有“言有尽而意无穷”，令人感到“语少意足，有无穷之味”的诗，才是具有诗意的诗。诗的显隐各有不同，朱光潜指出：“梅圣俞说诗须‘状难写之景，如在目前；含不尽之意，见于言外’，就是看到写景宜显，写情宜隐的道理。写景不宜隐，隐易流于晦；写情不宜显，显易流于浅。”[①]诗以景喻情，“写景宜显，写情宜隐”恰当地表达了诗的显隐特征。

理解了诗为何，就可以理解诗教何为，诗教是为了诗化生活、诗化人生，使人诗意地栖居在大地上。海德格尔说：“而人在今天却并不是已经能特别体会并承担此种居住了。”[②]现代社会的工具理性支配着人们的生活，扼杀了诗意。从今天的教育上看，这不仅表现在学科上的唯专业化的眼光使人们将诗教局限在文学领域，忘记了诗教何为，

① 《中国现代美学名家文丛·朱光潜卷》，浙江大学出版社 2009 年版，第 216 页。

② 《海德格尔选集》，上海三联书店 1996 年版，第 381 页。

使诗教不再有诗意。而且还突出地体现在以下两方面：

其一是教育语言。伽达默尔指出："由科学创立的现代工业世界的关系就首先在语言层次上反映出来。……当我们听到现代情人的谈话时，常常会奇怪他们是用语词交流还是用广告标志以及来自现代工业世界符号语言的技术术语进行交流。工业化时代拉平了的生活方式不可避免地也影响了语言，事实上语言词汇枯竭的现象愈演愈烈，因此使语言非常近似于一种技术符号系统。"[①]伽达默尔指出的这种现象，在我们的社会中同样存在。工业化社会中的工具理性使语言日益贫乏，教育思想表达上的唯理性、教育语言越来越专业化、人们只注重"人言"而忘记了"天言"(自然的无言言说)，这一切都是工具理性向语言渗透的表现，工具理性导致了教育语言的枯竭。

其二是校园建筑。有学者指出："一些学校楼房越盖越高，占地面积越来越大，在硬件上盲目攀比，追求豪华。校长室向老板室看齐、校园向公园看齐、操场向娱乐广场看齐，靠标志工程撑门面，指望假山、喷泉产生轰动效应。这种现象在有些地方十分普遍，甚至在城郊、乡间的学校也蔓延开来。学校倒是洋气了，但书卷气却越来越少。……学校是教书育人的地方，它应该围绕着学习生活布置环境，每一丛花草，每一面墙壁，都应该细致而有品味，虽然默默无闻，却又意味深长。一个美丽的校园应该是一幅舒展的画卷，又如一部无字的书。一些历史悠久的名校，校园内几乎见不到现代建筑，但只要你一走进那里，就会被学校里的文化底蕴、人文氛围所折服，感受到一种神圣、魅力和诗意。"[②]今天，我们生活在水泥和钢筋之中，教育生活中的

---

① 伽达默尔：《哲学解释学》，上海译文出版社 1994 年版，第 16 页。

② 李建平：《聚集新课程Ⅱ——解析新难点》，首都师范大学出版社 2004 年版，第 18 页。

工业化气息日显浓厚。如果学校仅仅追求现代化建筑，不注重校园环境建设的文化内涵，教育就会被现代理性的技术精神占领。而转变这一状态，就要使校园建筑蕴含着诗意。诗教追求诗化人生，它从根本上说，是要转变工具理性支配生活的局面。

第二节　理性与诗性

提倡诗性，并非否定理性。在人类历史上，由日常生活中的日常思维产生出科学思维和艺术思维，发展出理性与诗性，对社会实践的发展有着积极的推动作用。科学思维和艺术思维渗透在教育中，使理性与诗性在教育中各有其特定的位置。只有明确了理性教育中的理性为何及其在教育中的作用，才能更好地展开对诗性的论述。

第一，理性之思。

理性，若给它一个不会引发争议的定义，就是指概念、判断、推理等思维活动和能力。仅此而已，不能再多了。作为思维活动，它是人的一种认识能力和认识方法，它是运用逻辑手段去分析、判断，提供因果必然性联系的认识能力或手段。这种理性既可以是合理的、正确的，又可以是不合理的、不正确的。

理性与疯狂仅一步之遥，在疯狂中就蕴含着理性。法国思想家米歇尔·福柯有一段关于疯子的论述："如果他相信自己是玻璃做的，并因此得出结论：自己轻脆易碎，不能接触任何坚硬的物体，应该静止不动等等，那么他就是发疯了。这种推理是疯人的推理。但是我们必须指出，这些推理既不荒谬也不违反逻辑。相反，它们完全符合严格的逻辑格式。扎奇亚(Paul Zacchias)很轻易地在疯人中发现了这些严格的推理形式。有一个人在让自己饿死的推理中就使用了这些严格的推理形式——三段论法：'死人是不吃东西的。我是一个死人,因此我不吃东西。'有一个患迫害妄想症的人使用从个别到一般的归纳法:'甲乙和丙是我的敌人。他们都是人,因此凡是人就是我的敌人。'还有一个疯子使用省略三段论:'在这间房子里生活过的人大多已经死了,我在这间房子里生活过,因此我是个死人。'"福柯认为,"疯子的这种不可思议的逻辑推理似乎是对逻辑学家的逻辑的嘲弄,因为二者十分相似,更确切地说,二者完全相同。……疯癫的根本语言是理性语言,但是这种语言被显赫的心象笼罩着,因此只限于在心象所规定的现象范围内出现。"①

福柯认为,疯癫不是全然非理性的(这种非理性指非逻辑),疯癫的话语具有无可辩驳的逻辑、结构完整的论述语言、一种实际语言的无懈可击的明晰表达。它是一种活跃的理性。② 疯癫的表现恰恰是这种理性指导下的行为,不放弃这种推理,他就始终是疯子。

理性的东西可以容纳疯狂。近代哲学的创始人笛卡尔的"我思故我在"的思想首开主—客体对立的先河,我思为主体,我思对象为客体。黑格尔指出:"从笛卡尔起,我们踏进了一种独立的哲学。这种哲学明白:它自己是独立地从理性而来的,自我意识是真理的主要环节。……在这里,我们可以说到了自己的家园,可以像一个在惊涛骇浪中长期漂泊之后的船夫一样,高呼'陆地'。"③笛卡尔为理性思维找到了一个独立的、新的基础——"我思故我在"。笛卡尔这一理性命题同样适应于疯狂。德里达引用笛卡尔的话:"'我思,即我在'这一真理是那么确实无疑,以至于所有怀疑论者最疯狂的假设也无法动摇它。"德里达接着分析道:"即便我是个疯子它也是有效的。它是一种至高无上的确然,它似乎既不要求排斥也不要求绕过疯狂。……无论

① 福柯:《疯癫与文明》,生活·读书·新知三联书店1999年版,第86页。
② 福柯:《疯癫与文明》,生活·读书·新知三联书店1999年版,第86页。
③ 黑格尔:《哲学史讲演录》(第4卷),商务印书馆,第59页。

我疯了与否，我思即我在。”[①]“我思故我在”容纳了“我思故我狂”，理性对疯得不能再疯的疯子同样有效。福柯与德里达对理性问题思考得很深，他们揭示了理性是靠不住的。

正常人与疯子的区别在于前者是合理性的理性，后者是不合理的理性。探讨理性教育中的理性就必须探讨合理性的理性。至今为止，我们所谈的理性教育，始终是未加澄明的。我们没有想过理性与疯狂的问题，也没有认真研究过合理性的理性问题。

在理性教育中，理性概念不仅应包含着逻辑理性，而且要包含更高的理性，即包含“合理性”的理性。什么是“合理性”？它在何处？它怎样确定呢？通常人们把“合理性的人”理解为医学上非“疯癫”的“正常人”。然而，理性教育却不是简单地培养“正常人”。

这里涉及到弗罗姆的异化的能动性与非异化的能动性问题。从这个角度看，“正常人”可能是异化的主体，这种人恰恰是没有“合理性”理性的人。弗罗姆分析了“正常人”。他说：“正常人能够符合社会需要、参与社会再生产、承担起养家的责任。”[②]但弗罗姆又说：“一个正常的人（指能适应社会）常常不如一个精神病患者来得健康（指实现人的价值）。正常人为了更好地适应社会，完全放弃了人的自我，明明是不健康的还自以为是健康的，他完全丧失了其个性和自发性。与此形成鲜明的对照，精神病患者的主要特点是在维护自我的斗争中并没有完全投降。”[③]他认为后者比前者（完全丧失了个性的正常人）还要来得有活力。这似乎在说：异化了的“正常人”有时比精神病患者来得还不“正常”。

---

① 德里达：《书写与差异》（上册），生活·读书·新知三联书店 2001 年版，第 90—91 页。

② 弗洛姆：《逃避自由》，工人出版社 1987 年版，第 185 页。

③ 弗洛姆：《逃避自由》，工人出版社 1987 年版，第 185 页。

这样,“正常人”就不同于“合理性”的理性人。有时“正常人”比疯子更疯,其行为更不合理。例如,在“文革”时期整个社会处于非正常状态,在运动中丧失自我个性的随波逐流者,其有些行为比疯子有过之而无不及。

弗罗姆认为,社会需要这样一些人:“他既不是精神病患者,也没有因适应社会而丧失了自己的个性。”[①]这种人是有独立个性的、不与病态社会现象(指所有不健康的社会现象,如迷信邪教)合拍的、有助于促进社会向确保每个人健康成长和自我实现的方向发展的自由的人。这种人才是理性教育中所要培养的合理性的理性人,即非异化的主体。如此,在教育中谈理性,就要在理性前面加上合理性这个词。

在教育中,合理性的理性还要上升到辩证理性的高度。辩证理性对今天的教育有重要的启示意义。谈辩证理性应该继承黑格尔辩证理性哲学的合理内核。

首先,这种理性区别于宗教的盲目信仰,它依靠自我的独立思维。“黑格尔将基督同苏格拉底作了比较。人人都可以成为苏格拉底的学生;苏格拉底的朋友中有商人、士兵、政治家,他们各人有各人的职业。与此相反,基督身边只有十二个使徒,他们作为他的学说的宣讲者,只是为了基督,为了他的言行而活着。这就为精神上的独断主义和对权威的信仰创造了条件。”[②]黑格尔所倡导的辩证理性哲学反对独断主义和对权威的盲目信仰。宗教是建立在皈依的感情上,辩证理性哲学是基于自我的判断力、独立的思想和对真理追求的激情,这种哲学的历史是通向真理的道路。

其次,辩证理性不是一种世俗的“抽象思维”,而是具体思维。黑

---

① 弗洛姆:《逃避自由》,工人出版社 1987 年版,第 185 页。

② 阿尔森·古留加:《黑格尔小传》,商务印书馆 1978 年版,第 18 页。

格尔认为，世俗的“抽象思维”是一种幼稚的思维。黑格尔举例说：“喂，老太婆，你卖的是臭蛋呀！一个女顾客对女商贩说。这个女商贩可恼火了：什么，我的蛋是臭的？我看你才臭呢！你敢这样来说我的蛋？你？要是你爸爸没有在大路上给虱子吞掉，你妈妈没有跟法国人跑掉，你奶奶没有在医院死掉——你就该为你花里胡哨的围脖儿买件称身的衬衫呀。谁不知道，这条围脖儿和你的帽子是打哪儿搞来的；要是没有军官，你们这些人现在才不会这样打扮呢；要是太太们多管管家务，你们这些人都该蹲班房了——还是补补你袜子上的窟窿去吧。——总而言之，她把那个女顾客骂得一钱不值。她就是在抽象地思维，仅仅因为女顾客说了一句她的蛋是臭的，得罪了她，于是就把女顾客全身上下编派了一番——从围脖儿、帽子到衬衫等等，从头到脚，还有爸爸和所有其他亲属，一切都沾上了那些臭蛋的气味。”①人们常常以为“抽象思维”是高深的学问，但在黑格尔看来，没有辩证理性哲学思想的人，才会有“抽象思维”（它不同于科学抽象和哲学的具体思维）。黑格尔辩证理性哲学向人们揭示真理是具体的，达到具体思维必须通过艰苦的哲学训练。辩证理性是一种具体思维。

辩证理性思维的作用在教育中是不能抹杀的。人之为人的根据之一，在于人有理性。人是（虽然不只是）理性的动物，教育要使人成为人，就要有理性教育。

辩证理性的作用有以下几点：首先，确定同一个事物。一棵桦树由于不同的季节，使其外在表现有所不同；由于对之欲望不同（把它视为提供阴凉的工具或视为在经济上可以砍伐的木材），使其作为一个观察对象与我处于不同的关系之中；由于心理活动不同（看到它、回忆到它、想象到它），对它就有不同的意识方式。这些不同使我们观察到

---

① 阿尔森·古留加：《黑格尔小传》，商务印书馆 1978 年版，第 65—66 页。

树的多样性,树处于不断的变化之中。然而,在多样性中人们始终能认识到这是“同一棵树”。海德格尔认为:“这种把树设定为这同一个东西的活动,乃是对一个并不存在的东西的设定。……为了规定和思考这棵树,这棵树在其当下刚刚被给予的现象中的树,我们必须预先把它的同一性创造出来。”[①]海德格尔将这种创造又称为虚构、构造和想象(尼采的树叶子)。同一性在感知中并不存在,将同一性设定起来是理性的创造。我们只有把“同一者”设定起来,才能察觉到它的多样性。在这个意义上,没有在感官中的东西,不是曾在理性中的。在教育中,如果没有这种理性能力,我们就不能规定和思考事物。

其次,理性剥去了事物的感性具体的形象,把握事物的共性。它把事物共同的本质性东西用概念的形式固定下来,使人由直观和表象水平上升到概念水平,在意识中产生现象与本质的辩证法。每一棵桦树都是具体、个别的东西,通过对一棵棵桦树的认识,人们可以把握桦树的共性,使具体的、个别的树,从属于其类,即从属于桦树的共性之下。黑格尔说:“因为一切事物都是将普遍与个别结合起来的特殊。但自然软弱无力使得它自身不能够纯粹地表述出逻辑的形式。”[②]自然界并不能向人们自动展示这种共性,只有人的理性才能意识到这种共性。

上述这两个作用(确定同一个事物和把握事物的共性)都是理性从多样性中抽取同一性,没有这种理性思维的能力,人们就无法辨别和认识事物,他们所面对的就是一个混沌的、杂乱的世界。

再次,形成自我意识。黑格尔认为,人是一个普遍者,所以人能形成自我意识。他说:人“是一个能意识到普遍性的普遍者。人的这种性能的最初发动,即在于当他知道他是我的时候,当我说我时,我意味

---

① 海德格尔:《尼采》(上),商务印书馆 2002 年版,第 569 页。

② 黑格尔:《小逻辑》,商务印书馆 1980 年第 2 版,第 84 页。

着我自己作为这个个别的始终是特定的人。其实我这里所说出的，并没有什么特殊关于我自己的东西。因为每一个其他的人也仍然是一个我，当我自己称自己为‘我’时，虽然我无疑地是指这个个别的我自己，但同时我也说出了一个完全普遍的东西。”[①]人是文化的产物，当我说“我”或“I”时，我是以某种文化来表达“我”。然而，当我说“我”时，我不仅说出了我自己，同时也说出了“我”这个普遍者。动物不能说“我”，只有人才能说“我”，因为只有人才有理性思维。没有这种理性思维，就不能形成人的自我意识。而自我意识是教育活动开展的基础。

理性使任何一个事物都成为“同一个事物”，并使这同一个事物具有内在的本质(共性)。这使人摆脱了直接性，超出了动物。伽达默尔指出：“人之为人的显著特征就在于，他脱离了直接性和本能性的东西，而人之所以能脱离直接性和本能性的东西，就在于他的本质具有精神的理性方面。……人类教化的一般本质就是使自身成为一个普遍的精神存在。谁沉湎于个别性，谁就是未受到教化的。”[②]伽达默尔认为，黑格尔对什么是教化已经作出了最清楚的说明。伽达默尔指出：教化就是向普遍性提升，这是人类的一项使命。由此可见，理性教育(合理性的辩证理性教育)是十分重要的。

第二，诗性之思。

有了理性之思，为什么还要提倡诗性之思呢？诗性之思有助于防止理性之思走向极端。诗性之思在哲学上是由海德格尔倡导的，它是一种新的哲学思想形式。海德格尔的诗性之思是通过阐发弗里德希·荷尔德林的诗歌而提出来的。

---

① 黑格尔：《小逻辑》，商务印书馆1980年第2版，第81页。

② 伽达默尔：《真理与方法》(上卷)，上海译文出版社1999年版，第14页。

荷尔德林是海德格尔的学术前辈,与黑格尔在大学里是亲密的朋友。黑格尔一开始亲近荷尔德林的思想,后来走上了唯理性主义。正因为黑格尔将理性哲学带入了"巅峰"状态,才有了后来西方哲学对理性哲学的批判。

黑格尔在早期思想中,与荷尔德林有着共同的"语言",他说:"结合一切的理念是美的理念,美这个词是在更高的柏拉图的意义上来说的。我现在相信理性的最高活动是审美的活动,理性涵盖一切理念于此活动中,真和善只有在美中亲如兄弟姐妹。哲学家必须具有像诗人一样的审美力。没有审美感觉的人乃是我们的学究哲学家。精神哲学是一种审美的哲学。……诗因而具有一种更高的尊严。"[①]此时,黑格尔深信,理性的最高行动是一种审美行动,精神哲学是一种审美哲学,哲学家必须和诗人一样具有同等的审美能力。这时的黑格尔还不是逻辑严谨、善于思辨的黑格尔。

但是,他从开始建构自己的哲学体系之后,就推崇理性。黑格尔曾断言,最平庸的柏林人的才智,作为精神产品都胜过太阳。他说:"按照内容来说,一个错误念头倒可以偶然而匆促地消失掉,太阳则实在是作为绝对必然的要素而出现的。但是就其本身而言,像太阳这样的自然存在是无足轻重的,其自身不是自由的,也不是自觉的……如果我们一般地说,精神及其艺术美更高于自然美,那么这句话说了等于不说,因为更高是一个完全不确定的措词……但是,精神及其艺术美比自然更高,并不是一个仅仅具有相对意义的说法,而是说精神才是真实的、包摄一切于自身的东西,所以一切美只有具备这种高度,并通过这处高度而产生,才是真正美的。"[②]黑格尔推崇理性,看重人的精

① 转引张世英:《自我实现的历程》,山东人民出版社 2001 年版,第 9 页。
② 转引阿尔森·古留加:《黑格尔小传》,商务印书馆 1978 年版,第 129 页。

神，他认为艺术美高于自然美。

诗性之思认为自然美高于艺术美。宗白华说："什么叫做美？……'自然'是美的，这是事实。诸君若不相信，只要走出诸君的书室，仰看那檐头金黄色的秋叶在光波中颤动；或是来到池边柳树下俯看那白云青天在水波中荡漾，包管你有一种说不出的快感。这种感觉就叫做'美'。我前几天在此地斯蒂丹博物院里徘徊了一天，看了许多荷兰画家的名画，以为最美的当莫过于大艺术家的图画、雕刻了，哪晓得今天早晨起来走到附近绿堡森林中去看日出，忽然觉得自然的美终不是一切艺术所能完全达到的。你看空中的光、色，那花草的动，云水的波澜，有什么艺术家能够完全表现得出？所以自然是一切美的源泉，是一切艺术的范本。"[①]宗白华的思想充满诗意，他继承了中国传统诗性文化。在中国传统的诗性文化中，将"天地之大美"置于最高位置。自然的美不仅是艺术美的范本，而且是人格美的范本，是美的最终源泉。

中国传统文化中的诗性精神与海德格尔的诗性之思是相通的，在谈诗性之思时，我们可以兼及这两块，使它们相互补益。海德格尔通过阐发荷尔德林的诗歌提出诗性之思，这一学术走向是以诗性克服唯理性，是在向东方的思想靠拢。

何为诗性之思呢？理解诗性之思要从诗谈起。北大哲学系教授张世英分析了杜甫的《春望》，他指出："杜甫《春望》：'国破山河在，城春草木深'。司马光《续诗话》对这两句诗作了深刻的剖析：'古人为诗贵于意在言外，使人思而得之，……山河在，明无余物矣；草木深，明无人矣。'从司马光的剖析中可以看到：'山河在'和'草木深'都是'状溢目前'的在场者，但它们却显现了不在场的'词外之情'——'无余

① 《宗白华选集》，天津人民出版社 1996 年版，第 34 页。

物’和‘无人’的荒凉景象。”[①]这首诗的意境是以在场的东西——显现者(“山河在”和“草木深”)寓不在场的东西——隐蔽者(“无余物”和“无人”的荒凉景象)。在教育中,对诗歌的欣赏是引导学生由在场的东西过渡到不在场的东西即词外的东西。若教师使学生仅仅对在场的东西瞠目凝视,热衷于诗的字面分析,以弄懂其诗句的表面含义为教育目的,学生就无法欣赏到作品的意境。对诗歌的欣赏取决于是否具有显隐结合意识。

诗的意境与人生的境域相吻合,张世英指出:“在人所融身于其中的相互联系、相互作用、相互影响的境域中,每个事物都是一个聚焦点。就一事物之当前显现的方面来说,它是‘在场的东西’,就与一事物相关的背后的隐蔽的方面来说,乃是‘不在场的东西’。在场与不在场、显现与隐蔽相互构成一个境域。”[②]人生的境域就是显隐结合的,诗性之思就是以显隐结合的方式去思考人生。这种诗性之思是由海德格尔的哲学揭示出来的,考虑到这种哲学的复杂性,在这里只借张世英的观点简单地点出它。

诗性之思有助于防止理性之思走向极端,为了进一步说明这个问题,本章第三至五节分别从如何理解教育、语文教学及教育的“有为与无为”三个方面探讨诗性之思在教育中的意义及唯理性教育的弊端。这种探讨,可以使人们进一步了解理性与诗性的不同及为什么教育不能仅仅是理性的。

第三节　本质认识与诗性之思

本质认识是理性思维的重要方式,将本质认识与诗性之思作比

---

① 张世英:《艺术哲学的新方向》,《新华文摘》1999年12期。

② 张世英:《艺术哲学的新方向》,《新华文摘》1999年12期。

较，意在说明作为理性之思的本质认识不能代替诗性之思。

毛泽东在《人的正确思想是从哪里来的》一文中指出："人们在社会实践中从事各项斗争，有了丰富的经验，有成功的，有失败的。无数客观外界现象通过人的眼、耳、鼻、舌、身这五个官能反映到自己的头脑中来，开始是感性认识。这种感性认识积累多了，就会产生一个飞跃，变成了理性认识，这就是思想。"认识是一个由感性到理性的发展过程。另外，毛泽东在给陈毅的书信中指出了为诗之道：诗"不能如散文那样直说，所以比、兴两法是不能不用的。""'比者，以彼物比此物也'，'兴者，先言他物以引起所咏之词也。'"[①]比是在物象上作比方，兴是把事寄托在物上。"比兴"的思维方法是一种不同于本质认识的诗性之思。

本质认识揭示事物的本质，它是概念性思维。毛泽东在《实践论》中指出："概念这种东西已经不是事物的现象，不是事物的各个片面，不是它们的外部联系，而是抓住了事物的本质、事物的全体、事物的内部联系。"[②]概念是理性之思的细胞。诗性之思是借物比喻，它是隐喻性思维，隐喻是诗性之思的细胞。

有学者认为，人文知识作为人类的自我认识，实质上是一种隐喻性知识。德国哲学家卡西尔说过，语言拥有两种权力——"逻辑的权力"和"隐喻的权力"。"隐喻的权力"不是一种需要逻辑征服和能够被逻辑征服的权力，而是一种必须充分尊重和得到恰当运用的权力。[③]笔者不认为人文知识就是隐喻性知识，人文知识的一半是隐喻性知识，另一半是理性知识。中国传统教育十分注重隐喻性教育，认为隐

---

① 胡为雄：《诗国盟主毛泽东》，当代中国出版社 1996 年版，第 326 页。

② 《毛泽东选集》（第 1 卷），人民出版社 1991 年版，第 285 页。

③ 张祥云：《人文教育：复兴"隐喻"价值和功能》，《高等教育研究》，2002 年 1 期。

喻是做教师的起码条件。

本质认识揭示现象与本质的联系,诗性之思展示本体与喻体的联系。例如,毛泽东的《咏梅》,借斗雪争艳的梅花抒发了自己敢于向恶势力抗争的革命豪情。这一诗词的创作手法不同于本质认识,它不是透过现象看本质,不是先感觉到一棵棵具体的梅花,通过抽象思维丢开梅花的个别差异,找到梅花的共性,认识梅花的本质。这里,本质认识恰恰排除了诗意。诗性之思是由此(梅花)及彼(革命豪情)的联想,它通过诗人对梅花的言说,制造出"弦外之音"。毛泽东一生写诗、读诗、论诗,借诗抒发豪情,他曾引用唐代张英的诗句"万里长城今尚在,哪见当年秦始皇",来表明国与国之间的和平共处。在诗人的眼中,长城不是理性分析的对象。长城能启示国与国之间的相处之道,在于诗人能对之进行由此及彼的想象。克罗齐说:"'诗人是天生的'一句成语应该改为'人是天生的诗人'。"[①]这实际上是说人人都有诗意,教育不是要学生都做诗人,而是要培养学生的诗意。没有诗意,学生到了长城,只能看到"由石头堆成的墙"。黑格尔将名山视为"大土堆",这说明只推崇理性就会使世界"祛魅"。诗性的想像,使青松隐喻着刚正不阿的人格、红旗隐喻祖国、古庙基座上的裂痕隐喻着千年万载暴风骤雨的威力、圆明园的遗址隐喻着近代史的国耻……没有诗性的想象,世界就剩下了物的实料。克罗齐说:"那些叫做诗、散文、诗篇、小说、传奇、悲剧或喜剧的文学组合,叫做歌剧、交响乐、奏鸣曲的声音组合,叫做图画、雕像、建筑的线条组合,不过是再造或回想所用的物理刺激物。"[②]如果没有诗性的想象,它们就成为毫无意义的物理组合,且不会有任何刺激作用。

---

① 克罗齐:《美学原理、美学纲要》,人民文学出版社 1983 年版,第 19 页。
② 克罗齐:《美学原理、美学纲要》,人民文学出版社 1983 年版,第 88 页。

提倡诗性之思，就要“理解”教育。几十年来，我们以理性方法探讨教育，这种方法几乎成为唯一性的教育探讨。关于教育本质的研究从1950年5月《人民日报》创刊号上发表过《教育是什么?》开始至今50多年，发表了近300篇论文，洋洋洒洒200余万言，林林总总20余说。在研究中有一种倾向：强调政治，教育本质就是上层建筑；强调经济，教育本质又成了生产力；认为政治与经济都重要，于是教育本质既是上层建筑又是生产力；强调主体性，教育本质就成了弘扬人的主体性；强调素质教育，教育本质又包含了素质教育。似乎有多少种时髦的、反映时代的新教育，就会有多少种教育本质。人们把教育本质混同于教育。理性之思（本质认识）与诗性之思是人类两种不同的思之形态，教育既要发展人的理性之思的能力，又要发展非理性之思的诗性想象能力。从感性到理性的本质认识，无法揭示诗性之思，从理性的分析中也得不出非理性教育的结论。教育本质探讨只能揭示教育在辩证理性上“是什么”。然而，认识了教育本质并不等于理解了教育。

教育界关于“教学过程本质”的研究有近30年的历史，到底有多少种不同观点，学术界没有权威的数据统计。但其中有代表性的观点大致有：特殊认识说、认识发展说、交往说、多本质说。近30年教学过程本质的探讨在我国教学理论研究中占极其重要的位置。其重要性源于人们把“教学过程本质”研究完全等于“教学过程”研究，把理性教育与非理性教育这一完整的教学过程完全纳入到教学过程本质研究中，使所有的教学过程探讨都在“本质”的名下进行。然而，本质认识只能揭示构成教学过程的内在要素的本质性、必然性的联系，它只能回答教学过程“是什么”，不能解决教学过程“如何”的问题。通过本质认识去揭示整个教育过程，倡导非理性教育，这有点像求“圆的方”、“木的铁”。因为从本质认识中根本找不到诗性之思。

教育学逻辑起点的探讨最早可以追溯到20世纪70年代末,至80年代中期成为"热点"。人们基于对现行教育学体系的不满,希望以辩证逻辑为指导,写出类似于黑格尔的《逻辑学》那样从抽象到具体的辩证逻辑体系的教育学。这也是一种本质认识方法。在研究中有人本起点论、体育起点论、管理起点论、知识起点论、生活起点论、目的起点论、本质起点论、教师起点论、儿童起点论、受教育者起点论、教学起点论、学习起点论、知识传授起点论、知识授受起点论、文化授受起点论、经验起点论,等等。教育学逻辑起点的探讨延伸到教学过程中,人们也试图为教学论建构一个辩证逻辑体系。在探讨中,观点繁多,莫衷一是,每个人都感觉到以前的研究结果不尽如人意,都力求提出"新论"与"新说"来。建构体系无可厚非,中国若真能出现像黑格尔《逻辑学》那样具有严密逻辑体系的《教育学》或《教学论》,无疑有助于推进中国教育学的理性思考。但通过本质认识建构起的教育学逻辑体系,不能揭示非理性教育。

在教育界,教育本质研究、教学过程本质研究、教育学逻辑起点研究有几十年的历史和几十种观点,它们曾经成为教育学的"显学"。相比之下,诗性之思无人关注,至今在学术上也没有引人注目的一"论"或一"说"。如此之"显",反映了教育中"理性"对"隐喻"的征服。人们认为只要认识了教育本质、教学过程本质,以本质认识方法建构起了一个教育学逻辑体系,教育上的一切问题都迎刃而解了。然而,这种探讨非但没有理解教育,反而,愈探讨愈模糊。有学者指出,教育本质研讨中的各"论"各"说"虽力求言之成理、持之有故,但几乎均含有不可克服的矛盾。这种探讨呈现出模糊——清楚——再模糊——更清楚的螺旋式前进状态。此时的"模糊"或许比"模糊的清楚"更好些。这足以反映了研讨的艰难。人们把本质认识无限夸大,将教育本质等于教育,获得的教育观(实际上是教育本质观)与完整的教育不对称，少了非理性的一半。本质认识不能给教育画一个完满的圆，但人们却试图用这把尺子来为教育画圆。“理解”教育不同于“认识”教育。理解教育既需要理性之思，又需要诗性之思。前者揭示理性教育，后者揭示非理性教育。将“认识”当成了“理解”，就丢掉了教育的另一半。

德育研究受教育理论的影响，以往对德育的本质、德育教学过程的本质、德育的逻辑体系探讨得较多，很少关注诗性之思。夸大了理性之思，德育学就会变成唯对象性是求的德育学，其所探讨的内容就只是客观规律(本质与规律是同等程度的概念)，其理解事物的方法就只是透过现象看本质，如此，就可能走向唯理性教育。德育应该明确本质认识与诗性之思是不可或缺的两种教育方法。

第四节　“是什么”和“如何”

诗性之思不同于理性之思，为了进一步弄清这种区分，有必要谈谈“是什么”与“如何”两种追问事物的方式。在德育中它们是相互区别的，不能以一个代替另一个。本节以桌子为例，说明它们的不同。在任何一个课堂里都有桌子，而且不止一张桌子。教育中任何一个人都会与这个书写工具照面。只要你听课、讲课、做研究就会经常不断地与之打交道。让桌子成为一个研究专题，似乎有些小题大作。

波夫瓦在《年华的力量》一书中曾生动地描述了萨特接触到胡塞尔现象学时欣喜若狂的情景：“他(指阿隆)对萨特谈到了胡塞尔的现象学。我们一起在蒙巴纳斯煤气灯咖啡馆度过一个晚上……阿隆指着他的鸡尾酒杯说：‘你看，我的伙计！如果你是现象学者，你就能谈论这个酒杯，而这就是哲学！’萨特激动得脸都发白了，或者说几乎全白了：这正是萨特多年所希望的，谈论他所接触到的东西，而这就是哲学。”[①]既然酒杯里有哲学,那么,桌子里同样有哲学。不同哲学可以引申出对桌子的不同看法,每一种哲学思想的出现都能提供人们对桌子的新看法。对桌子的看法的转变(可以叫观念变革)或多或少预示着哲学观的变革,这种变革最终又会导致德育观念的变化。这里,“对桌子的看法的转变”与家具设计者的眼光、制造商的经营理念、市场消费需求和社会的流行时尚毫不相干。本节从对桌子的不同思考揭示出“是什么”和“如何”这两种不同的方式。

关于桌子的哲学思考最早出现于柏拉图的哲学中。在柏拉图哲学中,存在着两个世界:一个是“感觉世界”,一个是“理念世界”。他认为,感觉世界是变化不定的、虚幻的假象。理念世界是永恒不变的,只有理念才是真正的存在。在柏拉图哲学的价值序列中,理念世界比感觉世界有价值,真理(理念)比艺术有价值。

海德格尔在《尼采》一书中分析了柏拉图的哲学观。海德格尔指出:“在柏拉图那里,每个个别存在者都是以三种外观方式显示自身的。因此,它就可能以三种方式被带向自行显示,亦即被创造出来。”[②]因此,就有了三种生产者:神、工匠和画家。

以桌子为例:第一张桌子是由神生产出来的,即理念。它是人不能制作的东西,木匠不能用斧头、锯子和刨刀把一个桌子的理念制作出来。第二张桌子是由木匠制造出来的。它是由人制造的、个别的、具体的、可感的桌子。木匠是根据第一张桌子即桌子的“本质”、“理念”把一张具体的桌子生产出来。让桌子的理念在木头中显现出来。第三张桌子是画家所画的东西。画家在画中使桌子显现,桌子显现在颜料和画布上。

---

① 杜小真:《一个绝望者的希望——萨特引论》,上海人民出版社 1988 年版,第 18 页。

② 海德格尔:《尼采》(上),商务印书馆 2002 年版,第 203 页。

柏拉图认为只有桌子的理念才是“真正存在”的东西，而第二张桌子是由木匠按照桌子的理念制造出来的，这种制作就包含了模仿的含义。整个感觉世界都是理念世界的影子，或者说感觉世界是“模仿了”理念世界而产生的。模仿的东西(模本)相对于原型总是不完美的，是次等的东西。第三张桌子是画出来的东西，它以画的方式显现出桌子的一般，是最不完善的东西。画家将桌子表现在颜料中，他没有像神那样提供“纯粹的本质”即桌子的理念，也没有像工匠那样提供给人使用的桌子。画家是理念的模仿者，他比工匠的模仿要差。“画家把‘桌子’生产出来而使之进入可见性之中的方式，比起木匠对桌子的生产来说，更疏远于理念，更疏远于存在者之存在。”[①]“画家却始终只能从某个特定的位置把桌子收入眼帘。因此，他所生产的始终只是桌子显现的一个景象，一种方式。如果他从前面画桌子，那他就不能画它的背面了。”[②]工匠制作的桌子是个多面体，人可以从不同角度对之观察；而画家画出的桌子是个“一面体”，人们只能从画家作画的那个视角观察这个桌子，在柏拉图看来，与工匠的桌子相比较，它更不完善。

在柏拉图看来，诗人与艺术家的等级是一样的。“如果说悲剧诗人是一位‘艺术家’，那么他也将具有这种特性，他以某种方式处于第三位上。”[③]这“第三位”是说与画家处于同一级别上。在柏拉图的观念中，摹仿是一切艺术的本质。艺术低于认识，前者是对理念的模仿，后者是对理念的把握。这里的认识是指哲学理性认识。柏拉图哲学推崇理性，贬低艺术。

寻求事物本质的普遍性的理性思维方式是人类思维的一个基本方式。黑格尔说：“就人是有思想的来说，他是一个有普遍性者，但只

① 海德格尔：《尼采》(上)，商务印书馆 2002 年版，第 205 页。
② 海德格尔：《尼采》(上)，商务印书馆 2002 年版，第 205 页。
③ 海德格尔：《尼采》(上)，商务印书馆 2002 年版，第 206 页。

有当他意识到他自身的普遍性时,他才是有思想的。动物也是具有潜在的普遍性的东西,但动物并不能意识到它自身的普遍性,而总是只感觉到它的个别性。"[①]黑格尔认为人区别于动物的一个显著特征就在于人具有寻求普遍性的理性思维能力。这种能力使人从个别上升到一般,把握事物的共性。对桌子"是什么"的追问就是把握事物的共性。"是什么"的追问从柏拉图开始,到黑格尔得以完善。柏拉图认为哲学的任务是认识理念,黑格尔认为哲学是一种概念性思维。他们都看重"是什么"的追问。

"是什么"是对事物的理性追问,按张世英的解释,它对事物的把握是"从感性认识到理性认识,最终认识到特殊事物所共有的普遍性即本质、概念,从而能说出某事物是'什么'。这'什么'就是各种特殊事物的本质、概念。例如,当认识到或者能说出某物是'桌子'时,这里的'桌子'就是各种特殊的桌子的普遍性,是它们的本质、概念。"[②]"是什么"是把握事物的一般与个别的联系,认识这种联系在思维中表现为由感性上升到理性,由个别上升到一般。

"如何"是对事物的诗性追问,它是通过诗意地想象揭示事物的显隐联系,张世英认为它是要说明"显现的事物是怎样从隐蔽中构成显现于当前的这个样子的。"[③]我们可以举例说明这一问题:毛泽东在延安写下了《论持久战》,进行革命传统教育,如果组织学生参观在窑洞中那张用于书写的桌子,教师应当怎样进行教育呢?这种教育当然不是"认识"的,不是让学生先认识一张张具体的桌子,从中概括出桌子的共性(本质),然后再认识这张桌子,从而说出这张桌子"是什么"。

理解桌子要打破主客体认识论关系,由在场的桌子联想到过去的、

① 黑格尔:《小逻辑》,商务印书馆1980年第2版,第81页。
② 张世英:《艺术哲学的新方向》,《新华文摘》1999年第12期。
③ 张世英:《艺术哲学的新方向》,《新华文摘》1999年第12期。

不在场的“中国革命史”。这种理解是对事物“如何”的追问，即这张桌子是“如何”与中国革命史联系在一起的。这种追问的方式不是从感性上升到理性，追问的结果不是形成概念，而是追问在场的桌子这一具体事物与不在场的、同样是具体事件的中国革命史是“如何”联系在一起的（这里，“中国革命史”对于桌子来说，不是一个反映桌子共性的抽象概念）。

对桌子的理性认识（桌子“是什么”的认识）不能代替对桌子的诗性的理解。这张桌子的革命意义并不存在于桌子之为桌子的“本质”里，也不存在于由木头构成桌子的“木材”里。对在场桌子的理性认识与科学分析揭示不了桌子的意义。对桌子“是什么”的追问与追问者的生活意义毫不相关。无论是对中国革命史了解还是不了解，无论对这段历史有感情还是无感情，这一事物在理性认识中只能被认作“桌子”。这种认识只是找出事物的既定本性（本质），这个本性是客观存在的，认识仅仅是回到事物已经有的预先规定上去。这种认识不以人的主观意志为转移，在李某眼中是张桌子，在张某眼中不可能变成了黑板。

对桌子的诗性的理解是“如何”的追问，“如何”的追问与追问者的生活息息相关。如果不了解中国革命史，或者说对中国革命史没有感情，那么，人们就不会从桌子中发现其意义。“如何”的追问方式揭示了事物的显隐联系，进行革命传统教育就是要使学生以“如何”的方式理解桌子：由桌子想象到《论持久战》，由《论持久战》想象到中国革命史。学生对中国革命史了解得越多，对桌子的革命意义理解得就越深刻。进而，学生再由中国革命史想象到今天的社会主义建设、由建设想到我们今天的教育事业、由教育事业想到祖国的未来……桌子的意义就在这种诗性的追问中展开了，这正是参观革命“圣地”的德育之用意所在。学生只有在这种追问中才能将自我置入与桌子的革命意义的关联之中，如此，桌子与学生的生活就息息相关了，桌子激励着学生发奋学习，去建设一个更加美好的明天。这时，这张桌子已经不再是与家具市场上的冷冰冰的、无意义的书桌同质的“桌子”。

“如何”的追问之所以是揭示了事物的显隐联系,是因为“桌子”是显现在眼前的东西,而《论持久战》、中国革命史等等都是与桌子相关联的隐蔽的东西。相对于桌子,它们是隐蔽的,如果仅仅观察桌子,我们就看不到或想象不到与桌子相关的这些东西。这种追问之所以为诗性的追问,是因为“桌子”的“意义”是言有尽而意无穷的,这张桌子就像一首诗一样,人们只有展开想象才能理解它的意义。

这种事物的显隐联系不是由“想当然”的主观臆想产生的。《论持久战》、中国革命史、今天的社会主义建设、今天的教育事业乃至未来的建设与这张桌子在“革命事业上”都是真实地联系在一起的。这张桌子的真实意义在“联想到”的这些东西中呈现出来,而且只有在这种联想方式中才能呈现出来。通过联想和想象,将这些东西与桌子联系起来,使在场的桌子得以“敞亮”,即革命意义得以揭示。

张世英指出事物有两种联系,笔者权且以“桌子”来说明这两种联系。桌子有一种个性与共性、差异与同一、现象与本质的联系。同时,桌子还有另一种联系,即在场的东西与不在场的东西、显现的东西与隐蔽的东西的联系。把握前一种联系,是主体对客体的认识。在这种认识中,桌子已经作为一个对象存在于那里,认识已为桌子设立了一个界限,即认识只关注桌子本身(它的现象与本质),它不允许别的事物闯入桌子本身。这种求真活动是认识主体与认识客体的符合,即知与物的符合。把握后一种联系,是主体对客体的超越,这时起决定作用的不再是认识关系,而是想象关系。这时的事物是没有锁闭的东西,如海德格尔所说:“它没有锁闭,是因为它没有设立界限。它没有设立界限,是因为它本身摆脱了所有界限。”[①]这时,人没有为物设立界

① 刘烨、王劲玉编译:《海德格尔的智慧》,中国电影出版社2007年版,第187页。

限，而是要打破界限（人不关注桌子之为桌子的本质），对桌子作诗意的冥想，人由在场的桌子引出不在场的东西——中国革命史等等，人超越了在场者。把握这种联系需要别的事物（如中国革命史等等）作为中介来说明桌子本身。这种求真活动是"去蔽"，去蔽就是用不在场的、隐蔽的东西（中国革命史等等）说明在场的东西（桌子）。一张赋有诗意的桌子是"言有尽而意无穷"的，人们可以对之进行自由的、无穷的想象，这种想象不是主体对对象的认识。

在德育中"是什么"与"如何"的两种追问方式不可或缺。如果没有寻求普遍性的理性思维方式，我们就不能把一张张个别的桌子从属于"共性"之下，理解"桌子之为桌子"（本质）。如果不了解桌子"是什么"，根本无法再去追问桌子的"如何"。认识桌子"是什么"，是追问桌子"如何"的前提。

黑格尔认为教化以普遍性为基础，黑格尔的教化使人超越了具体的、个别的、感性的事物，使人获得了普遍性的本质。今天的教育需要这种教化，需要发展学生的理性思维能力。

人区别于动物在于人有超越性。然而，这种超越不仅包含着超越个别事物，向普遍性提升；而且包含着超越在场的东西，去想象不在场的东西。用张世英的话说，就是"凭借想象，冲破现有的界限，在在场与不在场之间、显现与隐蔽之间翱翔。"①

教育的"如何"的追问是诗性的理解，它在具体时间中展开：今天的教育（在场的教育）是与昨天的教育（已过去了的不在场的教育）、未来的教育（尚未出场的不在场的教育）显隐结合的。产生这种显隐结合意识靠想象，而想象却是在具体的时间中进行的（过去、现在、未来）：今天的教育是从过去的教育发展而来的，今天的教育又是向未

① 张世英：《进入澄明之境——哲学的新方向》，商务印书馆1999年版，第13页。

来的教育发展的。基于这种联想,所以就有了今天教育的继承与变革的问题,就有了未来的教育发展的问题(例如未来的教育要有“三个面向”,“三个面向”规定着今天教育的变革方向)。

如同对桌子的追问一样,追问教育的意义也不是“是什么”的追问。教育的意义不是由“教育是什么”这个概念规定的,意义是在教育的过去、现在、未来的(显现的教育与未显现的教育)相互作用中产生的。在教育中不仅要使学生以“是什么”的方式去认识事物,而且要使学生以“如何”的方式去理解事物。生活世界是有诗意的,就像那张用于书写的桌子那样,它的言有尽而意无穷的意境,是不能仅靠理性去把握的。在生活世界中,任何一个事物都是以“是什么”和“如何”的方式存在着的,教育学的理论基础不仅是认识论的,不能把所有的教育关系都归结为认识关系。只有当我们不再简单地满足于弄清楚教育“是什么”,而是将教育的“是什么”与“如何”的追问结合起来时,我们才能真正地理解教育。

第五节　文化的显隐意识

理性哲学使人们意识到整个世界是以现象的方式呈现在人们面前的,世界上的万事万物都可以归入两大现象系列:物质现象和精神现象,理论研究就是“透过现象看本质”。它把事物分为现象和本质两个方面,它揭示了事物的一种联系,即个性与共性的联系。它理解事物的方式是由感性认识上升到理性认识。

根据张世英的观点:事物既有现象与本质的联系,又有显现与隐蔽的联系。世界上的万事万物可以划归为两大联系系列:一类是现象与本质的联系,另一类是显现的事物与隐蔽的事物的联系。传统的教育理论将自己的研究定位于“关于教育现象及其背后的本质与规律的科学”，把透过现象看本质的方法作为唯一的教育研究方法，以至于离开了“教育现象”，教育研究就无入手处，这使教育研究完全忽视了事物的显隐联系。

德育是一种文化传承活动，显隐联系是文化的重要特征。没有显隐联系意识，就很难理解文化；不能理解文化，就很难从事德育。兹下，分析文化的显隐联系。

首先，从文化存在的方式上看，文化存在于文化符号之中，文化符号的基本结构就是显隐结合的。文化符号作为“能指”是显现的、在场的东西，文化符号所承载的意义作为“所指”是隐蔽的、不在场的东西。任何事物都可以用符号来代表，文化哲学家卡西尔说：“人不再生活在一个单纯的物理世界之中，而是生活在一个符号世界之中。语言、神话、艺术和宗教则是这个符号宇宙的组成部分，它们是组成符号之网的不同丝线，是人类经验的交织之网。人类在思想和经验之中取得的一切进步都使这个符号之网更为精巧和牢固。”①人生活在文化符号世界之中，文化符号是人类经验的交织之网。德育也处于文化符号世界之中。

任何事物都可以用文化符号来代表，而同一个事物则可以用不同的文化符号代表。例如，狗这一动物可以用“狗”或“dog”来代表。学生学习这一符号是由显（看到或听到“狗”或“dog”一词）到隐（产生狗的想象，形成了这一符号的意义）。狗的意义在“狗”或“dog”一词中并不存在。斯宾诺莎说过，狗的概念不会叫。理解狗这一词，学生是通过想象不在场的东西（如曾经看见的狗）才赋予这一词以意义。再如，学习成语“谈虎色变”、“望梅止渴”是由听到或看到的符号联想到真实的“梅”和“虎”。在教育中，有意义地学习就是要使学生将符号和它们

① 卡西尔：《人论》，上海译文出版社1985年版，第33页。

所代表的事物建立起相应的联系。学生要建立这种联系,就要有显隐意识,要将“显”与“隐”结合起来理解文化符号,由文化符号A过渡到文化符号所代表的东西B。这里,文化符号是在场的、可感的东西,符号的意义是不在场的、不可感的东西。

现象与本质的联系也是可感与不可感的联系,现象是可感的,本质是不可感的。但这种联系不是我们这里所讲的“显”与“隐”的联系。本质在现象之中、本质是通过现象反映出来的。但文化符号的含义并不存在于文化符号之中,而在文化符号之外。理解文化符号不是透过现象看本质。例如,我们不能把“狗”这一词当作个别性的存在,把它的意义当作具有共性的“本质”。狗的意义不是从一个个“狗”的词汇的个别现象(汉语的“狗”、英语的“狗”、古文的“狗”、白话文的“狗”)中抽象出来的。

对本质的认识是由外到内(从事物的外部联系到事物的内部联系)、由表及里(始终是同一个事物);对文化符号的理解是由此(例如“狗”这一词)及彼(狗的意义)。此与彼是两个全然不同的东西。文化符号使文化分为两个世界:一个是可感的显性世界,一个是不可感的隐性世界,使整个文化具有了“显”与“隐”的特征。诗意德育就存在于文化符号之中,诗意德育理解文化和传承文化都需要显隐结合意识。

其次,从文化的起源上看,文化是从隐喻中产生的,隐喻的基本特点也是显隐结合的。有学者指出:在距今18000年前山顶洞人的墓葬里,死者身躯的四周撒有赤铁矿粉,据民俗学资料证明,赤铁矿粉的红色象征着鲜血和生命。这种埋葬死者的方式是原始人的文化现象,这一文化现象本身就是以“显”(赤铁矿粉)寓“隐”(鲜血和生命)的。原始宗教的图腾崇拜,是通过移情将图腾之物(多半是动物,如中国纳西族的图腾是“虎”和“猴”)人格化,认为它们有着与人一样的感情和思想,这种“以己度物”的方式是隐喻性的思维方式。原始人具有的隐喻性思维，是人类文化最早的思维方式。中国文化源于八卦，包牺氏作八卦的“近取诸身，远取诸物”就是隐喻性思维：象天法地，比喻观物。德国哲学家维柯提出了语言的“隐喻起源”说，他指出：“一般地说，隐喻构成全世界各民族语言的庞大总体。”①隐喻性的思维是语言之源、文化之源。

维柯指出：“逻辑”(logic)这个词来自“逻各斯”(logos)，它的最初本义是“寓言故事”(fabula)。② 隐喻性的语言早于理性的语言，甚至人类最早的“逻辑”就是隐喻性逻辑。理性逻辑产生于隐喻性逻辑之后。研究西方哲学的学者孙周兴指出：由亚里士多德奠基的传统演绎逻辑是晚出的，是哲学时代和科学时代的产物。“到了后来的哲学时代和科学时代，人类的推理能力日益强壮，心灵的反思功能日趋强大，而想象力或感觉力却渐渐萎缩了。”③

今天，许多教育研究者提出了要复兴“隐喻”在教育中的价值与功能，有学者指出：缺乏了隐喻语言的教育，使学校成为远离“自然”的孤岛，学生浸淫在“冷冰冰”的逻辑中，操持着毫无生命意义的科学概念，变得越来越理性而毫无生气。④

隐喻性语言是逻辑语言所无法替代的，又是教育必不可少的。笔者以为在教育中复兴隐喻，并非仅仅是倡导一种隐喻性的教学技巧。在中国教育史上早就提倡了隐喻性教育，《学记》说：“君子之教喻也；道而弗牵；强而弗抑；开而弗达。道而弗牵则和；强而弗抑则易；开而弗达则思。和易以思，可谓善喻矣……能博喻然后能为师。”在中国传统教育思想看来，能使用隐喻是做教师的起码条件。我们的教学无疑

① 孙周兴：《我们时代的思想姿态》，东方出版社 2001 年版，第 109—110 页。
② 孙周兴：《我们时代的思想姿态》，东方出版社 2001 年版，第 113 页。
③ 孙周兴：《我们时代的思想姿态》，东方出版社 2001 年版，第 107 页。
④ 宋晔：《隐喻语言的教育学意义》，人大复印资料《教育学》，2003 年 6 期。

传承了这一传统,现代的任何一位教师在教学中都不可能完全缺少隐喻。然而,在"教学技巧"上提倡隐喻是"小打小闹",谈不上教育的变革。复兴隐喻必须从根本上转变我们的教育观,现代的教育观(教育学学科定义是研究本质与规律;研究的入手处是教育现象;学科划分是依据个性与共性的思想,如哲学指导教育哲学、教育哲学指导教育学、教育学指导具体教育科学……越是抽象的东西、越具有普遍性与指导意义)完全是理性的。似乎我们只要从现象进入到本质,进而,从一级本质再进到二级本质、三级本质……以至无穷,就能穷尽了对教育的认识。

理性认识方式再深入,都改变不了其基本的思维模式:"从现象到本质"。这个思维模式无法理解文化的显隐特征,无法揭示教育的显与隐的联系。美学家朱光潜认为:隐喻性的语言要义是"用捉迷藏的游戏态度,把一件事物先隐藏起,只露出一些线索,让人可以猜中所隐藏的是什么。"[①]隐喻的涵义不在它的词义之中,而存在于处于它之外的所指中。试图通过由个性到共性的认识方法,从隐喻中找"本质"是缘木求鱼。如果我们的教育观不变,隐喻性思维不可能在教育中达到真正的"复兴"。诗意德育应该克服单一的理性教育观,在教育中将理性认识与诗性之思结合起来。

再次,中国文化是诗性文化,诗性文化从根本上说是显隐结合的。德育要承接中国文化的传统,德育理论就不能只是反映事物共性的、本质的纯概念性思维。我们往往把德育学、教育学、教育哲学之"学"理解为由一套概念、范畴、命题构成的体系。至今人们还热衷于德育学、教育学、教育哲学、教学论的"理性重建"。这种顽固的思维定向纠缠着当代的中国教育。透过现象看本质,是教育的唯一"真理"、唯一

① 朱光潜:《诗论》,上海古籍出版社 2001 年版,朱立元《导读》。

“逻辑”、唯一“表达”。这种教育观根本就无法承接中国文化。

诗是中国文化的心和血脉。诗歌早于文字，任何一个民族的早期文化都是诗性的文化，乃至在非澳两洲的土著文化中至今还能看到人类文化的早期形式“歌谣”(即诗歌)。中国文化也产生于诗歌。《弹歌》是现代见到的最古老的民间歌谣(朱光潜认为诗歌的起源比这要早)，相传是黄帝时代的作品：“断竹，续竹；飞土，逐肉。”(将竹竿截断，用弦将竹竿两头连续成弹弓，泥制造的子弹射出，猎狩追赶猎物)从黄帝时代算起，诗的历史距今五千年了。儒家经典《诗经》中的许多作品都有三千年的历史。

综上所述，文化的存在方式、文化起源、中国文化的特点都是显与隐的结合，德育若看不到这种显与隐的联系，就只有求本质与规律的科学品格，没有文化品格。德育的思维方式应该转变，在理性的基础上加上诗性的“显”与“隐”的思维。这个“显”与“隐”的思维是承认事物有显现的东西 A 与未显现的东西 B 的联系，理解显现的 A 就像捉迷藏一样，从 A 线索中把捉住 B。B 不是 A 的本质，而是 A 的意义。文化的显隐意识与诗意是相通的，诗意就是显隐结合的。

第六节　有所为而为的教育和无所为而为的教育

倡导诗意教育，还要提倡无所为而为的教育。朱光潜说：“人所以异于其他动物就是于饮食男女之外还有更高尚的企求，美就是其中之一。是壶就可以贮茶，何必又求它形式、花样、颜色都要好看呢？吃饱了饭就可以睡觉，何必又呕心沥血去做诗、画画、奏乐呢？‘生命’是与‘活动’同义的，活动愈自由生命也就愈有意义。人的实用活动全是有所为而为，是受环境需要限制的；人的美感的活动全是无所为而为，是环境不需要他活动而他自己愿意去活动的。在有所为而为的活动中,人是环境需要的奴隶;在无所为而为的活动中,人是自己心灵的主宰。"[①]在朱光潜看来,人的活动有两种:有所为而为和无所为而为,前者是人的实用活动,后者是人的求美活动。

这一思想与奥地利神学家马丁·布伯的《我与你》的精神相通。在马丁·布伯看来,人与世界有两种关系:一种是我与你的主客合一关系,另一种是我与它的主客二分关系。人在言说这两种关系时有两个不同的"原初词",这"原初词"是双字而非单字,其一是"我——你",其二是"我——它"。"原初词""我——你"中之"我"与"原初词""我——它"中之"我"截然不同。

"我与你"和"我与它"的关系先于"我","我"是什么样的,取决于这种先在的关系,即取决于我对世界的态度。这样,人就处于两个国度,一个是"它"的国度,一个是"你"的国度。马丁·布伯说:"诵出'你'之时,事物、对象皆不复存在。"[②]当说出"你"时,已经没有了主客二分的关系,那个"你"不是作为对象而出现的。

马丁·布伯说:"只要人说出'我见到树',则他已不可能再称述人('我')与树('你')之关系,其所建立的乃是人之意识对作为对象之树的知觉,其所构筑的乃是主体与客体之间的鸿沟。原初词'我——它',这分离之辞,隔阂之辞,业被讲述出来。"[③]一旦从主客分离的立场、态度说出"我见到树","人不能不把他所当下观照者当作对象来把握,将它纳入对象序列,对它进行对象性的描述与分解,因为,它仅有作为'它'方可进入认识。"[④]这里的"认识"就是主体对客体的表象。这种认识是理性的抽象,"普遍思想却把纷繁多彩的事态抽象化,有序

---

① 《朱光潜全集》(第2卷),安徽教育出版社1987年版,第12页。

② 马丁·布伯:《我与你》,生活·读书·新知三联书店2002年版,第3页。

③ 马丁·布伯:《我与你》,生活·读书·新知三联书店2002年版,第20页。

④ 马丁·布伯:《我与你》,生活·读书·新知三联书店2002年版,第34页。

化，将其纳入概念认识的‘它’之框架。”①

“我”由“它”而进入“它”的国度，通过“它”而认识世界和征服世界；“我”由“你”而进入“你”的国度，通过“你”而与世界相亲相融。人是通过“你”而成为真正的人的。固然，不能完全否认“我与它”的关系，但若人只满足于“它”的国度，把万事万物当作占有、利用的对象，人就会异化。处于“它”的国度的人是不能获得自由的。中国传统的诗性文化就处于“你”的国度中。诗意德育传承传统文化，它有着精神解放的性质，它要把囚禁于“它”之国度中的人解放出来。

马丁·布伯指出：“教育的目的非是告知人存在什么或必会存在什么，而是晓喻他们如何让精神充盈人生，如何与‘你’相遇。此即是说，要随时准备为人而转成‘你’，向他们敞开‘你’之世界。”②这是说，教育的目的是使人由“它”之世界进入“你”之世界。马丁·布伯说：“人呵，伫立在真理之一切庄严中且聆听这样的昭示：人无‘它’不可生存，但仅靠‘它’则生存者不复为人。”③这可作为教育的“警世之言”。

将上述两人的思想合起来说：在“它”之世界中，人的活动是有所为而为的活动，这种活动对人的生存来说是不可缺少的；在“你”之世界中，人的活动是无所为而为的活动，它超出了实用活动，这使人比动物高尚。教育如果不能使人处于“你”之世界，如果没有无所为而为的活动，就不能使人成为人！有所为而为的教育与无所为而为的教育是有区别的：

一、有所为而为的教育揭示事物的本质，无所为而为的教育倾听事物的语言

有所为而为的教育以科学的眼光看世界。科学眼光以冷静的（排

① 马丁·布伯：《我与你》，生活·读书·新知三联书店 2002 年版，第 34 页。
② 马丁·布伯：《我与你》，生活·读书·新知三联书店 2002 年版，第 36 页。
③ 马丁·布伯：《我与你》，生活·读书·新知三联书店 2002 年版，第 30 页。

除了人的体验、情感)、中立的立场寻找事物的本质、规律和功用。我们将教育学定义为"探讨教育现象及其本质与规律的科学",是基于一种主客二分意识。这种意识将教育作为一个对象来思考,追问教育的本质与规律,并以概念、判断、推理的形式反映教育的本质与规律,从而建立起教育学的理性逻辑体系。在主体对客体的追问中,问者与被问者形成了认识关系,主体通过追问客体获得了关于事物的"知识"。教育学乃至所有科学学科都是关于事物的本质与规律的学科,例如,植物学使学生将松作为对象来认识,在这种认识中,人与物是主客相对立的。这些学科通过分门别类的专业教育活动向学生输送关于"物的知识"。这里,人与物的关系是"我与它"的关系,人把物当作一个满足我的利益、需要的客体。为了达到为我所用的目的,才有认识事物(本质)、掌握事物(规律)、揭示事物(功用)之说。

"无所为而为"的教育,以艺术的眼光看世界,它是一种诗性的审美思维。克罗齐说:"只有对于用艺术家的眼光去观照自然的人,自然才显美;动物学家和植物学家们认不出美的动物和花卉。"[①]以艺术的眼光看世界,它使人与物的关系变成了"我与你"的主客合一关系,使山水草木从与人对立、不相干的状态转为心物交融的状态,使人达到我在山水之中,山水亦在我之中的物我合一境界。例如,孔子以松柏比德于君子刚正不屈的人格,充满了生命的跃动与心灵的真趣,人与松融为一体,没有分别隔阂。在今天的教育中,成为一个人就不能仅以科学性的眼光观看物,否则,他就只能成"材"(某一行的专家)。

今天的教育学从定义上看仅仅是一种"教育科学"。这样的教育学走在"有所为而为"的路上,困于"它"之世界,有意或无意地割裂了与中国传统诗性文化的联系。当今,人们在探讨教育理论的原创性

---

① 克罗齐:《美学原理、美学纲要》,人民文学出版社 1983 年版,第 90 页。

时，仅仅追求概念、范畴、逻辑体系上的“原创”。仅有这种“原创”，教育能维持人的“有所为而为”的生存。但这种教育还不足以构成全部的教育，因为“有所为而为”的活动并非人生的全部活动，这些活动还不足以构成“人生”。只有在此基础上加入“无所为而为”的教育，人生才能变得丰满、充实。

仅仅是有所为而为的教育，就可能使教育走上由操纵物（把握物的规律，获得关于物的知识）到操纵人（把握教育对象的规律，获得关于人的知识）的教育，教育过程就是根据人的规律去传递物的规律（物的知识）的过程。在这样的教育中熏陶出来的学生是为谋生而具有控制意识和控制技术的人，这是典型的工业化、技术化世界中的人。

二、有所为而为的教育计算着物，无所为而为的教育观赏着物

朱光潜说：“持实用的态度看事物，它们都只是实际生活的工具或障碍物，都只能引起欲念或嫌恶。要见出事物本身的美，我们一定要从实用世界跳开，以‘无所为而为’的精神欣赏它们本身的形象。”[①] 有所为而为的教育培养实用的态度，这种态度把物表象为一个有待人去分析、计算的具有可感特性的 X。物在现代科学眼中就是“若干特征的集合”。例如，一块玉，科学分析、计算它的坚硬、重量、长度、颜色。再如，现代生理学的研究，把人体的生命体结构分为九个层次：整体、系统、器官、组织、细胞、亚细胞、分子、原子、基本粒子。科学把事物与生命向“下”分析，直到它们的最基本的构成成分，从而发现事物内部的秘密。

固然，教育需要实用态度意义上的科学计算，但不能用计算理智

① 朱光潜：《无言之美》，北京大学出版社 2005 年版，第 60 页。

的眼光对待一切事物。例如,以科学研究方法分析人生,并不能穷尽人生诸事。诚如宗白华所说:“这种方法(指科学方法——笔者注),在人生观上还不完全,因为我们研究人生观者自己就是‘人生’,就是‘生活’。我们舍了客观的方法以外,还可以用主观自觉的方法来领悟人生生活的内容和作用。”[①]科学理性计算着人,它把人的价值放到所有价值系列的最高处,人是“人力资本”、“人力资源”,因而人是生产中最活跃、最宝贵的因素,它要求教育要善于开发这种资源。这种人力资本和资源的估价囿于工具理性的计算。估价与开发都是“有所为而为”的活动,这里,人是工业化社会中的“生产工具”。

无所为而为的教育观赏着物,它从实用教育转向美育。例如,在儒家的“比德”中,特别推崇玉,玉成了“德”的载体,君子的象征。科学理性的分析和计算难以揭示这种美。科学对这块矿石的准确规定(重量、长度、颜色等等)只是一些数字,它把物“化整为零”,把物分析得“虽有若无”。当科学把色彩分析成波长数据,玉的色彩都杳无踪迹了!要观赏物就必须克服计算理智。

毫无疑问,美是有体积的,“小至不可知觉,大至不可分辨,都不可能为美。”[②]但是,掌握美的事物不靠理性分析,“例如一幅画的平面可分为线条和颜色,线条的组合与曲度,颜色的种类等等;一首诗可分为章、句、音步、单音等等;一篇散文可分为章、段、标题、长句、短句、单字等等。这样分出来的各部分都不是审美的事实,而是勉强划分的较小的物理的事实。如果朝这条路一直走下去,老是不把审美的与物理的事实分清,我们终必达到的结论就是:真正的美的基本形式就是些‘原子’”。[③] 科学的计算式分析消除了美。

---

① 《宗白华选集》,天津人民出版社1996年版,第30页。
② 克罗齐:《美学原理、美学纲要》,人民文学出版社1983年版,第97页。
③ 克罗齐:《美学原理、美学纲要》,人民文学出版社1983年版,第97页。

从计算物到观赏物，使人由实用的态度进入“无所为而为”的态度，从“它”之世界进入了“你”之世界。例如，在观赏玉中，人与玉相遇、相通。“相遇”是人与玉的“对话”。有诗意的人，能倾听“玉”的言说。“相通”是人性与物性的相通，人的精神与玉的品质相通（守身如玉）。

有所为而为的活动是主体改选客体的活动，它使森林变成林场，山变成采石场，河流变成发电站。无所为而为的活动是主客合一的审美活动，它使物作为物而存在，使物“安于自身”，并使物成为人的精神陶冶的“快乐泉”，让人从万物中发现美，使人性通过物性升华为美——寄情万物，皆以养德。

三、有所为而为的教育是“隔”的教育，无所为而为的教育是“不隔”的教育

冯友兰在《中国现代哲学史》一书中谈到王国维《人间词话》中讨论的“隔”与“不隔”的问题时说：“一个诗人凭其直观所得，当下即脱口而出，便成名句，这就是不隔；如果加工为概念或公式，那就是隔了。”有所为而为的教育是属于“隔”的教育，它以科学的概念式思维看世界。“无所为而为”的教育属于“不隔”的教育，它以艺术的眼光看世界，是诗性的审美思维。陆九渊说：“宇宙不曾限隔人，人自限隔宇宙。”[①]人与宇宙原本是不隔的，是人将宇宙当作认知对象，才使人与宇宙隔开。正所谓“道不远人，人自远道”。不隔是人与世界息息相通，融为一体的状态。

王国维在《人间词话》中指出“有有我之境，有无我之境”，前者是“以我观物，故物皆着我之色彩”；后者是“以物观物，故不知何者

① 《象山全集·卷三十四》。

为我,何者为物。”有我之境处于主客二分阶段,有所为而为的教育处于有我之境;无我之境超越了主客体关系,无所为而为的教育处于无我之境。陆游的“何方可化身千亿,一树梅花一放翁”就是一种无我之境,诗人心灵的律动与梅花的神韵趋向融合,用王国维的话来说就是“不知何者为我,何者为物”,达到了物我合一的化境。人在这种诗性状态中,“寓目理自呈”,直观到(而不是通过论证、推理)梅花的“节气高坚”——一种宇宙生机中所含的至深的理。这种“理”促人奋起。

当然,人是在有所为而为的层次之上,才有无所为而为的。柳宗元的《江雪》“千山鸟飞绝,万径人踪灭;孤舟蓑笠翁,独钓寒江雪”,向人们展示的是一幅美丽的“江雪”风景画。当时,他一定吃饱穿暖了,处于“无所为而为”的层次。然而,寒江独钓的老翁则处于“有所为而为”的层次。若老翁不是饥肠辘辘怎么会在冰天雪地里“独钓”呢?对于老翁来说,就发现不了这种美。这说明,“有所为而为”的活动是“无所为而为”的活动的基础。然而,每一个解决了生存问题的人,都会有“无所为而为”的追求。例如,一位女学生上街买了一件衣服,若宿舍里的人都说“不好看”,她恐怕会难过三天。她为什么难过呢?不是为“无所为而为”难过吗?教育应该在“有所为而为”的基础上,激发人们“无所为而为”的追求。

在教育中,应该将有所为而为的教育与无所为而为的教育统一起来,即将实用理性与审美诗性统一起来。没有前者,人不能生存;只有前者,没有后者,生存者难以成人。谈及诗意德育,常常使一些人感觉到它难以实施。实施上的困难就来自于现实的教育太功利了。教育中的唯理性与功利主义是紧密结合在一起的,唯利是图者常常把利益之外的一切东西都视为无用的东西,用计算理智精打细算眼前的利益。在教育中提倡诗性之思,克服唯理性就需要有无所为而为的教育。

第七节　世界的三种人化

诗意德育是以诗性的眼光看世界，将世界拟人化，这就涉及到了世界人化的哲学问题。是否世界人化都是好的？未必。我们提倡诗意的人化，同时要反对神学的人化和理性的人化。兹下，谈谈世界的三种人化。

人总是以人的方式去把握世界，人不可能脱离了与人相关的规定（如理性的、诗性的等等方式）纯粹地把握世界。只要人去把握世界，就无法避免以人的观念去解释世界。海德格尔说："甚至每一种对存在者的简单称呼，每一种对存在者的词语命名，都是把某个人类的产物横加在存在者身上，都是把存在者捕捉到人性的东西中去——只要词语和语言在最高意义上标志着人类存在，则情形就是如此。所以，任何一种关于存在者的观念，任何一种世界解释，都无可避免地是一种人化。"①海德格尔所讲的"人化"，是指我们无法摆脱以人的方式去把握世界。

马斯洛曾引用过某个哲学家的一段话："智力在一个对象上所做的第一件事，就是把它和某个其他东西归入一类。……很可能，一只蟹如果能够听到我们毫不费力地、也不道歉地把它归入甲壳纲，而且就这样处理了它，那么，它也许会充满人身攻击感，它会说：我不是这种东西，我是我自己，我仅仅是我自己。"②这位哲学家意识到的问题就是海德格尔所讲的问题："每一种对存在者的词语命名，都是把某个人类的产物横加在存在者身上"。当我们把家中宠物称为狗时，这只

---

① 海德格尔：《尼采》(上)，商务印书馆 2002 年版，第 349 页。

② 马斯洛：《存在心理学探索》，云南人民出版社 1987 年版，第 117 页。

狗并不自认为自己是狗。“狗”是人将自己的观念强加到这个动物身上的,甚至“动物”也是人的观念。我们无法摆脱以人的方式去把握世界,甚至当我们试图摆脱这种方式时,这种努力也始终是属人的。当人从自身出发去思考世界时,就有了人化的可能。对此,尼采说“我们要提防!”要提防什么呢?提防将人的目的、意图强加到事物中去。海德格尔所讲的“人化”,是指以人的方式去把握世界,这种人化还不是需要提防的“人化”。

有两种需要提防的“人化”,一种是神学的人化。神学的人化认为世界是由一种人格的神(万能的上帝)所支配的。人按照自己的形象塑造了神,进而神成为人崇拜的对象。在神学看来,上帝像一个伟大的工匠,它创造了万事万物,包括人本身。神学不仅将世界人化,也将人的本质人化(即神学化)。马克斯・韦伯说:“在德语 Beruf(职业、天职)一词中,以及或许更明确地在英语的 calling(职业、神召)一词中,至少含有一个宗教概念:上帝安排的任务——这一点不会被人误解。”[①]在神学的人化中,人在本质上是一受造物(人的本质不是自我创造的),人的尘世生活(如职业)就是为了听从神的召唤,完成神的旨意。针对神学的人化,尼采提出“上帝死了”。随着对上帝这个最高价值的废黜,世界由神的世界还原为人的世界,人不再是上帝的奴仆,而是自我的主人;人不再服从于上帝的命令,而是服从于自己的命令。尼采认为只有宣称“上帝死了”,人才将能够生活在一个前所未有的更高的历史之中。在此以前创造是上帝的事情,而现在则成为人类行为的特性。只有克服了神学的人化,使虚构的彼岸世界贬值,才促成了人们对尘世之爱,才能使人开发出无限的创造能量。

---

① 马克斯・韦伯:《新教伦理与资本主义精神》,生活・读书・新知三联书店 1987 年版,第 58 页。

另一种是理性的人化。理性的人化将属人的理性的东西强加给自然，如黑格尔认为“绝对理念”支配着世界。理性的人化是一种变相的神学的虚构，黑格尔的哲学被列宁称之为虚构的神学，它是一种头脚颠倒的世界观。在理性的人化中（如黑格尔哲学），人不过是“绝对理念”这一“理性的狡计”的玩偶。尼采称理性的人化的哲学家为作茧自缚的“大蜘蛛”、“苍白的概念动物”。

神学的人化与理性的人化都是将世界本来没有的、人所制作出的观念一厢情愿地强加给世界，并且强加者意识不到这种强加，认为世界就是如此。这两种人化阻碍着人对世界的认识。

然而，人化并非是全然应当否定的。在教育中，我们应该倡导一种诗意的人化。诗意德育就是将世界人化，按照宗白华的说法，“诗人的宇宙观有 Pantheist 的必要。”[①]即诗人都有泛神论的色彩。这里的泛神论并非真的就是一种宗教世界观，而是指诗人有将世界拟人化的倾向。法国思想家保罗·利科说：“拟人化使无生命的、不能感知的、抽象的或观念的存在物变成了生动的和可以感知的存在物，简言之，成了人格化的东西。”[②]拟人化“不满足于传达观念与思想，它们或多或少生动地描述观念与思想，它们要给观念与思想涂上或多或少丰富的色彩。”[③]拟人化是诗性思维的一个特点，它使人的思想观念丰富多彩。

诗意的人化不是将人造的神或虚构的理性强加于世界，而是将人的情感赋予世界。在诗意的人化中，人不是一个上帝或绝对理念的受造物，而是一个创造者，它创造着自我（如儒家比德中的修身的自我创造），也创造着感知自然的美的方式。

---

① 宗白华：《艺境》，北京大学出版社 1999 年第 3 版，第 12 页。

② 保罗·利科：《活的隐喻》，上海译文出版社 2004 年版，第 81 页。

③ 保罗·利科：《活的隐喻》，上海译文出版社 2004 年版，第 82 页。

本章通过“诗教何为”的发问引出了诗意德育，从理性与诗性、本质认识与诗性之思、“是什么”和“如何”、文化的显隐联系、有所为而为和无所为而为、三种人化这些不同的角度说明诗意德育的意义。为了展示诗意德育的魅力，先从儒家的诗意德育说起。

第五章　儒家诗意德育的特征与启示

通过诗性文化可以“窥探中国心灵的幽情壮采”(宗白华语)。从文化传统上看，诗源远流长，在文字诞生之前诗就以口头形式流传了。在历史上，诗与思相互补益，诗人的诗蕴含着深刻的人生哲理，哲人的思蕴含着许多诗意。有的诗人(典型的如陶渊明)是哲学家式的诗人，有的哲学家是具有诗人气质的哲学家。孔子、孟子、荀子这些哲人几乎都是文学大师，他们是创作寓言、讲述故事的能手，是诗教的开创者。唐代的韩愈、柳宗元、刘禹锡等，不仅是哲学家，而且是散文运动的领袖和著名诗人。宋明理学中的代表人物周敦颐、张载、二程、邵雍、朱熹、王阳明都有大量诗文作品存世。明清之际黄宗羲、顾炎武、王夫之等都善诗文。革命领袖毛泽东一生与诗词结下了不解之缘，毛泽东诗词是一部中国现当代革命和建设的壮丽史诗，是爱国主义教育的优秀教材和生动的德育“课本”，是中国文化的瑰宝、诗歌史上的丰碑。其“指点江山，激扬文字”的诗句，体现了“诗”、“史”、“思”的完美融合。它鼓舞了中国革命事业，对今天的人格陶冶仍然发挥着巨大作用。诗与思都来自于人生体悟，它们在人生义理的体悟中得以融通。我国历史上丰厚的诗教遗产，是今天德育的精神资源。

从德育传统上看，儒家学派创始人孔子首先创立了“比德”的诗意德育形式。《礼记·经解》明确地提出“诗教”，它说：“孔子曰：入其国,其教可知也。其为人也,温柔敦厚,《诗》教也;疏通知远,《书》教也;广博易良,《乐》教也;絜静精微,《易》教也;恭俭庄敬,《礼》教也;属辞比事,《春秋》教也。"在这里,《诗》教与《书》教、《乐》教、《易》教、《礼》教、《春秋》教相并列。并且,在"六教"之中,诗教居首。汉代把儒家学派所规定的几部必读书列为经典,《诗经》与《尚书》、《礼记》、《周易》、《春秋》并列为"五经"。儒家不仅对《诗经》这一文本非常重视,而且在整个德育中都重视诗教,使教育充满了诗意。儒家通过诗教使人生由审美态度延展到人生态度,最终导向理想人格建构。

在方东美文章中有三句话:"世界上有一件事是确定不移的,这便是每个人都要聚精会神,创造一种理想的世界,以弥缝现实的不足。""我们必须运用想象的伟力,创造一种更完美的世界,把人生都理想化呀。""合理的世界简直是诗的意境。惟其如此,所以才有它的价值与尊严。"[①]诗意德育使德育诗化,追求人生的美化。它就是在一个运用想象的伟力创造出的合理世界之中的德育。

第一节　修身当先学诗

孔子是一位多才多艺的教育家,他对《诗经》十分重视。孔子说过"《诗》三百,一言以蔽之,曰:'思无邪'。"[②]"思无邪"本是《诗经·鲁颂》中的一句话,孔子借它来作为对全部《诗经》的总体评价,意为"《诗经》三百首,用一句话概括,那就是:不虚假。"[③]诗三百篇都出于至情流溢。《诗经》是一部诗歌总集,包括公元前 11 世纪到公元前 7 世纪,

---

① 方东美:《生命理想与文化类型》,中国广播电视出版社 1992 年版,第 41—42 页。

② 《论语·为政》。

③ 李泽厚:《论语今读》,生活·读书·新知三联书店 2004 年版,第 49 页。

即从西周初年到春秋中叶，共约五百年间的作品。《诗经》分为《风》、《雅》、《颂》三类。《风》含十五国风，多为民间诗歌，所配乐曲具有地方民乐色彩。《雅》分《大雅》、《小雅》，所配乐曲为周朝京邑一带的乐曲，视为正乐。《颂》分《周颂》、《鲁颂》、《商颂》，多为颂扬先王功德的赞歌，歌而兼舞。《诗经》具有重要的文学价值与教化功能。孔子不但精通诗歌，而且精通乐理，他善于歌唱、弹琴、击罄，是音乐大师。正因为这样，孔子对《诗经》做过一番正乐工作。《论语・子罕》篇载："子曰：吾自卫返鲁，然后乐正，雅、颂各得其所。"《诗经》中的诗歌，孔子几乎每一首都会唱："诗三百，夫子皆弦歌之。"[①]《韶乐》竟能令孔子迷到"三月不知肉味"的地步。[②]

《论语》中关于孔子传诗的记录，比记他传授其他经书的情况要多。《荀子・大略》记载了孔子用诗教激励学生。子贡对孔子说："我感到疲倦了，想不再学侍奉君主。"孔子回答说，"侍奉君主早晚都要温和恭敬，做事要认真谨慎。侍奉君主不容易，怎么可以不学呢？"子贡说："那么我就不再学事亲。"孔子说："诗有言，孝子的孝行要永不停止，天才会赐你幸福，事亲怎么可以不学呢？"子贡说："那么我就不再学御妻之道。"孔子说："诗有言，在妻子和兄弟那里作出了榜样，然后才能治理国家。御妻之道难，怎么可以不学呢？"子贡又说："那么我不再学朋友之道。"孔子说："诗有言，朋友间互相帮助，这样才能仪表威严。朋友之道难，怎么可以不学呢？"子贡说："那么我就不再学农事。"孔子说："诗有言，白天割茅草，晚上打草绳，又急忙修补屋顶，来年开始，又要播种庄稼。农事怎么可不学呢？"子贡说："那么就没有停止学习的时候了吗？"孔子说："当看到那个高高堆起似

① 《史记・孔子世家》。

② 《论语・述而》。

堤岸、似山巅又好似鼎鬲的时候,你就知道该是休息的时候了。"子贡惊叹说:"死的意义伟大啊,死是君子的休息,小人的终结。"这里,孔子用《诗经》的道理向子贡说明做人要有自强不息、至死方休的精神。

儒家文化创始人有如此深厚的诗学功底,对诗如此着迷,使儒家德育在诞生之日起就带有浓厚的诗意色彩。从儒家诗意德育上看,孔子有如下开创性的思想,体现为五个"第一":

第一次提出了善美合一的教育理念。孔子在评价《韶》乐时指出:"《韶》尽美矣,又尽善也。"[①]他认为舜所作的《韶》乐,既达到了善的标准,又达到了美的标准,它体现了尽善尽美的统一。从此,善美合一成为儒家德育的理想性追求。在儒家诗意德育中,美不是善的补充,不是为矫正单一理性说教的枯燥口吻而采取的临时性补救办法,美与善是交融在一起的。

第一次把《诗》列为道德教育的内容并且是首要内容。他把《诗》视为道德修养的教科书,他将德育过程概括为:"兴于诗,立于礼,成于乐。"[②]所谓"兴于诗",包咸注:"兴,起也,言修身当先学诗。"[③]孔子认为,修身就要先从具体、形象而又体现了一定道德原则的《诗三百》学起。诗性审美成为情感的净化和陶冶的最有力手段。李泽厚指出:"'兴于诗'者,诗者,思也。却不止于概念之思,此思乃'言不尽意'之思,所以才可以感发兴起。诗非有思之外壳(语言、概念)不可,却使此外壳既封闭(有此思此意)又开放(非止于此思此意),此即所谓'书不尽言,言不尽意',由名人去扩展。'诗无达诂'亦此义也。此为中国传统的思维——语言方式,亦生活——人生方式。中国思维

① 《论语·八佾》。
② 《论语·泰伯》。
③ 何晏:《论语集解》引包咸注。

之特征与'诗'有关。它之不重逻辑推论,不重演绎、归纳,不重文法句法(语言),而重直观联想、类比关系,均与此相关。"[①]孔子的"兴于诗"既继承了华夏文明的传统,又奠定了传统中国人的人格修养的基础。

第一次提出了"比德"的思想,孔子在德育中最早运用了"比德"形式。"比"是象征和比拟,"德"是道德人格。"比德"是以自然物隐喻道德人格,它是化景物为情思,以此陶冶人格。它以天地为师、以自然为师、以造化为师、以山川为师。朱光潜说:"诗必有所本,本于自然;亦必有所创,创为艺术。自然与艺术媾合,结果乃在实际的人生世相上,另建立一个宇宙。"[②]比德就是自然与艺术的结合,它本于自然,效法自然;创为艺术,以景喻情。在中国人的世俗生活之上,构造了一个精神世界。

第一次开创了借题发挥的诗教学风。《论语·学而》中有一段关于孔子与其弟子谈诗的记载:子贡问孔子:"贫而无谄,富而无骄,何如?"意为:贫穷而不去巴结人家,富裕而不傲横,这种人怎么样?孔子说:"可也,未若贫而乐,富而好礼者也。"意为:可以,但不如贫穷而仍然快乐,富裕而好礼节的人。这里,孔子在肯定了子贡的话后,提出了对待贫富的更高要求。子贡再进一步引申:"《诗》云:如切如磋,如琢如磨,其斯之谓与?"意为:《诗经》说的"如切如磋,如琢如磨"讲的就是这个意思吧?孔子听后对子贡大加赞赏:"赐也,始可与言《诗》已矣,告诸往而知来者。"意为:赐呀,现在可以与你谈论《诗经》了,我告诉你一件事,你可以领悟到另一件事。

从这段记载上看,当孔子说"始可与言《诗》已矣"时,不是在弟子

① 李泽厚:《论语今读》,生活·读书·新知三联书店2004年版,第231页。

② 《中国现代美学名家文丛·朱光潜卷》,浙江大学出版社2009年版,第210页。

懂得了诗的字面含义而是在他们借题发挥、多方引申之时。孔子在与弟子的谈诗中凸显启发式教育。按任继愈的说法,孔子的解诗方法是即兴阐发,因人因事而异。他不是扣住诗的一章一句,给以固定的解释,而是从文句以外阐发新意。这在今天大学中文系也未必能得到教师的认可。这种驰骋联想的解诗方法在当时具有革新意义,是个创举。[①] 子贡得到读诗的诀窍,在于能举一反三、告诸往而知来者。他不将文字看死了,而是联系实际,阐发诗的微言大义。孔子首倡的启发式教育形式就带有诗意色彩,孔子的启发式教育思想与诗教是密不可分的。

第一次集中论述了《诗》教的作用。孔子说:"小子何莫学夫诗?诗,可以兴,可以观,可以群,可以怨;迩之事父,远之事君;多识于鸟兽草木之名。"[②]孔子的这段论述,指出了诗有"七可"。意为学生们为什么不学诗呢?学诗,可以培养联想力,可以提高观察力,可以培养合群性,可以学得讽刺方法;近可以用诗中的道理事奉父母,远可以用诗中的道理事奉君主;还可以多知道一些鸟兽草木的名称。朱熹在《论语集注》中说:"学诗之法,此章尽之。"孔子关于诗教功能观,最集中表现在"兴观群怨"上,这在历史上产生了深远的影响。

"兴观群怨"大致有如下含义:所谓"兴",就是通过个别具体的形象比喻,使人领会到与引喻相关的人生哲理。同时,它还包含着启发、鼓舞、感染的作用;所谓"观",是说《诗经》反映了各国的风俗民情及政教盛衰,学习诗歌可以考见各地风俗政教的得失;所谓"群",是说人们可以通过赋诗交流与沟通彼此的想法,从而协调人际关系,国家可以团结起来,国与国之间可以联合起来;所谓"怨",是说诗可以批评不

---

① 任继愈:《从孔门说诗看孔子教学》,《群言》(京),1994 年第 12 期。

② 《论语·阳货》。

良政治。“兴观群怨”成为历代儒者衡量艺术教化功能重要价值的标准。

孔子注重诗教是与当时的社会风俗联系在一起的。春秋贵族都用诗来做交际工具，在举行宴会时，宾主以诵《诗》互相表达自己的意向，已成习惯。比如，据《国语·晋语》记载，鲁僖公二十三年(公元前637年)，晋国的公子重耳遭难逃出晋国，到了秦国。秦穆公热情接待，并且和他缔结了婚约。宴会上，两人赋诗言志。秦穆公说：“君子来朝，何锡予之？虽无予之，路车乘马。”这是《诗经》中《小雅·采菽》的一段诗句，秦穆公借此表示要赠以车马，送他上路。晋国公子重耳回答说：“芃芃黍苗，阴雨膏之；悠悠南行，召伯劳之。”这是《诗经》中《小雅·黍苗》的几句诗，借以感谢秦穆公对他的照顾厚爱犹如阴雨润苗，赞扬秦穆公的德行犹如周宣王时的大臣召伯。话说得很热情，但不失身份。如果不学诗背不出，在这种场合无以对答，这在外交上是很丢脸的事。不懂诗歌，有时国家的外交使命难以完成。孔子要让学生准备从政，就不能不要求他们熟练地掌握这种特殊语言。孔子认为不学诗“其犹正墙而立也与？”[①]意为正面向着墙而站，无法再向前行走。《论语·季氏》记载：孔子有一天独自站在那里，孔鲤快步走过庭院。孔子问：“学诗没有？”孔鲤回答说：“没有”。孔子说：“不学诗，就不善说话。”孔鲤回去就学诗。可见孔子对诗十分重视。

孔子提倡诗教有功用的目的。在孔子看来，诗歌、音乐本身都不是目的。他说：“乐云乐云，钟鼓云乎哉？”[②]敲钟击鼓只是音乐的形式，宣扬“仁”与“礼”的政治道德，才是实质和根本。他说：“人而不仁，如乐何？”[③]一个人如果不仁，音乐对他还有什么用呢？孔子反对为

---

① 《论语·阳货》。
② 《论语·阳货》。
③ 《论语·八佾》。

诗而诗、为乐而乐、为艺术而艺术。他教训那些死读《诗》的学生:“诵《诗》三百,授之以政,不达;使之于四方,不能专对;虽多,亦奚以为?”[①]也就是说,一个人尽管可以把《诗经》背诵下来,但如果不会应用,为政不能使民,出使不能专对,等于没学。他把《诗》看作引导人们从政的典籍,在孔子的教育下,从政的子路、冉有、子贡、公西华、宰予等人,都善于以诗答赋。

儒家德育风格与创始人孔子的诗意人格是联系在一起的,孔子的诗教为儒家德育提供了原创性的样板。孟子和荀子进一步发展了孔子的诗教。在诗教上,孟子提出了“以意逆志”和“知人论世”的思想。孟子说:“故说诗者,不以文害辞,不以辞害志;以意逆志,是为得之。”[②]孟子认为说诗者不能拘泥于个别字句,从文辞的表面去机械地理解诗的意思,而应该从全诗的内容出发,作全面具体的分析,只有在对诗歌内容正确理解的基础上,才能真正理解诗人写诗的目的和意图。

怎么才能更好地把握诗人之“志”和正确理解诗歌的内容呢?孟子提出了“知人论世”的方法。孟子说:“一乡之善士,斯友一乡之善士;一国之善士,斯友一国之善士;天下之善士,斯友天下之善士。以友天下之善士为未足,又尚论古之人。颂其诗,读其书,不知其人,可乎?是以论其世也。是尚友也。”[③]意为:一个乡村的杰出人物就会和一个乡村的杰出人物交朋友,一个国家的杰出人物就会和一个国家的杰出人物交朋友,天下的杰出人物便和天下的杰出人物交朋友。如果认为和天下的杰出人物交朋友还不能满足自己的需要,就会追论到古代的杰出人物。诵读他们的诗篇,研究他们的著作,若

---

① 蔡尚思:《孔子思想体系》,上海人民出版社1982年版,第198页。

② 《孟子·万章上》。

③ 《孟子·万章下》。

不了解他们的为人，可以吗？（当然不行）所以又要研究讨论他们所处的时代（以了解他们的为人）。这就是与历史上的杰出人物交朋友。关于孟子的“知人论世”，朱熹解释说：“言既观其言，则不可以不知其为人之实，是以又考其行也。”由“其人”、“其世”而观其“志”，是孟子的独到见解，突出了了解作者道德人格及社会背景对诗歌解读的意义。

荀子提出了言志以明道的诗学主张。他说：“故《风》之所以为不逐者，取是以节之也；《小雅》之所以为《小雅》者，取是而文之也；《大雅》之所以为《大雅》者，取是而光之也；《颂》之所以为至者，取是而通之也。天下之道毕是矣。”[①]他认为，《国风》之所以能占有一席之地，是因为能取圣人之道“以节之”，使之具有中和之美，而不至流荡；《小雅》之所以正而不邪，是因为能取圣人之道而文饰之；《大雅》则发扬“道”的意义而使之更加光大；《颂》则赞颂了“道”的“盛德之极”。总之，《诗》之《风》、《雅》、《颂》符合了“中和”的原则，体现了“道”的原则。荀子还认为诗乐能以情动人，其“入人也深”、“化人也速”，对整个民情风俗以至国家的安危治乱发生直接影响。

儒家的诗教不仅影响了德育，而且影响了诗学理论。后来的诗学论著都重视诗歌的教化功能。汉代的《毛诗序》认为诗可以“正得失……经夫妇，成孝敬，厚人伦，美教化，移风俗。”刘勰认为诗是“写天地之光辉，晓生民之耳目。”诗的“文以载道”的教化功能在历史上不断被强化。在德育中诗书与仁义相结合一直被儒家视为修身的方法，唐代韩愈提出“行之乎仁义之途，游之乎诗书之源”[②]，反映了儒家对两者结合的重视。

---

① 《荀子·儒效》。

② 韩愈：《答李翊书》。

第二节　儒家诗意德育的特征

首先,诗意德育意境高远,气贯山河。钟嵘在《诗品》序中说:“动天地,感鬼神,莫近于诗。”这说明诗有巨大的感化力量。诗意言说能感天动地,传之久远,达至立言的不朽。诗意德育其言论不是烦琐的理性分析或缜密细致的推论,试看孟子的道德言说:“居天下之广居,立天下之正位,行天下之大道;得志与民由之,不得志独行其道;富贵不能淫,贫贱不能移,威武不能屈,此之谓大丈夫。”[①]这段话如进军的号角,促人奋起。在历史上,它涵育了许多“儒者的良心”,激励了一代又一代的民族精英,产生了许多顶天立地的“大丈夫”。直到今天,它依然还给人们以道德鼓舞。这几句话,根本就没有推理、没有论证,其感染力来自于孟子的道德人格——浩然之气。浩然之气是将天地之气与精神风貌相比拟(比德)而产生的一种诗意的道德气概。德育最具震撼力的话语是诗意话语。在历史上,有无以计数的理性文本、话语在解释着孟子的浩然之气。然而,最具解释力的话语却是文天祥的《正气歌》:“天地有正气,杂然赋流形,下则为河岳,上则为日星,于人曰浩然,沛乎塞苍冥。”诗人用辉映山河日月的语言和彪炳千古的动人事迹诠释着孟子的“浩然之气”,为后人留下了千古传颂的壮丽诗章。范仲淹的名言“先天下之忧而忧,后天下之乐而乐”穿透时空,长垂不朽。然而,最能衬托这一博大情感的话语不是今天德育教本中时常出现的理性分析的话语,而是其“衔远山,吞长江,浩浩汤汤,横无际涯;朝辉夕映,气象万千”的诗意话语。正是这一诗意美景衬托出言说者以天下为己任的宽阔胸襟。

---

① 《孟子·滕文公》。

这提醒人们德育在理性的文本、话语之外还有着另一种文本、话语，它就是诗意文本、话语。诗意话语不都是专家、学者治学的产物。文天祥不是道德学家，范仲淹的德育名言出自《岳阳楼记》，精忠报国的岳飞的《满江红》在历史上成了不是为德育而写的“德育之作”(类似的例子在历史上很多)。诗意话语可以打破专业屏障，使专业人员和非专业人员都能在德育中自由地言说。更重要的是，在德育中诗意言说有巨大而微妙的感染力。孔子说：“言而无文，行而不远。”[①]语言没有诗意的文采，就不能感动人，更不会有深远的影响。

其次，诗意德育“德法自然”，它述怀明志，陶冶人格。它将人生哲理以寄情于景、托物言志的形式表达出来。《尚书・尧典》从诗歌的产生与作用中提出了“诗言志”这一命题，这被朱自清在《诗言志辨》中称为我国古代诗论的“开山纲领”。从训诂学角度考察，“志”的最一般含义与“诗”是相通的。在汉代，人们多训“诗”为“志”，如：许慎《说文解字・言部》：“诗，志也。志发于言，从言，寺声。”言志的本义就是言情、言意。关于这一点，唐代孔颖达在《诗大序》的《正义》中说得较为明确：“诗者，人志意之所适也。虽有所适，犹未发口，蕴藏在心，谓之为志。发见于言，乃名为诗。言作诗者，所以舒心志愤懑，而卒成于歌咏。”“志”与“情”、“意”完全等同，诗所要表达的就是诗人内心的情感或意志。换言之，诗是诗人内心情感的流露和意志的抒发。

儒家诗意德育中的“诗言志”不是一般的“志”而是道德之“志”，它突出地反映在儒家的“比德”中。孔子的“岁寒，然后知松柏之后凋也”[②]是以松柏比德于君子刚正不阿的人格；其“为政以德，譬如北辰，居其所而众星拱之”[③]是以众星朝向北斗，比德于以德治国的君王。比

---

① 北周・庾信：《燕射歌辞・角调曲》。

② 《论语・子罕》。

③ 《论语・为政》。

德具有自然美与人格善的美善合一的艺术表现,它与传统文化中天人合一的精神是相通的。

研究中国美学的学者诸葛志指出:“中国传统思想崇尚自然,《老子》说:‘人法地,地法天,天法道,道法自然。’这说明在古人的观念里,‘自然’是天地万物包括人一切活动在内的‘法则’根据。这种看法,是中国传统思想安身立命之所在。即以儒道两家论,儒家是倡导‘德法自然’,道家则主张‘道法自然’,‘比德’是‘德法自然’在自然审美观上的具体运用。”[①]德法自然与道法自然的不同在于,前者讲道德,后者要超越道德。然而,两者都有值得今天德育借鉴之处。

孔子开创的言志喻德的“比德”传统被后世儒者所不断丰富。后世儒者以天地比德、以山水比德、以金玉比德、以松竹梅“岁寒三友”和梅兰竹菊“四君子”比德等现象不胜枚举。比德方式遍及于物,甚至无机物的石灰也可比德。明代于谦《石灰吟》即为一例。毛泽东深得“比德”诗家的“三昧”,在毛泽东诗词中,山、水、梅、菊、雪、雷、鲲鹏等自然物象,无不是毛泽东人格精神的精彩比托、浩然生命的符号表现。

儒家德育不仅有关于仁义的理性专题,还有“索物以托情”的诗意专题。德育“游之乎诗书之源”,就能发现中国的松文化与松柏文明、竹文化与竹子文明,等等。这些诗意文本的教化与感染作用不亚于理性文本。在传统德育中不仅有人生义理(仁义等)的理性话语,而且有诗意隐喻的诗性话语(松竹梅“岁寒三友”等);不仅仁义被不断诠释着、丰富着,而且诗意隐喻也被不断地诠释着、丰富着。从而使传统德育不仅有人生义理的“大文本”,而且有诗意隐喻的“大文本”。诗意隐喻不是理性话语的单纯辅助手段——理性论证的装饰品,而是与理性话语比肩并列的、不可为理性话语代替的重要的话语方式、教育方式。

① 诸葛志:《中国原创性美学》,上海古籍出版社 2000 年版,第 69 页。

有学者指出，松竹梅等许多国家都有，然而中国人看到松，便想到“岁寒后凋”；看到竹，便想到“直节中虚”；看到梅，便想到“傲雪迎春”；看到兰，便想到“幽谷传香”。这独独表明中国传统文化的魅力。[1] 这是一个重要的文化现象。在历史上，中国本身就是一个具有诗意的大国，中国文化本身就是一种诗意的文化，中国德育向来就有诗教传统。丢掉了诗意隐喻的“大文本”，德育话语就会变得枯燥、乏味、苍白。

第三，诗意德育睹物兴情、触物兴感、神与物游。正如刘勰在《文心雕龙·物色》中说：“诗人感物，联类不穷。流连万象之际，沉吟视听之区。”诗意德育睹物兴情，它使自然人格化，使人从自然中感悟到人生真谛、宇宙隐语，使人与物“相遇”、“交流”和“对话”。它使松竹梅“岁寒三友”和梅兰竹菊“四君子”不仅在言说，而且是作为“朋友”与“君子”在对人言说。扬雄说：“友面不心，面友也。”[2]宋代有一首题画诗：“梅花屡见笔如神，松竹宁知更逼真。百卉千花皆面友，岁寒只见此三人。”该诗认为只有经得起考验的松竹梅才算是知心朋友。没有诗意冥想，松竹梅就是松竹梅，它们绝对成不了“岁寒三友”。

教育不仅有人对人的教育，还有物对人的教育。当世界有了拟人化的诗意，物就能对人言说和教育。诗意德育纵横开拓、驰骋联想。它使清风朗月、高山流水、苍松翠柏、巨石小草、绿叶红花、夏云冬雪、晨晖暮鼓、流云飞絮等等都浸润上人的情思，使“一枝一叶总关情”。没有诗情、诗趣的人，是没有情趣的人；没有诗情、诗趣的教育，是没有情趣的教育。德育既需要理性话语，又需要诗意话语。古人的“行之乎仁义之途，游之乎诗书之源”说明人格涵养既需要理性又需要诗意。德育没有理，就没有了“道”，就谈不上“文以载道”。然而，德育没有

---

① 张开诚：《君子人格与“比德”》，《学术月刊》1995 年 12 期。

② 扬雄：《法言·学行》。

诗,就没有了“文”,就剩下了赤裸裸的“道”,德育就口吻枯涩,味同嚼蜡。

第四,诗意德育辞达旨丰,意在言外,显隐结合。北大哲学系教授张世英说:“刘勰《隐秀篇》云:‘情在词外曰隐,状溢目前曰秀。’他所讲的隐和秀,其实就是讲的隐蔽与显现的关系。……文学艺术必具诗意,诗意的妙处就在于从‘目前’的(在场的)东西中想象到‘词外’的(不在场的)东西,令人感到‘语少意足,有无穷之味。’这也就是中国古典诗重含蓄的意思。但这词外之情、言外之意不是抽象的本质概念,而仍然是现实的,只不过这现实的东西隐蔽在词外、言外而未出场而已。”[①]这说明诗的艺术特点是“在场者”与“不在场者”的显隐结合。

诗意是含蓄不放的,说出来的越少,令人回味的就越多。欣赏者的最大乐趣,就是从显现的东西中发现隐蔽的东西。作品要达到无言之美的神境,并收到“妙处难与君说”的奇效,作者就要善于“隐”。诗的艺术不仅在于显现之言,而且尤在无穷之意。没有词外之情和言外之意,从而没有给人留下想象空间的诗,算不上好诗。

关于诗的显隐结合特点,中国古代许多诗人及艺术家都有论及。司马光在《续诗话》中说:“古人为诗贵于意在言外,使人思而得之。”清朝刘熙说:“词之妙莫妙于以不言言之,非不言也,寄言也。如寄深于浅,寄厚于轻,寄劲于婉,寄直于曲,寄实于虚,寄正于余,皆是。”[②]“山之精神写不出,以烟霞写之;春之精神写不出,以草树写之。”“正面不写写反面,本面不写写对面、旁面,须如睹影知竿乃妙。”务求“意不可尽,以不尽尽之。”[③]通过“寄”把“言”隐蔽起来,这样就可以避免直说、多说。这说明诗是高度重视由显到隐的想象,以显寓隐是诗的特

---

① 张世英:《艺术哲学的新方向》,《文艺研究》1999年4期。

② 刘熙:《艺概》,第121页。

③ 刘熙:《艺概》,第74页。

点。对诗的欣赏要由显现者过渡到隐蔽者——“词外”的东西。

朱光潜说：“世间有许多奥妙，人心有许多灵悟，都非言语可以传达，一经言语道破，反如甘蔗渣滓，索然无味。这个道理还可以推到宇宙人生诸问题方面。”[①]教育的最高境界是诗意境界，达到言约旨远的无言之美。这种无言不是或者重点不在没有语言，而是以有限的言辞、动作、表情等等表达无限，让学生超越有限。释迦牟尼说：“我说法四十九年，却没说出一点真理。”[②]孔子说：“予欲无言”。当他们声称不教、不言时，往往是通过教与言来表现的。在这种不教、不言的“无声”中自有“大音”。《楞伽经》说：“如愚见指月，观指不观月。”在他们的话语中都有《楞伽经》的指月之喻的诗的意境。

第三节　儒家诗意德育的启示

首先，建立起显隐结合的诗意审美观。诗意德育对自然物的审美不是主体对客体“是什么”的认识。在儒家德育的“比德”中，如果仅仅对梅兰竹菊做是“什么”的认识、分析，只能把握住梅兰竹菊的客观属性，不能使自然物具有人格美。“比德”是对客体的超越，由显现的自然物联想到隐蔽的、未言明的道德人格。

这里有必要介绍海德格尔的艺术观。海德格尔认为审美是具有诗意的，即要由在场的事物过渡到不在场的事物。例如，他对凡·高画的农鞋的欣赏，“从鞋具磨损的内部那黑洞洞的敞口中，凝聚着劳动步履的艰辛。这硬邦邦、沉甸甸的破旧农鞋里，聚积着那寒风料峭中迈动在一望无际的永远单调的田垄上的步履的坚韧和滞缓。鞋皮上

---

① 朱光潜：《无言之美》，北京大学出版社 2005 年版，第 16 页。

② 南怀瑾：《金刚经别讲》，海南出版社 1992 年版，第 44 页。

粘着湿润而肥沃的泥土。暮色降临,这双鞋底在田野小径上踽踽而行。在这鞋具里,回响着大地无声的召唤,显示着大地对成熟的谷物的宁静的馈赠,表征着大地在冬闲的荒芜田野里朦胧的冬冥。这器具浸透着对面包的稳靠性的无怨无艾的焦虑,以及那战胜了贫困的无言的喜悦,隐含着分娩阵痛时的哆嗦,死亡逼近时的战栗。"[①]他从凡·高的农鞋作品中联想到了农妇的生活世界。海德格尔认为艺术的本质就是从实存中打开一片开阔地,即要由显现者引出隐蔽者。因为美学作品是显中寓隐,对其欣赏是不能靠从它画的"是什么"上就能理解它"有什么意义"的。在欣赏中把某个东西看作某个东西(如农鞋就是农鞋)并不意味着我们所看到的就是那个东西(画的意境)。

在我国古代绘画中就有显隐结合的艺术表现,古人用蝴蝶追逐马蹄来表现"踏花归来马蹄香"的绘画,是以显现的蝴蝶展示未显现的、看不到的马蹄香;古人画桥头竹外挂一酒帘,书写一酒字,展示"竹锁桥边卖酒家",不画酒家,酒家隐然在望。宗白华说:"勃莱克的诗句:'一沙一世界,一花一天国',真可以用来咏赞一幅精妙的宋人花鸟。一天的春色寄托在数点桃花,二三水鸟启示着自然的无限生机。"[②]这都是诗意的绘画。同理,诗意德育的"比德"不是把某个自然物看作某个自然物,而是从自然物中体悟到隐含着的人格美。海德格尔由显到隐的审美观与儒家诗意的"比德"有异曲同工之妙。海氏的审美观和诗意的"比德"都昭示着美育要建立起由此及彼、由在场者过渡到不在场者的诗意的审美观。

朱光潜的距离说似乎与上面的显隐说矛盾,他说:"一看到天安门大街,我就想到那是到东车站或是广和饭庄的路,除了这个意义以

① 《海德格尔选集》,上海三联书店1996年版,第254页。
② 宗白华:《天光云影》,北京大学出版社2005年版,第214页。

外，天安门大街还有它的本来面目没有？我相信它有，我并且有时偶然地望见过。有一个秋天的午后，我由后门乘车到前门，到南池子转弯时，猛然看见那一片淡黄的日影从西长安街一路射来，看见那一条旧宫墙的黄绿的玻璃瓦在日光下辉煌地严肃地闪耀，看见那些忽然现着奇光异彩的电车马车人力车以及那些穿时装的少女和灰尘满面的老北平人，这一切猛然在我眼前现出一个庄严而灿烂的世界，使我霎时间忘去它是到前门的路和我去前门的一件事实。不过这种经验是不常有的，我通常只记得它是到前门的路，或是想着我要去广和饭庄。我们对于这个世界经验愈多，关系也愈复杂，联想愈纷乱，愈难见到它们的本来面目。学识愈丰富，视野愈窄狭；对于一件事物见的愈多，所见到的也就愈少。"[①]这里，欣赏天安门大街的美景需要抛开经验世界的功利性联想，使人与所观看的事物保持一段距离。不然，急着赶路，就不会驻足观看。他说"艺术家和诗人的本领就在能跳出习惯的圈套，把事物摆在适当的距离以外去看，丢开他们的习惯的联想，聚精会神地观照它们的本来面目。他们看一条街只是一条街，不是到某车站或某商店的指路标。一件事物本身自有价值，不因为和人或其他事物有关系而发生价值。"[②]事物自身的审美价值不同于与它和其他事物发生关系所产生的功利价值，审美是具有非功利性的。朱光潜的距离说是让人从欲望层次上升到审美层次，所谓"把事物摆在适当的距离以外去看"就是超越功利的"距离"去看事物，从而发现事物的美。如果仅仅将天安门大街当作工具化的通道，而不是观赏的景色，人无法发现它的美。形成对事物的审美首先要把事物本身当成目的，这就需要丢开对我有用的工具性的习惯的联想。这是距离说的旨意。然而，距

① 《中国现代美学文丛·朱光潜卷》，浙江大学出版社2009年版，第256页。
② 《中国现代美学文丛·朱光潜卷》，浙江大学出版社2009年版，第257页。

离说与显隐说并不矛盾。因为要充分领略天安门大街的美,需要丰富的历史联想:天安门以其500多年厚重的历史内涵,高度浓缩的中华古代文明和现代文明,它已经成为现代中国的象征,并被设计成国徽……这种联想愈丰富,审美感受就愈深刻。当然,这一丰富的联想与欣赏者的功利性联想全然不同。

张世英指出:艺术哲学的新方向就是要打破传统的主客二元对立的审美观。这种审美观"把美学看成是认识论,把审美意识归结为把握'什么'的认识活动。"在黑格尔看来,美是理念的感性显现,黑格尔认为:"诗总应是提取有能力的、本质的、有特点的东西,而这种富于表现性的本质的东西正是理想性的东西而不是单纯在手的、现成的东西。""在诗的艺术中所表现的总是普遍的表象,它区别于自然的特殊性。""艺术作品诚然不单纯是普遍的表象,而是特定的赋形,但是艺术作品作为来自精神和来自精神的表象因素的东西、必然贯穿普遍性……""艺术作品的任务就是抓住对象的普遍性。"①黑格尔的美学思想对我国有很大影响。张世英说:"黑格尔所谓'美是理念的感性显现',是要求艺术品以追求理念即普遍性的本质概念为最高目标,凡符合艺术品之理念的就是真的艺术品,尽管他也要求典型人物应是有血有肉的活生生的人。我国文艺界近半个世纪以来所广为宣传的典型说,认为只有能显现一件事物之本质或普遍性的作品才是真正的艺术品,此种艺术观完全是西方传统典型说之旧调重弹,其理论基础是西方旧的哲学概念,它的要害就是把审美意识看成是认识论(即认识事物的本质概念,认识事物是'什么'),把美学看作是主—客关系式的认识论。"②

① 转引张世英:《新哲学讲演录》,广西师范大学出版社2004年版,第282页。

② 张世英:《艺术哲学的新方向》,《新华文摘》1999年第12期。

主客二元对立的审美观，其要点是通过艺术形象反映事物的本质。这种审美观的价值不能完全否认。在我国古代也有这种艺术形式，如画美人就是集中美人的所有优点。这就是以集中美人的所有优点、用形象化的手段展示人们关于美人的理想（理念、概念）。俗话说，金无足赤，人无完人，世上的万事万物都不会是十全十美的。然而，艺术可以使人达到这种完美。在今天的电视、电影中塑造的一些典型化的正面人物的艺术形象，往往是集中概括了某种类型的人（如廉洁奉公的干部、见义勇为的英雄、呕心沥血的教师等等）的典型道德人格特征。这种艺术创作有一种类似于由感性认识上升到理性认识这样的概括性过程，例如，塑造理想教师的形象，创作者通过到学校体验生活，感知具体的、活生生的、个别性、多样化的教师原型，进而得出一般性的理想教师的典型形象。这种理想教师的形象反映了好教师的本质。它的教育作用是显而易见的。对这种艺术形象的审美是主体认识客体的过程，欣赏者通过观看艺术品（客体），获得一个美的典型模式。

但典型化的艺术创造与欣赏仅仅是美学领域的一种形式，不是所有形式。例如陈毅的咏物诗《青松》：“大雪压青松，青松挺且直。要知松高洁，待到雪化时。”不是在言说青松而是在隐喻刚正不阿的道德人格。这种创作过程就不是主体（作者）对客体（青松）的典型化概括，欣赏这种艺术也不是主体（欣赏者）认识客体（如认识了青松）的过程。这类似于宗白华所说的“艺术心灵和宇宙意象两境相入”，产生了人与青松互摄互映的华严境界。①

今天，教育中人意识到美育的重要，提出了要立美于教，不再将美育仅作为手段，而将美育既作为手段也作为目的。这是教育的进步。

① 《宗白华全集》（第2卷），安徽教育出版社1994年版，第375页。

但人们往往仅从主客体框架内谈美育,这种美学理论将审美活动变成仅仅是感知、反映、认识客体的活动,仅仅从主客体认识论的框架内谈审美,尚不能把握由在场者过渡到不在场者的诗意的美。立教于美要承认主客体审美观的局限(它只是美的一种表现形式而不是全部形式),同时建立起超越主客体关系的诗意的审美观。儒家诗意德育昭示着立教于美要有诗意的审美方式。

其次,诗意德育有助于转变唯理性的教育观。当今德育中存在着一种倾向:以单一的理性方式反对单一的理性说教,以单一的理论灌输反对单一的灌输教育。这使德育言说无力,然而越无力越是激发着人的理性思考。"路漫漫其修远兮,吾将上下而求索"这诗句已不能再激发起人们的诗意冥想,而唤起的却是理性的求索、再求索。单向度的理论沉思赶跑了诗意德育,造成了精神世界的贫困。

今天,德育言说方式主要是理性的言说方式。诗意的想象被视为非现实的游戏,它充其量只能在当今的文学这一学科中占有一席之地,这造成了诗教传统的断裂。德育言说者主要是专业人员,德育科学言说只允许具有某种地位的人(专业理论人员和受过专业教育的德育教师)使用它。德育语言如医学语言一样,为权威机构、学术标准、教育规范所宰治,形成了一套单一的理性话语形式:道德哲学、道德本质、道德功能、道德主体性等等,它们的价值、合法性及教育力量只有通过专业人员的陈述才有效。在德育中,只有受过专业训练的理论研究者和德育教师才占据着权威性的说话位置。他们以专业术语倡导着师生对话,然而,受教育者由于缺乏一套既定的学术化、规范化的语言根本无法与他们对话。不否认理性研究的重要,但德育言说却不宜过于学究化。否则,学术研究就变成了学术机构里的纯粹语言游戏,难以影响人们的道德生活。当人们唯理性是求,不能再为传统诗意德育的"大文本"注入任何新鲜内容时,就造成了科学化理性的"去魅”、精神创造力的萎缩。道德学问并非仅有理性话语的一种风格。诗意话语能说出理性话语所不能说出的东西。例如，毛泽东诗词有着十分丰富的意蕴，在近半个多世纪以来，其壮阔的史诗美、高洁的情操美、伟岸的形象美、深邃的哲理美、铿锵的声韵美对推动社会主义精神文明建设产生了广泛、深入、持久的影响，其诗在各行各业、男女老少都能竞相背诵，它甚至在喜庆的节日中作为楹联出现于城乡百姓的家中。“1997 年秋，一台荟萃了众多艺术名家的《毛泽东诗词交响合唱音乐会》在北京音乐厅举办。这些极富魅力的音乐作品赢得了人民的喜爱，成为我国音乐史册中的辉煌篇章，听后令人振奋不已。人们从这些诗词和旋律中，重新发现历史，理解今天……”这种“诗教”的巨大力量是理性话语所无法替代的。

当然，我们也可以反过来说，理性教育也不是诗教所能替代的。诗教与理性教育各有所长，不能用一个替代另一个。在今天特别需要注意的是不能用理性话语排斥、压抑或替代诗性话语。理性话语未必令人生厌，但千篇一律的理性话语，而且是越来越深的理性话语形式一定令人生厌。袁宏道说：“趣得之自然者深，得之学问者浅。……入理愈深，然其去趣愈远矣。”[①]这话有一定的道理。诗意德育德法自然，在德育中有“趣得之自然者深”的功效。

今天，无论人们怎样强调德育与美育的统一、教育中理性与非理性的统一、理与情的统一，只要论证是理性的，就在理性的范围内，就没有真正的统一。当人们仅以单一的理性方式去批评单一的理性说教时，不过是用一种“理性说教”去代替另一种“理性说教”，在批评中又重建了同样的对象。批评单一的理性说教的理性文本、话语不断产生着更多的理性文本、话语，却不能使德育言说有根本改观，在于一切

① 《叙陈正甫会心集》。

理性言说都以理性的方式来说了。这正是单一理性说教难以克服之症结。单靠理性话语永远改变不了单一理性说教,相反还可能加重说教。罗伯特·沃迪指出:“在希腊原文中,因为‘逻各斯’在语法上是阳性,‘灵魂’在语法上是阴性。”[①]这反映了逻各斯与灵魂的不对等关系,在德育中,单纯理性灌输之于灵魂同样具有不对等性。德育要克服单一的理性说教,就必须倡导多样化的话语方式特别是诗意话语方式。德育话语方式只有多样化,德育园地才有群芳争艳的勃勃生机。

笔者提倡诗意教育,不是要破除理性,而是要破除教育中的理性话语总裁一切的局面。不是要使诗意话语变成德育的主流话语,因为任何“一手遮天”的话语形式都会束缚人的“思”。教育要鼓励个性化、多样化,其“思”之方式就必须个性化、多样化。以一元化的理性方式根本就倡导不出多元化的德育来。

其三,倡导诗意德育要在理性教育的同时,发挥人的想象作用。唯理性教育只重视事物的个性与共性、现象与本质的联系,将从感性到理性的推理,最终形成抽象概念作为教育的最高目的,而忽视了事物的显隐联系,认为对事物的非概念性理解是不深刻的、肤浅的。殊不知,理性思维可以把握事物的本质,而诗性之思(从在场的东西中发现出不在场的东西)可以揭示事物的价值和意义。例如,对革命纪念馆中朱德的扁担的理解,如果仅仅对扁担作理性分析,它不过是一根实木。理解朱德的扁担需要诗意的思去揭示事物的显隐联系,使人由在场的扁担引出不在场的东西——朱德的革命史。正是这不在场的东西,赋予在场的扁担以价值和深厚的意义。只有这不在场的具体事件才能揭示在场扁担的深刻意义。

---

① 罗伯特·沃迪:《修辞术的诞生——高尔吉亚、柏拉图及其传人》,译林出版社2015年版,第49页。

概念式语言是把握在场事物的本质，诗的语言是揭示事物显隐联系，将隐蔽的、不在场的东西与显现的、在场的东西结合起来，由前者揭示后者的意义；概念式的语言有超时空性，如人的概念不会由具体人的生死决定；诗的语言是在具体时空中展示的，例如，诗性之思揭示朱德的扁担的意义就是由朱德的扁担（现在）过渡到朱德革命史（过去），并由过去（朱德革命史）揭示现在（呈现在人们眼前的扁担）；概念式语言是理性的产物，诗的语言是想象的产物。诗本质上是非逻辑的，古人所谓“无理而妙”，“无理”就是对理性逻辑的排除。教育既需要理性的语言，也需要诗意的语言。

朱光潜指出：“诗的境界是理想境界，是从时间与空间中执着一微点而加以永恒化与普遍化。它可以在无数心灵中继续复现，虽复现而却不落于陈腐，因为它能够在每个欣赏者的当时当境的特殊性格与情趣中吸取新鲜生命。”①如此说来，似乎诗也和概念式思维一样可以超时空与普遍化的。然而，诗的超时空性特指一首诗可以离开作者创作时的具体情景，不同时代的人都可以读它；普遍化是指诗可以在无数心灵中重复出现。这种超时空与普遍化是指艺术作品可以一直流传下去，与概念式思维所追求的超时空与普遍化绝然不同。

西方的唯理性主义者笛卡尔曾问自己，他自己有一个自然身体的信念，比起其他人（疯子）有一个由玻璃制成的身体的信念，是不是一个更坚固的真理？他的回答是“是”。他的信念显然更具有真理性，因为如果他相信了另外的说法（由玻璃制成的身体），他的信念就同那些疯人一样是越轨了。东方的庄子梦见自己化为一只蝴蝶，展着彩色的翅膀飞舞，称心快意。梦醒之后，他问自己：究竟是庄周梦为蝴蝶，还是蝴蝶梦为庄周？这两个典型的例子说明了这样的问题：没有理性，

---

① 《中国现代美学名家文丛・朱光潜卷》，浙江大学出版社 2009 年版，第 211 页。

人不能过正常的生活,人会变成疯子;没有诗意,人就没有了梦想,生活就没有浪漫色彩。色彩被科学理性分析成光谱就失去了色彩的闪耀,若人以唯理性的眼光看世界,生活就没有色彩了。克罗齐指出:"笛卡儿同他的亲传弟子们以为人的认识应该像数学一样条分缕析,凡他们以为混乱不清的思想方式和判断方式,他们一概懵懂无知或拒不承认。为了推崇理性,他们践踏了想象,把诗当作牺牲去供奉数学和形而上学。"[①]这种学说就枯燥无味。教育令人求真,然而真有理性之真和诗性之真。理性之真是通过纯概念把握事物的本质与规律。诗性之真是通过想象甚至夸张、变形的方法揭示人们的情感生活。这里有必要说明的是,诗意的梦想,不是虚假荒诞的。"黄河之水天上来"抒发了诗人大江东去般的真实情感。若用科学理性的语言说"黄河之水青海来",必将使诗不堪卒读。诗的梦想使客观事物变形,在变形中更能反映生活的真实,这是一种诗的真实、人生情感的真实。

其四,诗意德育是要使人诗意地栖居在大地上。海德格尔曾分析了荷尔德林的诗句"……人诗意地栖居……",指出人原本就诗意地栖居在大地上。作诗的本质是"让栖居",即让人诗意地栖居。"让栖居"并非就是写诗,而是展示显现者与隐蔽者相互作用的人生境域。在这个意义上,可以说德育教师应该成为"让栖居"的诗者。海德格尔分析了酒壶。"壶给予水,赐予酒。而在水中则滞留着泉,在泉中保留着石及地的沉睡和天空的雨露。在酒中,居留着地的滋养元素和太阳。酒可以解人之渴,可以激励友情。酒还可以倾于地上以祭神,可以在对崇高者的节日庆典上助兴。壶集合了地与天、神与人。"[②]海德格尔对壶的分析,就揭示了这种显现者(酒壶)与隐蔽者(地与天、神与人)相

---

① 克罗齐:《美学原理、美学纲要》,人民文学出版社1983年版,247页。

② 张世英:《进入澄明之境——哲学的新方向》,商务印书馆1999年版,第90页。

互作用的人生境域。若仅仅对壶作“是什么”的认识，仅仅对在场者瞠目凝视（固然这种认识在科学认识的场合是需要的），就只能看到壶壁、壶底和壶的质料，不能揭示出壶的意义。生活中的每一种器具都有类似酒壶这样的关系，每一个人的社会存在都是显与隐的相互作用关系，显隐结合就是诗意的生活。“让栖居”就是要展示诗意的生活、生活的诗意，使人游心无垠，远思长想。诗意不应该是教育局部的（如文学欣赏领域）和偶然的（如教师的教育方法带有诗意）状态，而应该是教育的整体状态，教育要与整个人生的诗意生活相对应。当教育上升到这一境界就与诗意德育境界相吻合。

其五，诗与生活相通。诗与生活相通有两点：

一是诗品与人品相通。“修辞立其诚”是诗的要诀，只有内心具有至性深情，才能做到“诚于中形于外”。苏轼说：“品大者声必宏，志高者意必远。”薛雪在《一瓢诗话》中说：“具有胸襟，人品必高，人品既高，其一謦一欬，一挥一洒，必有过人之处。”王国维在《人间词话》中说：“词以境界为最上。有境界则自成高格，自有名句。”他们都认为文如其人，有什么样的人品就有什么样的文品，人品对文品起决定性作用，这种观点有一定的道理。一代伟人毛泽东曾写下“惜秦皇汉武，略输文采；唐宗宋祖，稍逊风骚。一代天骄，成吉思汗，只识弯弓射大雕。俱往矣，数风流人物，还看今朝。”有学者指出，这样气势磅礴、雄壮浑成的豪迈诗章，非毛泽东不能为也。文天祥的《正气歌》、岳飞的《满江红》都源于其真情实感。提倡诗意德育是要使人们立身成德的追求升华为一种诗意的美。诗既可以反映人格，同时诗意也可以提升人格。

二是做人与做诗相通。做诗造句遣字精益求精。杜甫一生以“语不惊人死不休”的精神耕耘诗坛，在字字句句间倾洒了他一丝不苟、锲而不舍、不懈追求的汗水。北宋的王平甫，曾作诗“平地风烟飞白鸟,半山云木卷苍藤。”拿去给苏东坡看,他看后称赞其意境不错,但认为“飞”字配不上“卷”字。两人均为此而苦思,后来还是苏东坡想了出来,说“横”字可以,“平地风烟横白鸟”,一动一静,似乎像一幅画,把鸟在空中的姿态与风烟的对比刻画得栩栩如生,王平甫称苏东坡为“一字师”。南宋文学家洪迈的《容斋随笔》记载:“王荆公绝句诗云:‘京口瓜洲一水间,钟山只隔数重山,春风又绿江南岸,明月何时照我还。’吴中人士藏其草,初云:‘又到江南岸’,圈去‘到’字,注曰‘不好’,改为‘过’;复圈去改为‘入’,旋改为‘满’,凡如是十许字,始定为‘绿’字。”可见,王安石为一个动词,下了许多功夫。“到”、“过”、“入”、“满”不如“绿”,前几个字比较抽象,不能引起人们的想象,而“绿”字却一下子可以使读者产生联想:春风吹来,江南岸绿草萌生,千枝万树都绽放出绿色。一字锤炼成功,为全篇增色不少。人对自己从事的事业与工作,也应该具备这种苦心孤诣、精益求精的精神。《论语·泰伯》记载:“曾子有疾,召门弟子。曰:启予足,启予手。《诗》云:战战兢兢,如临深渊,如履薄冰。而今而后,吾知免夫!小子!”曾子就要死了,召来他的门人弟子,说为人处事,就要像临深渊、走薄冰那样小心谨慎,不可懒惰,不可姑息,只有到生命终结的时候,才能长舒一口气,免除这种战战兢兢、谨慎勤勉的态度。其做人如做诗一般严谨。曾子临死时记得床上的席子是季路的,一定叫门人把它换过。这类言行看来虽似小节,善于修养的人却不肯轻易放过,正如诗人不肯放过一字一句一样。其人生的最后一笔也为其人格增色不少。诗意德育要使学生从诗词欣赏和创作中学习做人的严谨态度。

最后,传统诗教的许多内容在今天仍然有它的生命力。王国维在《人间诗话》中提出的三境界:“古今之成大事业、大学问者,必经过三种之境界:‘昨夜西风凋碧树,独上高楼,望尽天涯路’,此第一境界也。‘衣带渐宽终不悔,为伊消得人憔悴’,此第二境界也。‘众里寻他千百度，蓦然回首，那人却在，灯火阑珊处'，此第三境界也。"他所说的三种境界所引的词是晏殊的《蝶恋花》(槛菊愁烟兰泣露，罗幕轻寒，燕子双飞去。明月不谙离恨苦，斜光到晓穿朱户。昨夜西风凋碧树，独上高楼，望尽天涯路。欲寄彩笺兼尺素，山长水阔知何处！)、柳永的《凤栖梧》(伫倚危楼风细细，望极春愁，黯黯生天际。草色烟光残照里，无言谁会凭阑意。拟把疏狂图一醉，对酒当歌，强乐还无味。衣带渐宽终不悔，为伊消得人憔悴。)和辛弃疾的《青玉案》(东风夜放花千树，更吹落、星如雨。宝马雕车香满路。凤萧声动，玉壶光转，一夜鱼龙舞。蛾儿雪柳黄金缕，笑语盈盈暗香去。众里寻他千百度，蓦然回首，那人却在，灯火阑珊处。)他所表达的东西与原词意思已没有关系，而是在说做学问的三种境界。这是对古诗词的创造性运用。王国维这种诗意地言说比理性地论证做学问的大道理更有影响力。挖掘传统诗教中的合理内容，对丰富今天的德育有着积极的意义。

今天可以从以下三点倡导诗意德育：一是直接继承传统诗教文本(即历史上的有利于人格涵养的诗歌)；二是像王国维那样创造性地运用古代诗歌文本，旧瓶装新酒；三是德育研究者自我创造出更美好、更动人的诗句。这三个方面都需要引起德育工作者的重视。今天，继承诗教传统，实施显隐结合的德育，能达到言有尽而意无穷的"无言之美"，产生"此时无声胜有声"的教育效应。在德育中让学生由显现者到隐蔽者、由在场者到不在场者、由可言者到不可言者的超越，可以形成无穷的意味和幽远的教育氛围。

第四节　拓宽教学论的思之基础

当今教学论的变革主要不是教学论具体"观念"层面上的变革，而是教学论基础"观"的变革。这一"观"制约着教学论的具体"观念"。

“观”不变,“观念”难以产生真正有意义的变化。

教学论基础“观”的探讨被人们概括为“教学论理论基础”的探讨,当今人们在谈到教学论基础问题时都在不言而喻地谈教学论的理论基础。这种探讨和研究上的“共识”,暴露了教学论基础研究的局限,教学论的基础是唯理性的。

海德格尔在《什么召唤思?》中提出最能激发人去思的东西就是人们“尚未去思”。在今天,人们不去思也从未思过教学论除了理论基础之外,还应该有什么其他基础。这个尚未去思的东西就是最能激发教学论基础问题思考的东西。为了不入俗套,为探讨备下自由的眼光,笔者将教学论基础的探讨专题称之为“教学论的思之基础”而与通行的“教学论的理论基础”相区别。

尽管如此,这一命题仍然是有缺陷的。为什么一定是教学“论”呢?难道指导教育实践的东西就只有“论”吗?难道只有理论才能与实践相对应吗?对理论与实践的关系不能作二元化的机械理解,似乎不是理论,就是实践。笔者反对唯“理论”是求,反对唯教学“论”是求。对教学实践有指导意义的东西不能概括为教学“论”,因为诗性之思对教学实践有重大的指导意义,但它根本不是“论”。教学论基础“观”的探讨最准确的表述应该是“教学的思之基础”的探讨。无奈现在教育中人都用教学论,笔者姑且用之。用这名称只是为了便于通过“流行的货币”与同行交流。

首先,思既包含理性之思,又包含诗性之思。

黑格尔说:“‘人之所以异于禽兽在于他能思维’这话是对的(这话当然是对的),则人之所以为人,全凭他的思维起作用。……思维成为认识,成为把握对象的概念式的认识。”[①]黑格尔认为人之为人在于

① 黑格尔:《小逻辑》,商务印书馆1980年第2版,第38页。

有思维(这与儒家以道德界定人的学说不同),而思维是概念性认识。

黑格尔将认识划分为感性认识和理性认识(中间还有知性),深化了人们对认识活动和过程的理解。辩证唯物主义不仅认为认识是一个由感性向理性的发展过程,而且是一个认识与实践循环往复的过程,这不仅为我们理解人的认识发展提供了正确的哲学依据,而且为教学论提供了哲学理论基础。

但思并不等于理性认识意义上的思想,思也不全是认识。思既包含着概念化的理性之思,又包含非概念式的诗性之思。教育有一个理性王国,教学有一个从感性到理性、从现象到本质、从个别到一般、从特殊到普遍、从差异到同一的过程,最终使人们认识到特殊事物所共有的普遍性即本质,形成具体概念。如光有无数的、多变的颜色,只有认识到光运动形式内部包含着微粒性和波动性的矛盾,认识到光的本质是电磁辐射,才能揭示发光原理和光的运动规律。没有这种从感性到理性的认识过程及依此过程而进行的教育过程,就难以揭示事物的规律,教育难以存在。没有理性,人则不成其为人。

但人之为人还在于人能超越在场者,“破茧而出”进入不在场者的想象的自由王国。没有超越,人还是动物,教育也难以存在。在理性王国之外,教育还有一个超理性、超逻辑、超思维的想象王国。这一想象王国在教育中是十分重要的。没有由显到隐的想象,就没有“比德”、没有诗意的艺术欣赏、没有人与物的拟人化交流、没有价值和意义。教育不能仅仅追求“单纯在场者的是什么”的认识,还要有由在场者到不在场者的追寻。

马克思创造了辩证唯物主义认识论,但马克思是具有诗意的人,他十分欣赏莎士比亚的语言,曾有过做诗人的愿望,其论著中时常闪烁着诗性之思的光辉。毛泽东思想发展了马克思的认识论,但毛泽东也是具有诗意的人,是当之无愧的中国伟大诗人,毛泽东诗词为后人留下了丰厚的精神遗产。在马克思主义经典论著中我们找不到思就是理性认识的论断。拓宽教学论的思之基础,要转变一种观点,不能将思等同于理性认识意义上的思想。在理性之思外,还要看到诗性之思的存在。

其次,教学论不是教学认识论,教学论的基础不全是认识的。

将教学论视为教学认识论是受到前苏联凯洛夫《教育学》的"影响"。凯洛夫将马克思主义认识论贯穿到教学论中来是对马克思主义教育学的发展,这在教育学发展史上是一个里程碑。凯洛夫当时所要解决的教学论问题是如何贯彻马克思主义认识论的问题,这在当时是一个理论上"从无到有"的问题。因此,这时在教学论问题上他只谈认识论是可以理解的。然而,他却不自觉地"影响"到国内教育学者对教学论问题的探讨,在相当一段时间,我们的学者形成了一种近乎凝固化的成见,认为教学论的理论基础就是认识论,把教学过程完全等同于从感性到理性、从思维抽象到思维具体的认识过程。

在马克思主义的经典著作中(固然他们没有专门性的教学论研究)找不到教学论的唯一哲学基础就是认识论的思想。我们不能武断地认为教学论的唯一哲学基础就是认识论。哲学原本含义是爱智慧,爱智慧的哲学难道就只有认识的或理性的吗?诗性之思一样可以是哲学的思。

固然,人们应该深化认识论这一教学论的哲学理论基础,应该吸取相关科学学科的研究成果(如生理学、心理学等等)使它们成为教学论的具体学科基础。但无论怎么沿此思路去深化、发展,都不能把教学论的基础仅定性为(哲学和科学)"认识的",这样定性"基础"会生出反题——排斥了认识外的东西。

从单一的"认识"出发,我们的教学论研究乃至所有的教育学研究、再乃至所有在教育领域滋生出的学术研究成果都成了"认识"意义上的"科研成果"。我们不能把教学论的基础完全变成认识的,否则就会加重教育中的这种唯理性主义倾向。

第六章　比德教育方法(上)

比德使修身与艺术之间产生不断往复的相互作用,使修身带有一种特殊的审美形式。通过比德修养方法可以深入儒家诗意德育的堂奥。今天的诗意德育要吸取比德教育方法,比德是一种诗性教育方法,它是个性教育,将自我作为艺术品(如以玉比德)来打造,将审美理想与人格理想合二为一;它是对话教育,实现人与自然的对话;它是启发式教育,"寄情万物,皆以养德",使人从天地万物中获得启迪、受到熏陶;它是自我教育,自我融身于大自然中从而去寻找和发现人生意义。

儒家的"比德"是艺术性地模仿自然。在"比德"中,艺术不同于自然,它是人的一种活动。同时,艺术又来源于自然,自然为模仿性的创作留下了广阔的空间。亚里士多德在《诗学》中指出:诗人就是发现相似性的人。亚里士多德认为,"要在相距遥远的事物中发现相似性需要洞察力。"[①]"比德"就具有这种洞察力,它将人的德性、内在精神与山水草木等(相距遥远的事物)进行对比从而启发人们。在比德中,类比具有主导意义,使道德修养通向审美道路。它以具体事物的特点描绘抽象的德性,用可见的东西反映不可见的东西,将抽象道德原则与感性直观结合起来。比德使人产生愉悦感,这种愉悦感源于惊奇的效

---

① 保罗·利科:《活的隐喻》,上海译文出版社 2004 年版,第 33 页。

果。例如,明代于谦《石灰吟》:“千锤万凿出深山,烈火焚烧只等闲。粉身碎骨浑不怕,要留清白在人间。”诗人将石灰与坚韧的人格出乎意料地组合,使人产生惊异感、新奇感,石灰仿佛变成了有生命、会说话的东西,这就是“比德”的魅力。

传统文化中的“教”与“学”包含着比德的思想。根据《说文解字》的解释:“教,上所施,下所效也”;“育,养子使作善也”。“教”、“育”二字合用就有通过榜样教育使人向善、迁善的意思。“教”(上所施)是一个行为动作,这本无疑问。在今天的教育理论中,人们往往将其解释为人的行为而且是教育者的行为。在历史上,“教”有着统治者的“上所施”和民众的“下所效”的意思。例如,《大学》说“所谓平天下在治其国者,上老老而民兴孝,上长长而民兴悌,上恤孤而民不倍,是以君子有絜矩之道也。”意思是说平天下在于治理好自己的国家,是因为统治者孝敬老人,民众就会兴起孝道;统治者尊重兄长,民众就会兴起悌道;统治者怜悯抚恤孤幼,民众也照着去做。因此,在治国中要掌握絜矩之道。统治者以自身的榜样去影响整个社会就叫“絜矩之道”,这个“道”通过“上所施”的“教”来实施。

但“教”并非仅仅局限于人的教。“教”与“学”是联系在一起的。《说文解字》解释:“学,效也。”“学”是效法。中国传统文化的“学”包含着效法人、效法自然。如此,“教”的“上所施”就不仅包含着人的行为,而且包含着天(自然)的活动。这就是说,“教”不仅包含人对人的教育,而且包含着自然对人的教育,后者即为“比德”。

比德是由自我决定的,这种学问不是别人教会的,而是个体通过对自然的观察而体悟出来的。例如,《论语》记载:“子在川上曰:逝者如斯夫!不舍昼夜。”[①]孔子“不舍昼夜”的发奋格言,是从流水中体察

① 《论语·子罕》。

出来的。比德不同于人对人的榜样教育，在人对人的榜样教育中，教育者有意识地建树一个榜样，榜样对教育对象的影响是有意识作用的结果。比德的仿效对象(自然)是无意识的，自然是不自觉地成为被仿效者，这种教育方法将人置于天地大课堂之间。在比德中，只有仿效者是有意识，仿效不是单纯地模仿，自然界中什么能成为仿效的对象以及仿效对象什么都由仿效者自己来决定。

儒家的比德是师法自然，是让人倾听宇宙万物的无言言说。子贡说："夫子之文章，可得而闻也；夫子之言性与天道，不可得而闻也。"[①]意为：老师关于文献方面的学问，弟子们是听到的；而关于性与天道的理论，却听不到。"天道"的理论之所以听不到，是因为"天道"靠自己的体悟。事事留心皆学问，有心人能从天的运行中悟出君子之道，听到天的不言之言。

"学"还有另一方面的含义，东汉学者班固在《白虎通义》中这样解释"学"，他说："学之为言觉也，以觉悟所不知也。"学有觉悟的意思。"悟"字即"我的心"，凡有觉悟的人都是由自己的心体会出来的。道德学习是靠我的心去学(体会、体验、体悟)。

仿效之学与体悟之学是相通的，它在比德上有机地结合起来，效法自然就是让个体去观察万事万物，从中悟出人生的道理。比德是诗意德育。

本章尝试一种新的言说方式，不再谈德育的理性话题，言说专题不是德育的本质和规律，言说形式也不是概念、范畴和命题式的论文(以往的专著都是理性化的大论文)。本章谈被理性话语所压制和边缘化了的诗性德育专题。

---

① 《论语·公冶长》。

第一节 以松比德

朱光潜说:“假如你是一位木商,我是一位植物学家,另外一位朋友是画家,三人同时来看这棵古松。我们三人可以说同时都‘知觉’到这一棵树,可是三人所‘知觉’到的却是三种不同的东西。你脱离不了你的木商的心习,你所知觉到的只是一棵做某事用值几多钱的木料。我也脱离不了我的植物学家的心习,我所知觉到的只是一棵叶为针状、果为球状、四季常青的显花植物。我们的朋友——画家——什么都不管,只管审美,他所知觉到的只是一棵苍翠劲拔的古树。我们三人的反应态度也不一致。你心里盘算它是宜于架屋或是制器,思量怎样去买它,砍它,运它。我把它归到某类某科里去,注意它和其他松树的异点,思量它何以活得这样老。我们的朋友却不这样东想西想,他只在聚精会神地观赏它的苍翠的颜色,它的盘屈如龙蛇的线纹以及它的昂然高举,不受屈挠的气概。……有审美的眼睛才能见到美。这棵古松对于我们画画的朋友是美的,因为他去看它时就抱了美感的态度。你和我如果也想见到它的美,你须得把你那种木商的实用态度丢开,我须得把植物学家的科学态度丢开,专持美感的态度去看它。”①松是一种普通的植物,可以做建筑、造纸等材料。从植物学上谈松的本质、生长规律,从工具理性上审视松的功用,都不能产生关于松的审美态度。只有抱着朱光潜所说的“美感的态度”才能感受到松的文化底蕴和艺术魅力,才能传承和发扬松文化。本节谈“松与比德”是要与中国传统诗意德育的“大纲”接上头,顺着诗意德育一条鞭地说下来,打通古今,返本开新。

① 朱光潜:《无言之美》,北京大学出版社 2005 年版,第 50—51 页。

以松比德之所以是诗意德育,是因为它源于一种诗性的审美思维。孔子率先开启了以松比德的传统。他说:“岁寒,然后知松柏之后凋也”[①]。他以松柏比德于君子刚正不屈的人格。孔子对青松的诗性比拟,开启了中国“松文化”的源头。松文化使松有了灵魂,产生了极高的美学价值,松成为中国民族精神的符号。人们在追求刚正不屈的精神美时,将感情寄予松的自然美之中,历史上以松比德的文化现象不胜枚举。对此,本节无法、也没有必要一一罗列,只是举出一些有代表性的事例,说明松在人格陶冶上的文化神韵与艺术魅力。

荀子对孔子的以松比德有明确的解释:“君子隘穷而不失,劳倦而不苟,临患难而不忘细席之言。岁不寒无以知松柏,事不难无以知君子无日不在是。”[②]这里,松柏成为坚贞不屈的人格象征。建安七子之一的刘桢的《赠从弟三首》之二云:“亭亭山上松,瑟瑟谷中风。风声一何盛,松枝一何劲。风霜正惨凄,终岁常端正。岂不罹凝寒,松柏有本性。”这首诗是孔子以松比德的艺术表现,读来朗朗上口,荡气回肠。在诗中,人的情感与自然景物融合无间——“其身与松化”,这正是诗性陶冶的魅力所在。

诗性能给人们带来一种“高峰体验”,一种主客融合的尼采般的酒神似的“醉”的状态。古希腊学者朗吉努斯说:“不平凡的文章对听众所产生的效果不是说服而是狂喜。”张世英对之作出了解释:“狂喜”就是“合物我、忘人己的入神状态。”[③]诗性已经超越了简单地“说服”。那么,这种入神状态是怎么达到的呢?朱光潜以观赏松为例子说明合物我、忘人己的状态,或许可以说明入神状态。他说:“比如我在观赏

① 《论语·宪问》。

② 《荀子·大略》。

③ 张世英:《进入澄明之境——哲学的新方向》,商务印书馆1999年版,第246页。

一棵古松,我的心境是什么样的状态呢?我的注意力完全集中在古松的形象上,我的意识之中除了古松的意象之外,一无所有。在这个时候,我的实用的意志和科学的思考都完全失其作用,我没有心思去分别我是我而古松是古松。古松的形象引起清风亮节的类似联想,我心中便隐约觉到清风亮节所常伴的情感。因为我忘记古松和我是两件事,我就于无意之中把这种清风亮节的气概移置到古松上面去,仿佛古松原来就有这种性格。同时我又不知不觉地受古松的这种性格影响,自己也振作起来,模仿它那一副苍老劲拔的姿态。所以古松俨然变成一个人,人也俨然变成一棵古松。真正的美感经验都是如此,都要达到物我同一的境界,在物我同一的境界中,移情作用最容易发生,因为我们根本就不分辨所生的情感到底是属于我还要属于物的。"①诗意发生于移情,人移情于物,达到一种物我交融状态。从中感受到一种"醉"和"狂喜"。历史上以松比德的诗性文化就是这种能引起类似喜与醉的"不平凡的文章"。

以往的德育总习惯在教育的"说服力"上做文章,"说服力"属于理性教育范畴。确凿的证据、严密的推理、合乎逻辑的结论,固然有助于增强说服力,但有说服力的东西未必一定有感染力。德育难道不应该有一个更高的境界,将学生通过"诗教"带入狂喜状态吗?这里不是不要说服力,而是既要理性的说服,同时还要以诗性超越"说服",最终使德育具有更大的震撼力、感染力。如此,还会担心教育的说服力吗?不,心悦自能诚服!

林语堂说:"人们对于松树的欣赏也许是最显著的,而且是最有诗意的。松树比其他的树木更能表现出清高的性格。……李笠翁说:一个人坐在一个满是桃花和柳树的花园里,而近旁没有一棵松树,有

① 朱光潜:《无言之美》,北京大学出版社2005年版,第71页。

如坐在一些小孩和女人之间,而没有一位可敬的庄严的老人一样。同时中国人在欣赏松树的时候,总要选择古老的松树;越古越好,因为越古老越是雄伟的。"[1]松树的古老能给人带来一种独特的快感。例如,曲阜的孔林神道,两行老桧古柏,夹道而立,能引发人们丰富的历史文化联想。人若能入此诗境,感受到古老文化的诗性底蕴,就能思接千载,与孔子及其学生神交。老桧古柏能让我们回忆起传统诗性德育的"源头"。

今天的孔林已经变成了商业化的"景点",出游孔林成了"旅游业"。商家的商业广告、导游的机械性解说(拿导游证必须背下这些"景点"的解说词)、游客的紧张的日程安排和看热闹的心理,将孔林的"旅游"弄得全无诗意。如果我们的教育不能继承传统的诗性文化,那么,孔林对人们来说就仅仅是一个"景点",出游的最大收获不过是照几张像,以期向他人"证明"、"展示""我到过了孔林";通过照片,我"占有"了"孔林"这个"景点"。

有学者指出:"海德格尔认为我们必须学会赞赏边缘性的实践——海德格尔将其称为不重要的事物所具有的拯救性力量——比如像友谊,在荒野中野营,和朋友在一起喝当地的葡萄酒。所有这些实践之所以都保持着边缘状态,恰恰是因为它们抗拒效率。当然,这些实践也同样可以是为了保健或者达到更高效率的目的而去参加。事实上,最大的危险就在于,甚至这些边缘性的实践也会被作为资源而被动员起来。这就是为什么我们必须保护这些处于危险的实践的原因。"[2]主流性的工业化、商业化的求效率的实践无孔不入,当我们要从这种实践中解脱出来,到大自然中放松一下时,我们可能还没有逃

---

① 《林语堂著译人生小品集》,浙江文艺出版社1990年版,第151页。

② 朱利安·扬:《海德格尔、哲学、纳粹主义》,辽宁教育出版社2002年版,第302页。

脱这一实践。出游的放松可能会变成为这一实践做准备(为了保健或者达到更高的效率的目的而去参加旅游),或者干脆就处于商业化求效率的实践中(旅游本身就存在于商业化的旅游业中)。所有的诗性文化(例如,曲阜的孔林神道)都可能被工具理性所运用,变成谋取功利的商业化资源,诗性文化处于工具理性的遮蔽之中。正因为诗性文化处于这种危险之中,今天才需要去保护它、培育它、发展它,才需要在诗意德育中提倡诗性文化。

将松文化赋予革命意义的人首推伟大的诗人毛泽东。毛泽东率先垂范,引发了中华诗性文化的革命性的"复兴"。在他的影响下,朱德、叶剑英、董必武、陈毅、徐特立、林伯渠、吴玉章、谢觉哉、陶铸等革命家纷纷写诗。有学者认为,这在古今中外历史上都是罕见的。这些诗篇成为今天诗意德育的宝贵的精神财富。革命家们的丰功伟业包括他们的诗歌创作。

在这个革命诗词的创作群体中,毛泽东独领风骚(陈毅将毛泽东称为诗国盟主)。在他的诗性情趣中,赋予了青松以新意义,将青松与革命军人联系起来。毛泽东在《杂言诗·八连颂》中称赞好八连:"不怕压,不怕迫。不怕刀,不怕戟。不怕鬼,不怕魅。不怕帝,不怕贼。奇儿女,如松柏。上参天,傲霜雪"。诗中八个"不怕"声清激越,淋漓痛快,烘托出革命军人不畏强暴的松柏品格。该诗对鼓舞人民的斗志,同心同德保卫和建设社会主义祖国产生了积极的作用。

陈毅在给一位国际友人题写的《青松》中,这样赞美青松:"大雪压青松,青松挺且直。要知松高洁,待到雪化时。"形象地展现了诗人顽强的性格和坦荡的胸怀。诗人将内在情感投注于青松,又从青松的品格中吸取人格涵养的力量。他的诗情,为"革命化"的青松又加上了浓烈的一笔。毛泽东和陈毅的诗句意蕴深厚,与孔子松柏"比德"一脉相承,并具有了新的时代意义。

陶铸专门写了一篇散文《松树的风格》,他在文中说:“每一个具有共产主义风格的人,都应该像松树一样,不管在怎样恶劣的环境下,都能茁壮地生长,顽强地工作,永不被困难吓倒,永不屈服于恶劣的环境。每一个具有共产主义风格的人,都应该具有松树那样的崇高品质,人民需要我们做什么,我们就去做什么,只要是为人民的利益,粉身碎骨,赴汤蹈火,也在所不惜;而且毫无怨言,永远浑身洋溢着革命的乐观主义的精神。……具有这样的人是越来越多了。这样的人越多,我们的革命和建设也就越快。我希望每个人都能像松树一样具有坚强的意志和崇高的品质;我希望每个人都成为共产主义风格的人。”[①]这虽然不是一首诗,但却是将青松诗化。在此文中,他将青松与共产主义风格联系起来,使共产主义的人生观变成了诗化的人生观。《松树的风格》无疑是诗意德育的优秀文本,它在今天仍然熠熠生辉、光彩照人。读革命老前辈的诗句和文章,可以使人们受到潜移默化的革命诗教。革命前辈们对松文化的继承和发挥,对当代中国人民思想的陶冶,产生了深远的影响。

笔者在网上看到一篇文章:语文特级教师宁鸿彬在《松树的风格》教学中指出:“本文作者没有重复前人赞美松树的种种观点,而是选取了一个新角度,即把松树的品格与共产主义风格联系起来了。正是这种首创,使本文大放异彩。”接着,他向学生提问:“请大家开动脑筋,能不能以‘青松赞’为题,作一篇既与前人对松树的赞美不同,又与本文作者对松树的赞美不同,新颖而独具特色的口头作文呢?”学生经过思考,作了几篇口头作文。其中一篇是这样说的:“桃李绚烂多彩,杨柳婀娜多姿,菊花赏心悦目。在那春风拂面的时节,松树不和桃李争春;在那草木繁茂的夏日,松树不和杨柳争夏;在那金风送爽的秋

---

① 张胜友、蒋和欣主编:《励志修身》,作家出版社2004年版,第221页。

天,松树不和菊花争秋。到了冰封雪飘的严冬,万花早已凋,万树只剩枯枝,那青松,迎寒风,傲冰雪,郁郁葱葱,巍然屹立,吐露出一派生机。它把美好的时光让给了他人,把严峻的时刻留给了自己,这种先人后己的精神,不也是一种崇高的思想品德写照吗?"学生从对青松的赞美中悟出了一种不畏艰难、先人后己的崇高的思想品德。所谓"随风潜入夜,润物细无声",在这种诗意的教育中,并没有道德说教,学生通过诗意地想象,表达了自己对人生的感悟。这虽然是语文教学中的一个例子,但它不仅是语文教育,同时还是诗意德育。

诗意德育在德育中具有其他教育形式所无法替代的功能。它不是让学生从外部去接受既定的道理,而是启发学生自己去感悟生活的道理;它不是教育者通过说理去赋予受教育者人生的意义,而是让受教育者自己去寻找和发现生活的意义;它不是让学生只读有字的教科书,而是引导学生从读有字的教科书发展到读无字的宇宙大书;它不仅存在于德育课堂中,而且存在于语文教学、历史教学等许多人文课程中;它不仅存在于有形的学校课堂教学中,而且存在于无形的"天地大课堂"中;它不再使学生单纯处于抽象化、概念化的理性王国中,而是使学生处于盎然机趣的诗意的国度里。

青少年原本就处于情感丰富、风华正茂的具有诗意的人生阶段,中国原本就是一个诗意的大国,有这两个诗意的基础,德育原本就应该充满情趣。可是在今天的教育中,学生却时常发出"枯燥"、"乏味"的感叹。面对着传统文化的"孔颜之乐"、理学家程颢教学的"如坐春风"、陆九渊讲学的"听者贵贱老少,溢塞途巷",我们的教育似乎是缺了一点东西——诗性的感召力。新儒家曾提出要重振宋明理学的讲学之风,其实,我们的德育就感染力上原本应该超越他们,以毛泽东为代表的革命前辈早已将中国的诗性文化推向了一个新的历史高度。今天,我们有着那么多丰富的古今诗性文化可以继承,在材料的拥有上和教学手段上已经远远超过了宋明理学，在诗意的教育上，我们能比他们做得更好！

当笔者提出诗意的教育时，曾有一些德育教师感叹：今天的学生学习那么紧张，能把教材上的名词概念、知识点掌握了就很不错了，哪有闲情去写诗呢？然而，诗意德育并不就是让学生去写诗，而是要培养学生的诗心、诗情。教师完全可以通过自己的教学“改造”教育的理性文本，将人生哲理诗化，将一些抽象的教育原则赋予具体的情感载体。

有诗心、诗情，才能成就事业。有学者考证，中国现当代的许多科学家都是具有诗情的人，他们中的许多人甚至在年轻的时候就写过不少诗。试想一个感情贫乏、缺少想象的人，能有大的创造发明吗？政治家亦然，革命前辈的诗情激发着他们“敢叫日月换新天”的豪情。对诗意德育不能这样简单地理解：“就是让学生去写写诗”。诗意德育是要承接传统，开启未来。没了传统，民族的创造力将会萎缩；没了诗性，民族鲜活的热情和激荡的血液就会冷却，就不会有光明的未来。德育，何不言诗呢？王阳明说：“大抵童子之情，乐嬉游而惮拘检，如草木之始萌芽，舒畅之则条达，摧挠之则衰痿。今教童子，必使其趋向鼓舞，中心喜悦，则其进自不能已。譬之时雨春风，沾被卉木，莫不萌动发越，自然日长月化。若冰霜剥落，则生意萧索，日就枯槁矣。故凡诱之歌者，非但发其志意而已，亦所以泄其跳号呼啸于咏歌，宣其幽抑结滞于音节也。”①德育要符合学生的性情，如春风化雨，使学生“趋向鼓舞，中心喜悦”，就要“诱之歌者”，就要有诗意。

朱光潜说：“诗人和艺术家所以超过我们一般人者就在情感上比较真挚，感觉比较锐敏，观察比较深刻，想象比较丰富。我们‘见’不着

① 《王阳明全集》，上海古籍出版社1992年版，第88页。

的他们'见'得着,并且他们'见'得到说得出,我们本来'见'不着的他们'见'着说出来,就使我们也可以'见'着。像一位英国诗人所说的,他们'借他们的眼睛给我们看'(They lend their eyes for us to see)。"[①]孔子最先看到了青松,后来人借孔子的慧眼欣赏青松的品格。在松文化传承中,欣赏者不是被动地接受,而是在欣赏中创造。朱光潜说:"文艺逐渐向前伸展,我们的眼界也逐渐放大,人生世相越显得丰富华严。这种眼界的解放给我们不少的生命力量。"[②]诗意教育就是借艺术家的眼睛看世界,让学生在欣赏中创造,使人类的眼界不断向前伸展,使人生变得有意义、有价值。

第二节　以竹喻人

儒家德育倡导比德,这使传统德育不仅效法人,主张"见贤思齐";而且效法自然,提倡"寄情万物,皆以养德"。效法自然使心灵融进自然,自然契入心灵,人与自然融合为一,内在情趣与外在意象的相契相融,使人生修养进入了诗性的审美境界。本节将中国竹文化流光溢彩的散金碎银收集起来,形成竹的诗性教育专题。

竹在中国文化史上颇受人们的关注。明代思想家王阳明曾与钱姓朋友讨论如何"格天下之物"。钱姓朋友早晚都到庭院去格竹子,以体会其中的道理,但竭尽心思,至于三日,便积劳成疾。于是王阳明觉得他精力不足,自己又去庭院格竹子,到七日也病倒了,两人相互叹曰:这圣贤是做不得的。[③] 胡适认为王阳明在格物上的失败,在于他"不动手动脚",胡适说:"今天工学院植物系的学生格竹子,是要把竹

---

① 朱光潜:《无言之美》,北京大学出版社 2005 年版,第 209 页。

② 朱光潜:《无言之美》,北京大学出版社 2005 年版,第 209—210 页。

③ 韩强:《竭尽心性——重读王阳明》,四川人民出版社 1997 年版,第 4 页。

子劈开,用显微镜来细细的看,再加上颜色的水,作各种的试验,然后就可以判定竹子在工业上的地位。为什么王阳明格不出来,今天的工程师可以格出来?因王阳明没有动手动脚作器具的习惯,今天的工程师有动手动脚的习惯。"[1]按胡适的逻辑,"格"竹子需要科学理性。

然而,古人的"格物"并不是科学认识活动,格物是要从物中体悟出做人的道理,它的最终目标是达到人物交融、主客浑一的诗意境界。要从竹中悟出人生的道理,是不能把竹仅仅当作对象性的物来认识的。当竹子是一种被我认识的对象时,竹子是外在于我、与我分离的一物。这样对着竹子苦思冥想,于人生毫无补益。早期的王阳明格物的失败在于他的对象性思维。

只有当我们去观赏竹、想与竹融为一体时,我们才能悟出竹的道理。这种观赏是要把自己的生命放进诗里去。北宋文学家苏轼就是这样观赏竹的,他曾感叹:"可使食无肉,不可居无竹;无肉令人瘦,无竹令人俗。"这与孔子闻《韶乐》而"三月不知肉味"的思想境界相同。[2]在孔子看来,《韶乐》中有一种善美合一的诗性之美,这种美使孔子有三个月忘掉了肉的滋味;在苏轼眼中,"竹"也有一种善美合一的诗性之美。竹常绿不衰,中通外直,它是正直、虚心、有活力的人格象征。竹给苏轼带来的精神愉悦远比"食肉"这样的物质享受要大得多。

竹使苏轼产生了一股身入化境、浓酣忘我的趣味,他写了许多咏竹诗。例如,他在题画诗《书晁补之所藏与可画竹》中说:"与可画竹时,见竹不见人。岂独不见人,嗒然遗其身。其身与竹化,无穷出清新。庄周世无有,谁知此凝神。"中国的国画常以题诗相伴,追求画境与诗意的相通,第一流的绘画是"画中有诗",在绘画中画品、诗品、人

---

① 胡适:《人生大策略》,湖南文艺出版社 1989 年版,第 69 页。

② 《论语·述而》。

品是相互贯通的。画竹的秘密在于“其身与竹化”,即“要体验和凝神于竹的品格之中,感悟一种气质风韵,传达一种人格力量”。[①] “其身与竹化”不仅是绘画的境界,而且是做人的境界。并且,只有在做人上达到了这一境界,才会有这一绘画的境界。这个境界有如庄周梦蝴蝶,随物而化,达到了物我合一的至境。

竹文化是根植在中国传统诗性文化土壤上的一种价值创造,它承接了孔子的诗教。苏轼的“其身与竹化”与孔子的“比德”思想一脉相通。孔子的“比德”在中国德育史上开出了一条诗性的人格涵养之路,这种德育追求诗化的人生和人生的诗化。

中国当代美学家宗白华推崇晋人之美,他认为晋人在精神史上是极自由、极解放,最富于智慧、最浓于热情的人,他们的艺术理想和美的条件是一味绝俗,他举了这样一个例子:“王子猷尝暂寄人空宅住,便令种竹。或曰:‘暂住何烦尔?’王啸咏良久,直指竹曰:‘何可一日无此君!’”王子猷即使暂住他人空宅也不忘种竹,“在刹那的现量的生活里求极量的丰富和充实,不为着将来或过去而放弃现在的体味和创造。”[②]王子猷的“何可一日无此君”与苏轼的“无竹令人俗”的诗性境界完全吻合。诗性的智慧、艺术的精神、审美的眼光,使他们的人格修养升华到了清新超俗的生命追求。这种德育(修身)在理论上可谓“不著一字,尽得风流”。理性的千言万语很难表达这种意境,因为这种德育不是通过“理”而“论”出来的。诗意德育不允许人们直接显示道德原则,而是通过求美活动表现出一种道德价值,这正是诗意德育从根本上区别于理性德育的地方。

新儒家要求人们要抱着“同情”、“敬意”的态度研究历史文化。他

---

① 李明泉:《尽善尽美——儒学艺术精神》,四川人民出版社 1995 年版,第 151 页。

② 《宗白华选集》,天津人民出版社 1996 年版,第 160 页。

们认为,“敬意”增加一分,智慧的运用就会增长一分,而了解就会增加一分。[①] 今天的德育对传统诗意德育应该有这种同情和敬意。诗意德育有着意味浓深的醉人力量,它陶冶出真率之人,这种人在德育中不再有枯燥的感觉、做作的感觉。诗情可以安顿人心,济焦润枯。没有诗情,“正如沙漠无水之地的一棵草,僵石瓦堆里的一条鱼,将根本不存活。”[②]没有诗情,德育就处于“脱水”之境,它能不枯燥和乏味吗?

当诗情从人心中升起时,世界就成了诗的家园。这个家园中的竹对人的思想和情感的启发是非常广泛和深厚的。清代的著名画家、文学家郑板桥把整个人生都放进了诗里。他一生十分注重道德修养,提出“种十里荷花何如种德,修万间广厦不若修身”。他修身的一个重要方法就是以竹养德。他一生画了许多竹,并提出画竹要由“眼中之竹”经“心中之竹”再到“手中之竹”,苏轼所谓“其身与竹化”也是郑板桥的人生艺术追求。

郑板桥在《潍县署中画竹呈年伯包大中丞括》这首绝句中写道:“衙斋卧听萧萧竹,疑是民间疾苦声。些小吾曹州县吏,一枝一叶总关情。”诗人以景写心,以景寓情,虽未直接呈露对民众的一往情深,然而,“一枝一叶总关情”的诗句却使这种情感跃然在目、意象分明。“一枝一叶总关情”是诗性的最高境界,有了这种情,高山流水、蓝天白云、明月繁星、草木花卉都能化为情景合一的诗境。这首诗意境高远,郑板桥从对“竹之情”升华到了对“民众之情”,体现了传统中国人“民胞物与”的博大的情怀。这种博大的情怀在一片物象的诗性的直观中生

---

① 侯敏:《有根的诗学——现代新儒家文化诗学研究》,上海人民出版社 2003 年版,第 26 页。

② 侯敏:《有根的诗学——现代新儒家文化诗学研究》,上海人民出版社 2003 年版,第 73 页。

出,只有诗情才能养育出这样的情怀。

郑板桥的另一首题画诗《竹石》:“咬定青山不放松,立根原在破岩中。千磨万击还坚劲,任尔东西南北风。”以竹显示其宁折不弯的人格。它使人格美化,在诗中没有了自我与竹之分,情中之景与景中之情交融互摄,达到了“其身与竹化”,诗人的情感与景物完全融合无间。当我们读这首诗时,也能令我们忘怀诗人与自我(读者)之分,他的诗境与我们的心情也完全融合无间。这种意境、这种愉快的感受是我们读德育中的理性专著和论文所无法体会到的。

海德格尔指出:“对于更宽泛意义上的物的日常经验既不是客观化的,也不是一种对象化。譬如,当我们坐在花园中,欢欣于盛开的玫瑰花,这时,我们并没有使玫瑰花成为一个客体,甚至也没有使之成为一个对象,也即成为某个专门被表象出来的东西。”这种“物的日常经验”是诗性思维,郑板桥的《竹石》,就基于这种思维。

诗性的思与言是超越主体与客体关系的思与言,它不同于理性认识。张世英曾以李白的诗为例说明这个问题,他说:“‘朝辞白帝彩云间,千里江陵一日还。两岸猿声啼不住,轻舟已过万重山。’如果简单地把这首诗理解为描写三峡水流之急速,那就不过是按照主客二分模式对客体(三峡水流)的一种认识,未免太乏诗意,太乏审美意识。这首诗的意境主要在于诗人借水流之急速表现出了自己含冤流放,遇赦归来,顺江而下的畅快心情。这里,水流之急速与心情之畅快,‘一气流通’,无有间隔,完全是一种天(急速的水流)人(畅快的心情)合一的境界,哪有什么主体与客体之别?哪有什么主体对客体的思维和认识?当然也无所谓主体通过思维、认识达到主客的统一。”①张世英的

① 张世英:《天人之际——中西哲学的困惑与选择》,人民出版社1995年版,第200页。

这一说法同样适合于中国诗性的竹文化,在这种文化中,人与竹的关系是一气流通,无有间隔的。

经郑板桥诗性智慧的点化,竹向人们说出了许多东西。他在《白云观华室》的楹联中说:“咬定一两句,终身得力;栽成六七竿,四壁皆清。”上联谈读书,只有精读才能终身受益。下联谈栽竹,种上六七竿就能使室外清光满园。读书的道理与栽竹的道理相通。他认为“种竹似培佳子弟”,他把种竹与培养品行才学兼优的晚辈、后代联系起来。何以如此?因为“竹君子”有许多优秀品质。他说:“未出土时先有节,纵凌云处也无心”、“君能干直凌霄汉,心虚节直耐清寒”、“惟有此君医得俗,不分贫富一般看”、“任他雨露又风霜,四时不改青春色”、“人生独立能如此,不怕红尘热眼看”、“细细的叶,疏疏的节,雪压不垂,风吹不折”……从这些诗句中可以看出,竹对人有着妙不可言的教化力量。

因此,郑板桥说:“养成数竿新生竹,直似儿孙。”他在历史上明确地提出了要像种竹一样去培养后代。这种德育匠心独运,别具一格。教育学上“园丁”的隐喻,本身就包含着浓厚的诗情。诗意德育的教育者应该像“园丁”一样,将我们的学生培养成千枝万竿“新生竹”。教育者应该懂得这种“园林艺术”(即诗性的教育方法)。

从孔子的“比德”和“三月不知肉味”到苏轼的“无竹令人俗”;从郑板桥的“种竹似培佳子弟”到个园的园林艺术,我们看到了中国诗性文化的薪火相传感受到了诗性德育的魅力。

诗意德育使道德境界蕴涵审美境界,审美境界附丽于道德境界。今天,德育继承传统诗意德育,就要提倡比德教育方法,让诗意德育成为一轮精神太阳普照在千枝万竿“新生竹”上,让这些新生竹“春风夏雨清光满,历到秋冬翠更多”(郑板桥诗),使教育不再枯燥,不再乏味,让教育成为艺术化人生的欢乐场!

第三节　以梅修身

朱光潜指出诗来自直觉,他说:“诗的‘见’必为直觉(intuition)。有‘见’即有‘觉’,觉可为‘直觉’,亦可为‘知觉’(perception)。直觉得对于个别事物的知(knowledge of individual things),‘知觉’得对于诸事物中关系的知(knowledge of the relation between things),亦称‘名理的知’。例如看见一株梅花,你觉得‘这是梅花’,‘它是冬天开花的木本植物’,‘它的花香,可以摘来插瓶或送人’,等等,你所觉到的是梅花与其他事物的关系,这就是它的‘意义’。意义都从关系见出,了解意义的知都是‘名理的知’,都可以用‘A 为 B’公式表出,认识 A 为 B,便是知觉 A,便是把所觉对象 A 归纳到一个概念 B 里去。就名理的知而言,A 自身无意义,必须与 B、C 等发生关系,才有意义,我们的注意不能在 A 本身停住,必须把 A 当作一块踏脚石,跳到与 A 有关系的事物 B、C 等等上去,但是所觉对象除开它的意义之外,尚有它本身形象。在凝神注视梅花时,你可以把全副精神专注在它本身形象,如像注视一幅梅花画似的,无暇思索它的意义或是它与其他事物的关系。这时你仍有所觉,就是梅花本身形象(form)在你心中所现的‘意象’(image)。这种‘觉’就是克罗齐所说的‘直觉’。”[①]这种直觉指人进入了超越主客体关系,人与梅花的关系已经成了“我—你”关系,不再去想到梅花的功用与属性。以梅修身就来自于这种直觉。在这种直觉中“我的情趣与物的意志遂往复交流,不知不觉之中人情与物理渗透。”[②]

---

① 《中国现代美学名家文丛·朱光潜卷》,浙江大学出版社 2009 年版,第 211—212 页。

② 《中国现代美学名家文丛·朱光潜卷》,浙江大学出版社 2009 年版,第 213 页。

本节以以梅修身为例,说明传统诗性文化中的我与你的关系。在中国诗性文化中,松竹梅雅称“岁寒三友”。在这种文化中,人不是将树作为占有和利用的对象,而是以仁爱的情怀对待树,将它们视为知己和朋友。

古往今来咏花的诗词歌赋,以梅为题者最多,仅宋人黄大兴所撰《梅苑》一书收唐宋写梅的诗词就有十卷之多。林语堂说:“梅树在残冬和初春开花。所以,梅树特别象征着清洁的性格,那种清爽的、寒冷的空气所具有的清洁。”①中国的梅文化,是通过诗性之思从梅中求得人类生活的崇高。

白桦有一篇《梅香正浓》的散文,描述了他探访民族英雄史可法墓地的感想。史可法生前遗言:“我死,当葬梅花岭上。”在史可法墓前的飨堂上有一幅当代人撰写的七言楹联,使白桦吟哦良久:“数点梅花亡国泪,二分明月故臣心”。红梅如血泪,明月是冰心。白桦在瞻仰结束后,留下了几句发自肺腑的感慨:“每当我们民族处于危亡之秋,……一类有邦国而无自身者,敬畏史笔,体恤民苦,壮怀激烈,视死如归。……每念至此,感慨系之,不能自已。”他在这篇散文的最后写道:“伫立梅花岭下,依依不忍离去,虽非梅花开放季节,大地却久久沉浸于浓郁的梅香之中……”②

中国人重气节、守善道的精神,并非只是来自一些抽象的道德原则和规范,它是靠“天地之大美”熏陶出来的。高洁爱赏梅花的胸襟,使史可法其气浩然,长留天地之间。史可法的事迹有一种诗性的悲壮之美,这种美令白桦“感慨系之,不能自已”。朱光潜说:“深人所见物者亦深,浅人所见物者亦浅”③,这里的“深浅”不是指理性的抽象思维

---

① 《林语堂著译人生小品集》,浙江文艺出版社1990年版,第152页。

② 张胜友、蒋和欣主编:《励志修身》,作家出版社2004年版,第328页。

③ 转引阎国忠:《朱光潜美学思想及其理论体系》,安徽教育出版社1994年版,第92页。

能力,而是指诗性的审美能力。如果我们的学生不了解梅文化,就不能体验到这种悲壮之美;如果我们的学生不了解中国的诗性文化,重气节、守善道等等优秀精神传统就可能变成一些枯燥、贫乏、抽象的道德条目。

钱穆强调,“道德和艺术是中国文化中的两大支柱。在中国,艺术与道德是一而二、二而一的。……中国人的人生是道德的人生,也是艺术的人生。最高的道德也是最高的艺术。反之亦然。”[①]德育要承接传统道德文明,就不能只要道德不要艺术,只要理性不要诗情。将道德与艺术结合,是德育需要关注的一个课题。

白桦的《梅香正浓》说明了教育的最高境界是诗意境界。在诗意境界中,史可法墓地无形中成了传统道德教育的“德育基地”,梅花岭的梅树成了无言的“教材”,它们一言不发,但却比喋喋不休的“说教”更能言说。梅花岭使人产生了诗性的梦幻景象:“虽非梅花开放季节,大地却久沉浸于浓郁的梅香之中……”能感受到大地“梅香正浓”的人是有诗心、诗情的人,而由诗心、诗情所引发的“德育效果”又非几句“重气节、守善道”的道德条目所能概括。只有诗意德育才能使学生受到“梅香正浓”似的人格熏陶。我们不可能期望每个学生都有白桦这样的诗性高度,但只要培养学生的诗心、诗情,使学生具有“原天地之大美”的能力,他们就能从花草树木中体会到“君子之德”。只要有适当的契机(如探访民族英雄史可法墓地、游梅花山等等),学生就能从对人生有一种诗意的妙悟,进而达到“无言之教”的神奇效果。

中国的“道德”从来就是“美德”。孔子说:“不学诗,无以言”。[②]没有诗情的德育,根本就算不上德育(都“无以言”了,还能说什么?)。

---

① 转引侯敏:《有根的诗学——现代新儒家文化诗学研究》,上海人民出版社2003年版,第67页。

② 《论语·季氏》。

中国文化“寄情万物，皆以养德”，它让自然人格化，让人与天地合一，它要在大地上寻找“梅香”，寻找诗意的心灵栖居之所，中国文化从来就是诗意地栖居在大地上的。那些令人敬仰的高尚人格，例如，唱《正气歌》的文天祥、作《满江红》的岳飞、著《岳阳楼记》的范仲淹、“指点江山、激扬文字”的毛泽东、写《青松》的陈毅等等都是从诗意的大地上升上天去的璀璨星辰。他们的光华普照大地，使中国文化充满魅力。他们的人格魅力，不在于他们“讲道德”或“有道德”，而在于他们能将道德诗化，把自我作为一件艺术珍品来打造。这种艺术品比米开朗吉罗的画、罗丹的雕塑还要珍贵。因为最大的艺术家就是人生的艺术家，人生的艺术品是艺术中的最高制作。所以，他们的人格，不仅令人敬仰，而且让人神往；不仅感人，而且醉人。

教育好比“酿酒”，要让学生有一种诗性的“醉”。如果我们的理论探讨连自己都不感动，那说明我们还“无以言”；如果我们的教育学生不愿意听，那说明我们在卖“假酒”。“酿酒”是一个复杂的艺术，它要继承传统文化，分门别类地“酿”出“梅的酒”、“松的酒”、“竹的酒”、“玉的酒”……最后要“酿”出中国诗性文化正宗的“酒”，让德育散发出诗性的芳香！

下面谈“梅的酒”的酿造历史。梅文化源远流长，这里，只讲几道酿造“工艺”。北宋时代诗人林逋有“梅妻鹤子”的故事：他隐居于杭州西湖孤山之下，以种梅养鹤为乐，以梅为妻，以鹤为子。林逋以咏梅诗词而闻名于世，他的“暗香浮动月黄昏”成为千古绝唱。林语堂说：“一切诗人都承认这七个字最能表现出梅树的美，要找到更恰当的表现法是不可能的。[①] 从“暗香”中，人们能隐约感到隐居于孤山之下的林逋的超凡脱俗、优雅飘逸的人格。从林逋之后，咏梅之风日盛，欧阳

① 《林语堂著译人生小品集》，浙江文艺出版社1990年版，第152页。

修、苏轼、王安石、陆游、辛弃疾等都写过许多咏梅诗词。

陆游的故乡山阴盛产梅花,他爱梅成癖,与梅花神交数十年,一生写过百首以上咏梅诗词。他称赞梅花“雪虐风饕愈凛然,花中节气最高坚。”他以梅自喻,以梅修身。在78岁时,他突发奇想,“在活泼泼的心灵飞跃而又凝神寂照的体验中突然成就”①,写下了这样的诗篇:“闻道梅花坼晓风,雪堆遍满四山中。何方可化身千亿,一树梅花一放翁。”他要将自己化成千万朵梅花,从而进入“梅花即我,我即梅花”的物我两忘的诗性境界,产生了最高灵境的呈现。诗心、诗情能使人达到物我合一、浓酣忘我的“入神”状态。在这种诗境中,我们已经分辨不出哪里是作者,哪里是梅花;哪里是主体,哪里是客体。这是诗性文化最高的“酿造工艺”。今天的德育不能只讲主客体教育,让学生分辨什么是主体,什么是客体。在德育中,没有诗情,执着于主客之分,美就烟消云散了。诗性的入神状态能熏陶出真正的冰清玉洁的人格。史可法的“我死,当葬梅花岭上”,个中透露出一种不可遏止、强烈深浓的诗情。正是这种诗情,使他大义凛然,视死如归。

毛泽东的《卜算子·咏梅》抒发了无产阶级革命家的博大胸怀:“风雨送春归,飞雪迎春到。已是悬崖百丈冰,犹有花枝俏。俏也不争春,只把春来报。待到山花烂漫时,她在丛中笑。”毛泽东的这首诗词是对陆游的《卜算子·咏梅》“反其意而用之”。陆游的《卜算子·咏梅》:“驿外断桥边,寂寞开无主。已是黄昏独自愁,更著风和雨。无意苦争春,一任群芳妒。零落成泥碾作尘,只有香如故。”

陆游赞美梅花高贵圣洁的品质,借梅花而孤芳自赏,毛泽东也赞美梅花高贵圣洁的品质,借梅花抒写革命豪情;毛泽东把陆游的“无意苦争春,一任群芳妒”变成“俏也不争春,只把春来报”,突出了梅花的

---

① 《宗白华全集》(第3卷),安徽教育出版社1994年版,第424页。

奉献精神;陆游的“驿外断桥边,寂寞开无主”显得势单力薄,无能为力。毛泽东的“已是悬崖百丈冰,犹有花枝俏”体现了共产党人不畏艰难,领导全国人民“抗冰斗雪”的决心;陆游的“零落成泥碾作尘,只有香如故”,透露出孤傲与清高,反映了一种凄凉心境。毛泽东的“待到山花烂漫时,她在丛中笑”,透露出引发百花争艳而不居功自傲的高尚品格,体现了毛泽东豪放乐观的精神。毛泽东的咏梅诗气势恢宏、意境高远,大大超越了陆游的咏梅。

有学者指出:“千百年来,前人画梅多是枯枝疏影、孤独寂寞、冷香瘦骨……生气不足。毛泽东的咏梅诗词却别开生面,给人带来生机,带来热烈,带来希望。岭南画家关山月在与傅抱石合作为北京人民大会堂绘制的巨幅山水《江山如此多娇》(是毛泽东一生唯一的为画家作品题词)后,深受毛泽东诗词感染,于80年代中期创作了大幅国画《俏不争春》,抒写《咏梅》词意,……满树绽放的红梅,如燃烧的火焰,如漫卷的旗帜,铺天盖地而来,观后使人心境高远,热血沸腾。……使千百年来中国画的画境大开,进入了一个崭新的时代。”①毛泽东开启了赏梅的新的意境。

在历史上,傲霜斗雪的梅花寄托着人生理想,它是一种道德人格的象征。诗意地欣赏梅花陶冶了中国人的性情,培养了中国人坚忍不拔、节气高坚、洁身自好的优秀品格。这些优雅的诗篇,成为中国人重气节、守善道的高贵历史印记。“前水复后水,古今相续流”,这是一个前后相继并不断演进的历史。宗白华说:“我愿多有同心人起来多作乐观的,光明的,颂爱的诗歌,替我们的民族性里造一种深厚的情感底基础。”②历史上的赏梅有“光明”和“颂爱”,但“乐观”不足。毛泽东将

① 王希文主编:《毛泽东诗词研究》,黑龙江人民出版社2003年版,第309—310页。

② 宗白华:《艺境》,北京大学出版社1999年第3版,第28页。

梅的精神推向了新的历史高度。诗意德育应该继承传统文化和毛泽东的诗性精神,培养“光明”、“颂爱”和“乐观”的精神,使我们民族养成“向前的勇气和建设的能力”(宗白华语)。

尼采说:“艺术家不应该如其所是地观看什么,而应当观看得更丰富、更质朴、更强烈:为此,艺术家的生命就必须具有一种青春和春天,一种惯常的陶醉。”[①]德育教师应该具有艺术家的气质,“具有一种青春和春天,一种惯常的陶醉”。愿教师都能成为宗白华所说的“美乡的醉梦者”,只有这样的人才能使学生感觉到“宇宙的图画是个大优美精神的表现”[②],从而引导学生从花草树木中发现健全、活泼、代表人民性的诗情,使鸟的鸣、花的开、泉的流都成为塑造人格的快乐的精神泉,引领着教育从索然无味的纯概念世界进入愉快舒畅的诗性的精神世界。

白桦的“梅香”、史可法的“悲壮之美”、陆游的“化身千亿”、毛泽东的“她在丛中笑”,反映了诗情对人格的熏陶有一种理性所无法达到的不可思议的神奇力量。孔子的诗教就追求“浴乎沂、风乎舞雩、咏而归”的诗意人生境界,如果我们的教育能让学生踏花赏梅,谈古论今,陶醉花丛,乐不思归,那将是一种多么美好的教育呀。这不是说只有梅花存在的地方才能有诗意教育。诗意教育无处不在,在“寄情万物,皆以养德”的“天地大课堂”中都有这种教育。

第四节　以菊陶情

孔子德育的起点是“兴于诗”,熊十力解释说:“兴,起也,《诗》本性情,其感人也深,足以使人发起向上与率真之念而不流于虚伪。”[③]诗

---

① 海德格尔:《尼采》,商务印书馆 2002 年版,第 127 页。

② 宗白华:《艺境》,北京大学出版社 1999 年第 3 版,第 21 页。

③ 《现代学术经典——熊十力卷》,河北教育出版社 1996 年版,第 401 页。

意德育要继承孔子的诗教传统,引发学生“向上与率真之念”。

长期以来,人们认为道德是一种“应然”之物,德育就是告诉学生“你应当是什么”。而达此目的,又要教育学生“你应当做什么”。无论人们如何反对说教、灌输,教育所做的一切不过是让学生由“服从他人”到“服从自我”、由接受外在的道德价值到自己去发现和创造道德价值。而这一切的一切还是基于道德的“应当”:由外在教育的“你应当”变成自我教育的“我应当”。诗意教育是要超越这个“应当”,它使学生既合于“应当”但又高于“应当”。本节通过菊花这个诗性教育的情感载体,展示诗意德育的魅力。

菊花是中国传统名花,我国栽培菊花有2500年的悠久历史,在《礼记·月令》中有“季秋三月,鞠有黄花”之句。农历九月初九是重阳节,自汉代以来此节逐渐盛行,重阳节有登高、赏菊的风俗。这一传统,代代相续。“菊”本作“鞠”,有穷尽之意,暗示着菊花是一年花事中最后的一种,它以独立寒秋、迎风傲霜的性格和刚强气质丰满了秋色。传统文化对菊花倍加称誉,将其称为花卉“四君子”(梅、兰、竹、菊)之一。历史上人们爱菊赏菊,留下了丰富的赞菊诗、词、歌、赋。在菊花的背后,隐藏着无数人的愿望和志趣,令人遐思不已。

伟大的爱国诗人屈原在遭谗被逐后写《离骚》,开辟了诗歌史上一个新时代。诗中“朝饮木兰之坠露兮,夕餐秋菊之落英”、“春兰兮秋菊,长无绝兮终古”,借菊托志,发愤以抒情,表明了诗人洁身自好、不与恶势力同流合污的品质。屈原在流亡途中,目睹祖国沦亡,人民涂炭,万分悲痛,怀石自沉汨罗江。屈原的“宁溢死以流亡”,不向恶势力屈服的诗性人生为后世所敬仰。每年五月初五赛龙舟、吃粽子,就源于人民纪念屈原的活动。诗人郭沫若作《屈原》剧本,歌颂了屈原热爱祖国的崇高思想和毫不妥协的斗争精神,剧本感情奔放,充满了诗性色彩。刘勰在《文心雕龙·辨骚》篇中说:“没有屈原,岂见《离骚》?”

我们还可以接着说：没有《离骚》，哪有屈原的诗性悲壮人生呢？没有这悲壮人生，哪有赛龙舟、吃粽子纪念活动呢？哪有郭沫若的《屈原》剧本呢？在屈原、《离骚》、赛龙舟、吃粽子、《屈原》剧本中有一个一以贯之的东西，它就是诗的旋律。没有诗情，这些东西都会变得索然无味了。诗意德育是最高级、最纯真的德育，屈原“借菊托志”用今天的话说就是一种人格的自我陶冶、自我教育。这种德育能培养出优美的情绪、高尚的思想，使人产生“向上与率真之念”。

高风亮节的陶渊明是一个爱菊成癖的人，他自甘贫穷，洁身守志，不为五斗米折腰，在回归田园后，写下了“结庐在人境，而无车马喧，问君何能尔，心远地自偏。采菊东篱下，悠然见南山，山气日夕佳，飞鸟相与还”的不朽篇章。有学者说：“陶渊明是个极为真率的人，……‘违己交病’是他的口头禅，凡事都顺着性子，做诗也不例外，想说什么就写什么，从来不拿腔作调，真率自然极了。”[①]陶渊明写景状物，率性自然。他能洁身自好与他崇尚自然的诗性情感是分不开的。他热爱生活、热爱生命、热爱自然，诗中静谧的田园风光，平凡的农村生活，使人仿佛感觉到了空气的干净，大地的新鲜，如出水芙蓉一般的一尘不染，从而产生一种光明愉快的超脱。诗人得自然之妙趣，张之于意，出之于言，创造出一个有诗意的世界。这样的诗境怎能不令人惊奇和爱慕呢？有人称陶渊明为“六朝第一流人物”，当不为过。他的诗能在平淡中显奇趣，出于他诗性的率真之情。宗白华称赞他的诗“真气扑人”，他将道德的灵魂建筑在热情与率真之上，率真是他伟大人格的根基，所以其作品才有深入人心灵的影响力。

张世英说：“陶渊明的诗：‘采菊东篱下，悠然见南山，山气日夕佳，飞鸟相与还。’这里似乎都不过是说的一些自然景象，但实际上陶

① 高海夫主编：《中国文学史话》，未来出版社 1998 年版，第 128 页。

渊明不是为了简单地描写自然美,这幅景象是诗人与自然合一的整体,它已化成显现‘真意’(‘真理’)的艺术品。‘此中有真意’,就是说,秋菊、东篱、南山、飞鸟之类所敞开的世界,是一个美的、有诗意的世界,是一个艺术品,而此美、此艺术品又显现着最真实、最本然的东西。……陶渊明所说的‘真意’,可以说是一种艺术的真实、审美意义的真实。……在真正的诗人和艺术家面前,顽石会为之‘点头’的。”[①]诗意德育应该培养学生的这种真率之情,使学生从草木花卉、日月星辰、高山流水、蓝天白云中得自然之理趣,表个性之真率。从而在道德修养上,不再心口不一、言行不一,不再流于虚伪的“挂榜修行”。[②]

陶渊明对菊花有很高的评价:“芳菊开林耀,青松冠岩列,怀此贞秀姿,卓为霜下杰。”诗中称赞了菊花的坚贞卓绝的品格。自陶渊明之后,咏菊之风日盛,袁崧、刘禹锡、白居易、元慎、黄庭坚、郑板桥、袁枚等等都有传世之作,在此不一一列举。

诗性的陶冶不同于理性的建构。在诗意德育中,诗情不是说理的手段,相反,说理倒是为了这种诗情服务的。张世英说:“人们都异口同声地说:‘人是理性的动物’,‘理性象征人的尊严’。我以为,我们还应该补充一句:‘人同时也是一种超理性的存在,超理性的存在象征人的最高价值’。”[③]超理性的诗情赋予人以最高的价值,例如,文天祥的《正气歌》与他的人格交相辉映,正是由诗情所产生的“天地正气”,使他的人格具有了最高价值。在这种诗性人格面前,理性已经显得“失语”了,理性的语言难以描述。“单纯说理,总会有普遍性的模式

① 张世英:《进入澄明之境——哲学的新方向》,商务印书馆1999年版,第205—206页。

② 明代洪应明针对当时作伪的“道学家”,曾有过这样一番嘲讽:“口里圣贤,心中戈剑,劝人不劝己,名为挂榜修行。”口与心不一,言与行不一,修行在口头上,“圣贤”成幌子,这是“挂榜修行”。

③ 《天人之际——中西哲学的困惑与选择》,人民出版社1995年版,第304页。

(理由),情理合一,超乎理性之上,就成了有个性、独创性、不可重复性的'神理'。"[①]正是诗情使屈原、陶渊明等等发现了自然的"神理",这种"神理"使他们的人生光明透亮,使他们的独立人格在历史上大放光彩。张世英指出:"诗高于哲学,哲学是为论述诗意境界服务的,理性是为论述超理性的东西(只要不是贬义,叫做神秘的东西亦未尝不可)服务的。"[②]审美的天人合一的诗性境界是人生的最高境界,冯友兰就认为人生的最高境界是"与天地比寿,与日月同光"的天地境界,它高于道德境界;海德格尔认为诗性的存在真理是人生最高的真理,它比科学的真理来得更高、更有价值。如果说,诗高于哲学,那么,诗性就高于理性。这样,教育的最高境界就不是"晓之以理,动之以情"(视说理为目的,视情感为手段),而应该是"动之以诗情,辅之以说理"。"说理"服务于"诗情","说理"最终是要"忘于理"而"入于情"。最高境界不等于唯一境界,诗意德育需要说理教育,并要将人提升到更高的境界(更高境界不是对象化的山一样的观景台,此一观景点高于彼一观景点。如此,仍然处于主客二分的层次。这里的"高"特指一种意境,即入于敞开之境)。

法国哲学家保罗·利科说:"写诗的艺术,不管从功能上讲还是从语境上讲,既不取决于修辞学即辩护的艺术,又不取决于商谈的艺术,也不取决于指责和赞扬的艺术。诗歌并不是雄辩术,它的目的并不是劝说。"[③]诗的目的在于陶冶,而不在劝说,诗意教育亦然。

谈到赏菊,就不能不说被陈毅誉为"诗国盟主"的革命领袖毛泽东。毛泽东的《采桑子·重阳》:"人生易老天难老,岁岁重阳。今又

---

① 张世英:《天人之际——中西哲学的困惑与选择》,人民出版社 1995 年版,第 310 页。

② 张世英:《进入澄明之境——哲学的新方向》,商务印书馆 1999 年版,第 70 页。

③ 保罗·利科:《活的隐喻》,上海译文出版社 2004 年版,第 7 页。

重阳,战地黄花分外香。一年一度秋风劲,不似春光。胜似春光,寥廓江天万里霜。”该词色彩明丽,读之令人奋发。这里,“战地黄花分外香”既是对菊花的称颂,又是对革命战士的称颂。“战地黄花”是指不怕流血牺牲、冲锋陷阵的红军战士,正是他们充满天地的浩然正气,才让人感到“分外香”。毛泽东的《重阳》是革命的颂歌,创意新颖,给菊花和重阳节赋予了崭新的时代内涵。这里,诗人与菊花“相互发明”,菊花诱发了毛泽东的诗情,毛泽东又将革命豪情注入于菊花,使花与人(革命者)融为一体,达到了花人难辨、物我两忘、天人合一的审美境界。这一境界,既继承了传统的菊文化,又开出了革命新意。朱德、陈毅都有咏菊诗篇,他们都将菊花赋予了革命新意。诗意德育既要继承传统文化,又要发扬无产阶级革命家们的诗性精神,使学生在“寄情万物,皆以养德”的诗性审美中,创造出更新、更美的诗性文化,使学生成为“极真、极美、极善”的人。这里的“真”是真率的真,“美”是光明的诗性美,“善”是自然而然的善(超于“应当”又合于“应当”)。

诗意德育应该使学生通过中国诗性的文化陶冶,成为具有诗意的人。诗意德育要培养学生的“诗意诗境”。有此“诗意诗境”,学生在菊花盛开的金秋时节,在天高云秀之处,就会去寻找菊之神韵,在爱菊、赏菊、敬菊、赞菊中,陶冶情操,尽享生命之乐趣。教育的最高境界为美的境界,这种美就是诗性之美。

第五节　以兰养德

最早记载兰花的是《易·系辞》的“同心之言,其臭如兰”,意思同心同德的人发表一致的意见,说服力强,人们就像嗅到芬芳的兰花香味,容易接受。历史上兰花被誉为“香祖”、“国香”、“王者香”。宋代黄庭坚说:“士之才德盖一国,则曰国士;女子之色盖一国,则曰国色;兰之香盖一国,则曰国香。”说明文人雅士对兰花的珍爱,兰香渗入到人们精神世界里,世代承沿。

从兰花中看人生哲理,可借用英国诗人布莱克的《天真的预言》的诗句:“一沙一世界,一花一天国,君掌盛无边,刹那含永劫。”中国人的以兰养德,以兰陶情,所展示的就是“一花一天国”的诗意境界。本节以传统文化的爱兰为例,谈“寄情万物,皆以养德”的诗性教育。

首先,“寄情万物,皆以养德”是要让一山一水、一草一木、一花一石都能现出一段“诗魂”,启示一个“境界”。孔子的“山水仁智”是将自然人格化,从自然中领悟人生道理,寻找表现自己道德理想的情感载体。在德育史上,将德性比附于兰花,最早源于孔子。《琴操·猗兰操》记载:“孔子自卫返鲁,隐谷之中见香兰独茂,喟然叹曰:‘芝兰当为王者香,今独与众草为伍。’”兰花多生于幽谷丛林,与野艾莠草杂居,孔子赞美兰花有“王者之香”。孔子的“故日与善人居,如入芝兰之室,久而不闻其香,即与之化矣;与不善人居,如入鲍鱼之肆,久而不闻其臭,亦与之化矣”[①]的比喻,是关于环境对人格影响的最形象的说明。孔子最早赋予兰花以崇高的德性象征意义,使兰花成为“君子花”、“人格花”。

孔子开创了诗教,在他的“兴于诗”的德育思想中,他不仅以兰比德,而且以玉比德、以松比德、以山水比德……在可兴可观、可群可怨的诗教中,他的德育如坐春风,他的人格神采如虹,永远映现在后世爱美的人们的心里。

今天的德育要提倡诗性德育、提倡自然化教育。所谓“自然化教育”就是使人格自然化,使学生的人格从大自然中受到熏陶。而要使学生具有孔子以兰喻德这样的修养风格,就要使学生热爱自然,欣赏自然,如宗白华所说“直接观察自然现象的过程,感觉自然的呼吸,窥

① 《孔子家语·六本》。

测自然的神秘,听自然的音调,观自然的图画。风声、水声、松声、潮声,都是诗歌的乐谱。花草的精神,水月的颜色,都是诗意、诗境的范本”。[①] 使学生的思想游泳于诗境中,“一沙一世界,一花一天国”,从而使学生发现自然无往而不美,使学生主观的生命情调与客观的自然景象交融互渗,让学生从大自然中发现人生的真谛。如此,教育就会有蓬勃无尽的灵感气韵。

今天的诗意德育应该有寄情万物的修身养性,教师的教与学生的学都不应该是应试的“烦忙”。教育中枯燥乏味的教和呆读死记的学,必然使学生一听到(应试教育方法上的)“德育”二字就倍感头痛(当今但凡受过教育的人都或多或少患过这种头痛病),这种教育不仅使学生消化不良,而且灵性全失。

其次,“寄情万物,皆以养德”是要培养率真之人。教育,千学万学学做真人。“山水仁智”般的爱美、爱自然的态度可以陶冶出真性情、真血性的人,屈原就具有这种“真”。战国时代的伟大的爱国诗人屈原与孔子一样爱兰、赏兰。他在《离骚》、《九歌》、《九章》等许多诗篇中,都有自己是如何“滋兰”、“培兰”、“纫兰”的诗句,他对兰花寄托了无限深情:“余既滋兰之九畹兮,又树蕙之百亩。”有学者认为,在历史上屈原可能是最早的植兰者。他以兰为友,将兰作为佩物,以表示自己芳草自洁的情操:“扈江离与辟芷兮,纫秋兰以为佩。”兰花常青、幽香、高雅的品格,成为屈原人格的象征。

张世英指出:“屈原怀瑾握瑜,宁赴常流而葬乎江鱼腹中,其爱国主义情操实源于他的合物我于一体的崇高力量的闪现,非简单的道德观念所能涵盖。”[②]他还说:“审美意识的天人合一,其核心在于情感的

① 保罗·利科:《活的隐喻》,上海译文出版社 2004 年版,第 20 页。

② 张世英:《进入澄明之境——哲学的新方向》,商务印书馆 1999 年版,第 246 页。

真挚,真正的诗人都是最真挚的人,其活动不是出于应该,而是出于自然的真挚,故有许多诗哲不言道德而自然合乎道德。"[①]屈原的人格之真是一种诗性之真,诗情使他的人格与兰花"相互发明",他将自己的思想情感贯注于兰花,兰花的严冬不凋、芬芳高洁的品格启示着他的人生进入了高远圣美的境界。

诗情能养育出率真之情,不仅孔子、屈原的人生印证了这个道理,而且后世历史上的人格陶冶不断地印证了这个道理。达到了物我合一、天人合一的诗性境界的人,其人生境界高于道德境界(进入了冯友兰所说的审美的"天地境界"),但又包含着道德境界;其人生不仅超越了"应当",而且合于"应当"。这种人的义举、善举不是出于简单的"应当"(你应当做什么),而是来自于趣味高超的诗性审美。

诗心使人格自然化、自然人格化,使人欲做"一枝兰、一株菊、一朵梅、一根竹、一棵松"……它使人与兰、与菊、与梅、与竹、与松浑然一体,从而幻现出层层世界(一花一世界)、幕幕人生(诗性的人生)。历史上这些"世界"(如陶渊明的"采菊东篱下,悠然见南山"的菊的世界)和"人生"(如陶渊明不为五斗米折腰的人生)能大放异彩,光彩照人,源于他们酷爱自然所萌发的诗性的真情实感。他们对山水草木的酷爱是发乎自然的,他们的人格陶冶也是效法自然的,他们将自然人格化、人格自然化所达到的善美合一的境界也是自然而然的(没有一点虚假)。这种"真"是理性语言所不能概括,科学公式所不能表达的,它是艺术化人格的"真"。诗性的真情"如水行山谷中,行于其所不得不行,止于其所不得不止",一切自然而然。

如果德育仅仅停留在教科书上,使教育像灌输科学知识那样灌输

---

① 张世英:《天人之际——中西哲学的困惑与选择》,人民出版社 1995 年版,第 241 页。

抽象的教育原则，教育仅仅是为了使学生记住教科书上的每章、每节的知识点、甚至每个名词解释，使学生从纯粹认知层面上掌握抽象原则。那么，这种教育除了“应试”有效外，学了等于白学。这种教育使人情感空虚，言不由衷，令人“味之必厌”。传统德育“德得”相通：“德者，得也。”传统德育是要使人在人格涵养上有所得。在今天的德育中做到“德得”相通，就需要自然的教育，使学生在天地大课堂中有所悟、有所感。

第三，“寄情万物，皆以养德”是要培养学生“判天地之大美”的能力，从而美化生活、美化人格。宗白华说：“人生欲完成自己，止于至善，实现他的人格，则当以宇宙为模范，求生活的秩序与和谐。”[①]宇宙的秩序与和谐是生活的秩序与和谐的基础。古人说：“天之生物也有序，物之既形也有秩。”在古人看来，宇宙的时空就是有秩(空间)序(时间)的、和谐的。天地之大美是生活美、人格美的基础。海德格尔说：“人，诗意地栖居在大地上。”传统德育就是从“寄情万物，皆以养德”的艺术审美中，寻找心灵安居之所，从而使人在大地上诗意地栖居。

孔子与屈原从兰花中找到了人生(人格)的诗意栖居之所。此后，人们不断地找寻这种栖居之所。唐代的陈子昂有“兰若生春夏，芊蔚何青青”，明代的张羽有“能白更兼黄，无人亦自芳”，北宋苏轼有“可能不作凉风计，护得幽香到晚清”，南宋的朱熹有“生无桃李春满面，名在深山处处香”，现代爱国将领张学良有“常绿斗严寒，含笑度盛夏”，现代文学巨匠鲁迅有“椒焚桂折佳人老，独托幽岩展素心”，现代革命家朱德有“纵使无人见欣赏，依然得地自含芳”，陈毅有“只为馨香重，求者遍山隅”。在兰的背后有一片陶冶人格的诗性海洋。中国文化不仅有兰的海洋，而且有菊的海洋、竹的海洋、松的海洋……传统文化“寄

① 宗白华：《艺境》，北京大学出版社1999年第3版，第68页。

情万物,皆以养德”,使一花一草、一树一石、一山一水都负荷着无限深意,使诗性的道德精神弥漫天地。

有“道德”而无“美德”不是上乘的道德,有理性而无诗性不是上乘的教育。今天,我们应该把德育重新建立在传统诗性文化的热情和率真之上。愿诗意德育的教室成为“兰室”(使学生有春风满室之感),教师有“兰言”(话语中透露着诗性的芳香),文章成为“兰章”(有闪耀的诗性智慧),学生的思想品德有“兰质”(有芬芳高洁的兰心),教育的同仁成为“兰友”(共同弘扬诗性传统)。

第六节　以莲托志

莲花,又称荷花,它是生于水中的多年草本植物。民间有“春兰、夏莲、秋菊、冬梅”之说,在中国人的心目中,莲是夏季之花。在仰韶文化的遗址中,就有距今五千年以上的莲子实物。在历史上,高人雅士多爱莲花,《诗经》中有“山有扶苏,湿有荷花”的诗句。屈原在《离骚》中有“制芰荷以为衣兮,集芙蓉以为裳”的诗句,以此形容自己美行美德。唐朝李白的“清水出芙蓉,天然去雕饰”,使荷花已经具有高洁的形象。唐朝诗人李商隐赞誉荷花曾写下著名的诗句:“世间花叶不相伦,花入金盆叶作尘。唯有绿荷红菡萏,卷舒开合任天真。此花此叶长相映,翠减红衰愁煞人!”诗人描绘出花、叶相映的绚丽,给人以美的印迹。历史上莲花入诗也入画,具有丰富的人文内涵。虽然莲花是人们观赏的对象,但在历史上的相当一段时间,它与比德没有明确的联系。在周敦颐之前,儒家文化在以植物隐喻君子方面,多以松竹梅“岁寒三友”和梅兰竹菊“四君子”来比德。周敦颐之后,以莲花来比喻君子修养的精神,流注人间。

宋明理学开山鼻祖周敦颐平生酷爱莲花,在他到星子任南康知军时,在旧南康府衙东侧挖池种莲。他常邀三五幕僚好友,在池畔赏花品茗,并写下了著名的《爱莲说》,其佳句“出淤泥而不染,濯清涟而不妖,中通外直,不蔓不枝,香远益清,亭亭净植,可远观而不可亵玩焉”成为千古绝唱,他赋予莲以不凡的品质。

莲花生于水土二元世界,它既是佛教的花朵,又是理学的花朵,在文化史上具有神性与人性的双重美感。莲花在佛教里是高洁的圣物,佛经中把佛国称为“莲界”,佛座称为“莲花座”或“莲台”,把寺庙称为“莲舍”,把袈裟称为“莲服”,把和尚行法手印称为“莲华合掌”,把佛的弟子一心向善,天天念佛,称“口吐莲花”。在敦煌、云冈、龙门石窟,有很多以莲花为内容的艺术作品。佛教有“花开见佛性”之说,意思是人有了莲的心境,就出现了佛性。

佛教名著《华严经玄记》说:“莲华有四德:一香、二净、三柔软、四可爱”。又说:“如莲华,在污泥不染,譬法界真如,在世不如世法所污”。这些说法影响了周敦颐。《爱莲说》中“出淤泥而不染,濯清涟而不妖”,寓意君子生活于污尘的环境,不同流合污。《大智度论·释初品中户罗波罗蜜下》说:“比如莲花,出自污泥,色虽鲜好,出处不净。”正是莲花的这种区别于其他植物的特殊生长环境,突显了环境与生长的关系,使“出淤泥而不染”成为历史上人生修身励志的座右铭。人们借莲花喻意,希望人生如莲,净化自我,不受污染,达到清净无碍的境界。

周敦颐写《爱莲说》的一百年后,南宋朱熹调任南康知军,满怀对周敦颐的仰慕之情,重修爱莲池,建立爱莲堂,并从周敦颐的曾孙周直卿那儿得到周敦颐《爱莲说》的石碑拓本,请人刻之于石,立在池边。面对门前清波漪涟的十里荷池,朱熹写下了《爱莲诗》:“闻道移根玉井旁,花开十里不寻常;月明露冷无人见,独为先生引兴长。”他由荷莲的品质想到赞颂荷莲品质的周敦颐的品格。理学从创立之始就与莲花结下不解之缘,理学家对莲花的推崇,在历史上发生了广泛而深远的影响。相传1916年8月16日,孙中山从上海去杭州,各界人士邀请他前往西湖,湖边水面荷花盛开,他折下一朵荷花说:“中国当如此花。”今天在世俗红尘中、在官场宦海里、在物欲和名利面前,“出淤泥而不染”在提醒人们保持着恬淡与宁静的心境上有重要意义,廉者有如莲之洁是廉政建设的喻世恒言。今天在“取物比德”的莲文化影响下,人们栽植荷花、欣赏荷花,许多城市的公园湿地,夏天都有成片的荷花在风中摇曳,让人们欣赏到一幅美丽的荷叶荷花图——“接天莲叶无穷碧,映日荷花别样红”,使人们从中感受到莲花那纯洁无瑕的魅力,产生与莲同洁的人生向往。

在佛家看来,“青青翠竹,尽是真如;郁郁黄花,无非般若”,人世间的一草一木都浸润着佛性的光辉。这与儒家“寄情万物,皆以养德”的修养方法有契合之处。释迦牟尼在灵山法会上,当众人问法时,他不说话,只拿起一朵花。弟子们不解,只有迦叶破颜微笑。这种“以小见大”似的点拨,让弟子从一朵花中领悟一个世界的以有限寓无限的教育境界本身就是诗意境界。叶燮说:“凡物之美者,盈天地皆是也,然必待人之神明才慧而见。”[①]只有具有诗心、诗情的人,具有“神明才慧”的人才能发现自然之美,使心灵受到启迪。

让学生具有“寄情万物,皆以养德”的审美情操,诗意德育要培养学生的“赤子之心”。卢梭说过:人从造物者手里出来都是善良的,经过人的手就变坏了。小孩原本没有那么多的功利追求。笔者一次坐出租车,司机气愤地跟我说:“刚刚下车的老人抱着孙子,他这样与孙子说话:‘你要不好好读书,将来就跟他一样去开出租车!’”这就是经过“人手”的教育。从上小学起,家长间流行的问话恐怕就是“你的孩

① 《集唐诗序》。

子在班上排第几?”在基础教育中隐含着一种“排名文化”,它将小孩带入了功利性的竞争世界。诗意德育要使学生不失其赤子之心。宗白华指出:“西汉刘向的《说苑》里记一段故事说:‘孔子至齐郭门外,遇婴儿,其视精,其心正,其行端,孔子曰:趣驱之,趣驱之,《韶》乐将作。’他看见这婴儿的眼睛里天真圣洁,神一般的境界,非常感动,叫他的御者快些走近到他那里去,《韶》乐将升起了。他把这婴儿的心灵的美比做他素来最爱敬的《韶》乐,认为这是《韶》乐所启示的内容。”[①]孔子认为善就表现在婴儿的纯洁目光中。孔子看重婴儿的目光,老子主张回到“如婴儿之未孩”状态,都是要人们回到非功利性的主客合一状态。王羲之有诗句:“争先非吾事,静照在忘求。”他不愿意争先,在深沉静默的观照中忘记一切尘世的欲求。宗白华认为“静照”是一切艺术及审美生活的起点。他说:“王羲之曰:‘从山阴道上行,如在镜中游!’心情的朗澄,使山川影映在光明体中!”[②]王羲之的静照忘求状态同于赤子之心,它能产生一种诗境的澄明,映照万物。王国维在《人间词话》里说:“词人者,不失其赤子之心者也。”诗人的无我之境就相似于赤子之心的状态。具有“赤子之心”的人能发现事物“无往而不趣”的生机,如此才能产生“寄情万物,皆以养德”的审美情操。

① 宗白华:《中国美学史论集》,安徽教育出版社2006年版,第49页。

② 宗白华:《中国美学史论集》,安徽教育出版社2006年版,第126页。

第七章　比德教育方法(下)

诗性思维从理性的概念性思维、表象性思维中解脱出来,将一切都变得不再平凡和普通。

本章继续谈儒家的比德教育方法,论述以山水比德、以玉比德。最后阐述茧式德育与抽丝德育的不同。

第一节　乐水乐山

明代书画理论家董其昌说:“诗以山川为境,山川以诗为境。”诗心与山川交融,相互发明。在中国文化史上,这种交融与发明谱写了许多动人的篇章。以山水比德始于孔子,孔子钟情于山水,他说:“知者乐水,仁者乐山,知者动,仁者静。”[①]他以山水的动静,比德于仁者、智者的品质。朱熹解释“乐山乐水”的说法:“乐,喜好也。知者达于事理而周流无滞,有似于水,故乐水;仁者安于义理而厚重不迁,有似于山,故乐山。”这里的“有似于”,即是模山范水之“比”(德)的意思。山水仁智都是儒家所追求的。

① 《论语·雍也》。

知者乐水

智者所以乐水？是因为川流不息、千变万化的水的特性能启迪人的心智。《论语》里面提及“水”的地方最有诗意的是“子在川上曰：‘逝者如斯夫！不舍昼夜。’”①孔子从昼夜不停流的水中体悟到人生意蕴，时光像流水那样过往来续、永不停息，君子应该珍惜时光自强不息。

孟子说孔子“观水有术。”②孔子喜欢水，水能让他有所领悟，所以每遇大水必认真观看。《荀子·宥坐》记载了孔子答弟子子贡问水的一段对话：“孔子观于东流之水。子贡问于孔子曰：‘君子之所以见大水必观焉者，是何?’孔子曰：‘夫水，大遍与诸生而无为也，似德。其流也埤下裾拘，必循其理，似义；其洸洸乎不尽，似道。若有决行之，其应佚若声响，其赴百仞之谷不惧，似勇。主量必平，似法。盈不求概，似正。淖约微达，似察。以出以入，以就鲜洁，似善化。其万折也必东，似志。是故君子见大水必观焉。”孔子从“东流之水”中体会出人应遵循的“德”、“义”、“道”、“勇”、“法”、“正”、“察”、“善”和“志”等德性。他以水比德，将人的道德品格与水的自然特征相比拟，使水获得了丰富的社会内涵。以水比德使后世儒者从水中获得了涵泳不尽的精神滋养。

朱熹的《观书有感》：“半亩方塘一鉴开，天光云影共徘徊。问渠那得清如许？为有源头活水来。”这首诗以源头活水比喻学习，只有不断吸取新知识，才能达到心灵澄明。这首“寓物说理”的小诗，从池塘清水中获得灵感，与孔子的君子观水的思想有会通之处。

仁者乐山

仁者所以乐山？《尚书·大传》说：“子张曰：‘仁者何乐于山也？’

---

① 《论语·子罕》。

② 《孟子·尽心上》。

孔子曰：‘夫山者，岿然高，……草木生焉，鸟兽蕃焉，财用殖焉，生财用而无私为，四方皆伐焉，每无私予焉，出云风以通乎天地之间；阴阳和合，雨露之泽，万物以成，百姓以飨，此仁者之乐于山者也。’”山的博大丰厚是仁的象征。儒家的仁者乐山有以下两个突出表现：

首先，仁者乐山表现为以高山比喻崇高的道德人格。儒家的“比德”是“比兴”的发展(有学者认为，在先秦以前的诗歌中，山水景物起着“比”、“兴”作用，从晋代谢灵运开始，自然山水才开始作为真正的、纯粹的审美对象而出现)。在《诗经》中就有“比兴”的方法。例如，《小雅·节南山》：“节彼南山，维石岩岩；赫赫尹师，民具尔瞻。”这首诗中将尹师的显赫威严借南山的积石来表现，南山积石高峻难以攀登，以此隐喻尹师的威严显赫而民不敢接近。“比兴”的艺术思维方式远古即有，孔子从诗性思维上将此方法加以总结，并运用于德育，形成了“比德”的教育形式。在《论语》中就看到学生以高山难以攀登来形容孔子的高大形象，以彰其美的比德方法。孔子的学生颜渊曾经这样感叹跟孔子学习：“仰之弥高，钻之弥坚，瞻之在前，忽焉在后。夫子循循然善诱人，博我以文，约我以礼，欲罢不能，既竭吾才，如有所立卓尔。”[①]意思是说：老师的学问道德，我抬头仰望，越看越觉得高，我深入钻研，越钻研越觉得深，看看好像在眼前，忽然又觉得在后面。老师善于一步步地诱导人，他用文献丰富我的知识，用礼节约束我的行为，我想停止前进而不可能，直到竭尽我的才能。好像有个高大卓越的东西立在面前。颜渊以高山比附老师人格，表达了对孔子高尚品德的仰慕之情。《史记·孔子世家》的文末：“太史公曰：《诗》有之：‘高山仰止，景行行止。’虽不能至，然心向往之。余读孔氏书，想见其为人。”意思是：孔子的道德与学问像高山一样令人瞻仰，像大道一样让人遵

① 《论语·子罕》。

循。其人格境界虽然达不到,但永远令人向往。司马迁对孔子的比喻与颜渊的比喻一脉相承。“山为地之胜”,在儒家心中,山岳高耸,直入云霄,象征着君子人格,反映了儒家文化对豪迈雄奇的个性和壮阔的精神人格的向往,借用宗白华的话说:“美之极,即雄强之极!”

其次,仁者乐山表现为以登高望远隐喻远大抱负。东岳泰山居于“五岳独尊”的地位,有拔地通天、雄风盖世的气派。胡晓明在《万川之月》一书中阐发了孔子的“泰山之志”:“《孟子·尽心》载:‘孔子登东山而小鲁,登泰山而小天下’。孟子的言辞非常简单,但是它所涉及的思想远远超出于这两句言辞之外。反复不断地吸引后代诗人的,乃是这一言简意赅的片断之中表现着的孔子生命情调。虽然,具体的历史场合、情景,已经茫然无考,但是后人至少可以了解:孔子一生中曾两次离开鲁国,第一次是去当时的东方大国齐国,宣传他的政治主张;第二次是鲁定公对孔子产生了不信任,于是他带领弟子们,开始周游列国,汲汲于实现自己的政治理想于天下。因而,‘登东山而小鲁,登泰山而小天下’所表现的心态,具有向上伸张的精神欲求,是孔子的远大抱负、精进生命的一种象征。

“《论语·为政》记孔子语:‘吾十五而志于学,三十而立、四十而不惑、五十而知天命……’正是孔子一生这种境界的自白。不断精进,奋力向上,孔子的泰山之志,作为他的生命历程与精神境界的一种感性显现,构成儒学有关生命存有型态深刻的内涵。《易经》所谓‘天行健,君子以自强不息’,孟子所谓‘浩然之气,充塞于天地之间’,均与孔子的‘泰山之志’具有精神上的相似之处。”①

进而胡晓明指出:“唐玄宗开元二十四年(763年),孔子死后一千

① 胡晓明:《万川之月——中国山水诗的心灵境界》,北京大学出版社2005年版,第77页。

多年,青年诗人杜甫来到泰山,写下《望岳》:‘岱宗夫如何? 齐鲁青未了。造化钟神秀,阴阳割昏晓。荡胸生层云,决眦入归鸟。会当凌绝顶,一览众山小。’”“与其说杜甫写泰山,不如说诗人借泰山之雄与高,写其‘登泰山而小天下’的精神志向。”[①]此后的历史上有许多登高望远的诗句。孔子的泰山之志,使泰山在中国文化中有特殊地位和影响,所谓“山莫大于泰山,史亦莫古于泰山。”人们把泰山看作伟大精神的象征——泰山天下雄。“重如泰山”、“稳如泰山”、“泰山北斗”等具有哲理意识的成语深入人心,“会当凌绝顶,一览众山小”的诗句激发人们的进取精神。

毛泽东的《念奴娇·昆仑》:“而今我谓昆仑:不要这高,不要这多雪。安得倚天抽宝剑,把汝裁为三截? 一截遗欧,一截赠美,一截还东国。太平世界,环球同此凉热。”诗篇中塑造了一个顶天立地、挥斥方遒的巨人形象,该诗与“一览众山小”精神相通。

从孔子的“泰山之志”到毛泽东的《念奴娇·昆仑》,在两千多年的历史文化中,陶冶出了中国人特有的登高体验,在登览、高瞻、远眺中生发出高远的空间意识和无止境的人生追求,激励人们攀登事业高峰的进取之心。

继孔子的“乐山”之后,历史上留下了无数“乐山”的诗词。李白《独坐敬亭山》:“众鸟高飞尽,孤云独去闲。相看两不厌,只有敬亭山。”诗人与敬亭山相对而视,脉脉含情。辛弃疾的《贺新郎·甚矣吾衰矣》:“我见青山多妩媚,料青山见我应如是。情与貌,略相似。”诗人与青山互观互赏,诗人不仅觉得青山“妩媚”,而且觉得青山以词人为“妩媚”。这与李白《敬亭独坐》中的“相看两不厌”如出一辙,表达了

---

① 胡晓明:《月印万川——中国山水诗的心灵境界》,北京大学出版社 2005 年版,81 页。

诗人对青山的喜爱。古人不仅以山入诗,以山入文,而且以山入画,使“乐山”文化得以发扬光大。

有学者指出:“释迦牟尼在菩提树下修得正果,显然是受到大自然的启示。为了排除世间的干扰,佛教也常常在清幽静谧的泉林之下寻觅净土,故而名山大川均为佛、道两家的栖息之地。”[①]在历史上,不仅儒家“乐山乐水”,而且佛、道两家都善于在山水之美景中获得启迪。儒、道、释三家共同创造出丰富多彩的名山文化,滋养着中国人的心性。宗白华指出:先人“因山就水,度其形势,创造适合的建筑物,表达出山水的风格,以人为的建筑结构显示出山水的精神灵魂,有画龙点睛之妙。”[②]在山水中的古代建筑蕴含着一种与大自然相融合的美学,它讲求自然背景的调适,使建筑与山水交互融通,建筑凸显自然之美。

行文至此,笔者联想到了理性哲学家黑格尔,他从开始建构自己的哲学体系之后,就推崇理性,以至于大自然引发不了黑格尔的美感,他认为精神高于自然。他在游览阿尔卑斯山时在日记中写道:“无论是眼睛还是想象力,都不能够在这些奇形怪状的大土堆上找到什么可以赏心悦目的,或者可以消遣消遣的。……也没有发现一点什么可以使它铭记不忘,使它不得不表示惊讶或赞叹的。凝望这些永远死寂的大土堆,只能使我得到单调而又拖沓的印象:如此而已。”[③]终年积雪、巍峨庄严的阿尔卑斯山,不但激发不了黑格尔的诗情,而且使他感到压抑。过于推崇理性,人就可能成为一架没有生活情趣的冷酷的理性分析机器,如果我们的学生把美丽的山河看作“死寂的土堆和水坑”,即使他们有着发达的理性,但在精神上却是贫瘠的。所以教育既需要

---

① 孙炎、李红春:《儒释道背景下的唐代诗歌》,昆仑出版社2003年版,第66页。

② 《宗白华全集》(第2卷),安徽教育出版社1994年版,第185页。

③ 转引阿尔森·古留加:《黑格尔小传》,商务印书馆1978年版,第21页。

理性之思又需要有诗性之思。

第二节　山水可居

宋代的郭熙论山水画说:“山水有可行者,有可望者,有可游者,有可居者。”中国的建筑与园林就体现了山水可居的特点。从中国文化土壤上孕育出来的建筑与园林艺术,有着“郁郁乎文哉”的审美情趣。

在这种审美关系中,人与窗户的关系不是这样的关系:“知觉之客体是那里的窗户,对窗户的知觉之关系显然表达的是这样一种关系:在其中现成的那里的窗户对主体的我(这个我作为现成在这的人)持立。于是,随着这一现成的对窗户的知觉,就建立了两个存在者之间的(也就是现成客体与现成主体之间的)一种现成关系。”[①]这是海德格尔所指出的一种主客体关系式样。

宗白华说:“明代人有一小诗,可以帮助我们了解窗子的美感作用:一琴几上闲,数竹窗外碧。帘户寂无人,春风自吹入。”[②]窗与竹结合成一幅饶有风趣的画。宗白华说,从窗子中望出去,望到了一个境界。传统建筑当窗种植的设计,使窗子有如画框,不仅能装进竹子,而且能装进梅花(有一窗梅影之说)等等。仅从这窗子,人们即可以小观大。窗子自构了一个世界,引人精神飞越。从窗子中(数竹窗外碧)看出深邃的意境,产生了一个内在自足的境界。此种意境超越了主客体关系。

郑板桥在题《竹石》诗中说:“十笏茅斋,一方天井,修竹数竿,石笋数尺,其地无多,其费亦无多也。而风中雨中有声,日中月中有影,

---

① 海德格尔:《现象学之基本问题》,上海译文出版社2008年版,第73页。

② 宗白华:《天光云影》,北京大学出版社2005年版,第272页。

诗中酒中有情,闲中闷中有伴,非唯我爱竹石,即竹石亦爱我也。彼千金万金造园亭,或游宦四方,终其身不能归享。而吾辈欲游名山大川,又一时不得即往,何如一室小景,有情有味,历久弥新乎?对此画,构此境,何难敛之则退藏于密,亦复放之可弥六合也。”他的那些深得竹子风韵风骨的诗作和画作与他的院落布局的风格相通,院内的竹连着广袤的宇宙空间,在有限中表达着无限,使小我通达天地。郑板桥的“十笏茅斋”是一个颐养自己真性情的小园林。

园林是一个寄情遣兴的艺术园地,中国的园林艺术是经过长期对自然的领悟和造园实践的体会而形成的,它融入了儒、道、释的哲理,渗透着诗性智慧,成功地把美作为美来表现。东晋简文帝到华林园,与随从人员说:“会心处不必在远,翳然林水,便有濠濮间想也,觉鸟兽禽鱼,自来亲人。”这说明中国园林的情意深厚,山石草木都注入了设计者的情感,从而启迪着观赏者的联想,给人以人与天调之感。以竹石为主体的个园也有这种意境,竹石景观源于自然,高于自然,体现着天人合一的境界。它是一个诗意浓、意境深的园林,蕴含了造园者的人生态度,阐发着设计者对竹石的理解和感悟。

个园在扬州东关街,原为明代画家石涛故居寿之园旧址,据传清代嘉庆、道光年间两淮大盐商黄应泰在此旧址上修建为住宅花园。它经过很多代人的努力营造与传承,园中竹文化,源远流长。清代钱泳在《履园丛话》中说:“造园如作诗文”。中国园林离不了中国诗文,个园内植竹万竿,园名取苏轼“可使食无肉,不可居无竹;无肉令人瘦,无竹令人俗”的诗意,以示主人不俗。又因竹叶的形状很像“个”字,清袁枚有“月映竹成千个字”,故名“个园”。园门石额上刻“个”字,形如三片竹叶。个园取“竹”中之“个”,还有“独一无二”之意。园内的翠竹在诗意中显情味。个园之“个”隐喻“竹”,“竹”又隐喻人。个园的魅力在“似与不似”的诗性之间,令人无限遐想。个园“虽由人作,宛自天开”,

宋代的郭熙论山的画法,说:"春山淡冶而如笑,夏山苍翠而如滴,秋山明净而如妆,冬山惨淡而如睡。"个园顺时针循环布置的四季假山,幻化出春夏秋冬四季景色,表达出了这种画意。"烟花三月下扬州",每逢此时,个园中游人如织,人们纷纷在春夏秋冬之间来往。"片山有致,寸石生情",游人若能有见微知著的诗性智慧,入此画境,入此诗境,情景交融,不就达到了物我合一、天人合一的人生至高境界了吗?个园能成为中国四大名园之一,在于它能激发人丰富的历史文化联想和提高人生品味,景有尽而意无穷。

然而,在个园中能产生丰富的历史文化联想的人,必须是懂得我们民族文化的人。不识中国字的人,就无法欣赏个园名称中的"竹"中之"个";识中国字不知中国竹文化的人,就无法欣赏竹的风骨、竹的寓意;识中国字、知竹文化的人,没有诗情、诗心,就达不到"其身与竹化,无穷出清新"的境界,就不能丰富这种竹文化、与时俱进地创造出更新更美的竹文化。识中国字、知中国竹文化、有诗情、诗心的人在个园才能产生"景中全是情,情具象为景"的意境。在德育中继承传统的诗意德育要使学生了解中国的诗性文化,使学生在诗性文化中受到陶冶。

第三节　君子贵玉

玉是色泽丽润、质地细腻的天然矿石。在中国传统文化中,玉颇受青睐,它启迪着中国人的玄思,成为人们对美好生活的一种向往和追求。从玉的汉字约有500个,人们对许多美好事物的描述,都有"玉"字。例如,"二十四桥明月夜,玉人何处教吹箫"、"金口玉言"、"玉洁冰清"、"金枝玉叶"、"玉树临风"、"抛砖引玉",等等。中国的玉文化包含着丰富的人文精神和伦理道德观念,玉是德的"载体",是君子的化身。"以玉比德"是中国诗性德育的一个重要专题,它展示的是东方神韵。今天的德育应该继承这一优美的精神传统。

孔子创立了"比德"的道德修身方法。"比德"一词出现于《荀子·法行》中,原文记载着子贡问孔子君子为什么贵玉?孔子回答说:"夫玉者,君子比德焉。温润而泽,仁也;栗而理(有秩序有条理),知也;刚坚而不屈,义也;廉(棱角)而不刿(割伤人),行也;折而不挠,勇也;瑕适(美好)互见,情也;扣之,其声清扬而远闻,其止辍然(犹戛然),辞也。"在孔子看来,玉所具有的自然属性可以象征君子的仁、知、义、行、勇、情、辞七种德行。在比德的诗意德育中,孔子特别推崇玉。这样,玉作为装饰品对于美化生活、激发道德情感起着不可忽视的作用。

《诗经·卫风》的一首诗中写道:"有匪君子,如切如磋,如琢如磨。"切磋琢磨是制作玉器的方法:先要开料(切),再行粗锉(磋),接着雕刻(琢),最后磨光(磨),然后才能成器。意为君子要经历磨练。《论语》引用《诗经》的诗"如切如磋,如琢如磨"来形容道德修养要层层递进,精益求精,这使道德生活方式成为无止境地追求美的生活方式。遽伯玉是孔子时代的人,卫国有名的宰相。他回顾自己一生的修养时,说他在二十岁的时候,已经能觉察到前日所做的不是,而把它都改掉了。到了二十一岁,才知道自己以前所改的还没有完全改尽。乃至二十二岁,回顾二十一岁,还像在梦中糊涂过日,错误不少。这样,他年复一年,年年改过,到了五十岁的时候,还认为四十九年来所做的不对。所以有"吾年五十方知四十九之非"的古时道德修养的著名话语。遽伯玉的改过就是一个"切磋琢磨"的过程。在《李宗仁归来》一书中曾有过大致这样的一段话:假如时间可以颠倒,假如每个人不是从一岁向八十岁去生活,而是从八十岁向一岁去生活,那么,在我们这个地球上将会有二分之一的人类成长为伟人。遗憾的是时间并不能颠倒,每个人必须由一岁向八十岁去生活。不能颠倒是无奈的遗憾,正是这种"遗憾"使人从一岁到八十岁都有不断改过问题,甚至可以说,对善于反省的人“八十方知七十九之非”。他能以今日之我非昨日之我,“从前种种,譬如昨日死。从后种种,譬如今日生”。如此舍旧图新,就像一个制作玉器的过程。《三字经》上说:“玉不琢,不成器”。这已经成为今天塑造人才的箴言,它与《论语》中“切磋琢磨”的思想相吻合。玉料只有经过雕琢,其价值才能体现出来;人只有通过艺术化的修养,才能使人生优美光明。

传统人生修养要求人们用玉的品格规范自己,使自我的情操能像玉那样纯洁无瑕,其典型的说法是“守身如玉”。关于守身如玉,在历史上有两个经典故事:

一是春秋时期,宋国有个人在开山时,发现了一块罕见的宝玉,他要将它送给掌管工程的大臣子罕。子罕婉言谢绝:“我以不贪为宝,尔以玉为宝,若以与我,皆失宝也。”

二是公元550年,北朝东魏的丞相高洋篡夺帝位,建立北齐。为了保住皇位,高洋对元氏旧臣大加剿伐,元景安为了保全性命,串通几个人向高洋请求将自己的元姓改成高姓,以讨高洋的喜欢。元景安的堂弟元景皓知道后十分气愤,他说:“岂得弃本宗,逐他姓,大丈夫宁为玉碎,不能瓦全。”

这两个故事都是借“玉”来磨练自己的人格:前者不贪,从而使自己的人格像无瑕的美玉,熠熠生辉。后者宁死不屈,即使牺牲也要“玉洁冰清”。今天在诗意德育中这种讲清廉和重气节的“守身如玉”精神仍然需要大力提倡。

只有诗性的艺术化眼光,才能欣赏到玉的美。马克思指出:“贩卖矿物的商人只看到了矿物的商业价值,而看不到矿物的美和特性。”[①]在商人的功利性眼光中,玉仅仅是矿石。不可否认,在市场经济

① 《马克思恩格斯全集》(第42卷),第126页。

社会中，一个商人若看不到矿物的商业价值是无法生存的。但他不能仅限于此，否则，他就欣赏不到玉的美。当他把这种商业眼光泛化到一切生活领域，他就成了一个被金钱欲所支配的异化了的人。目前在一些学生中出现的金钱至上、拜金主义现象，有的人放弃了精神理想和道德原则。德育要克服这种倾向，不能就道德而论道德，不能单凭道德说教，还应该提高学生的审美修养。美学家宗白华指出：发现美，“我们的感情是要经过一番洗涤，克服了小己的私欲和利害计较。矿石商人仅只看到矿石的货币价值，而看不见矿石的美和特性。我们要把整个情绪和思想改造一下，移动了方向，才能面对美的形象。”[①]要使学生欣赏到玉的美，就要使他们“情绪和思想移动方向”：从唯功利境界上升到审美境界，这本身就是道德教育。

只有了解了中国文化，才能引发人们以玉比德的联想。冯友兰曾以一首唐诗为例，说明了这种看法：“寒雨连江夜入吴，平明送客楚山孤。洛阳亲友如相问，一片冰心在玉壶。”这是一首脍炙人口的唐诗。冯友兰指出：“冰心玉壶”，对于中国读者来说只能意会，不可言传。冰玉二字联用，可以引起中国人“玉骨冰肌”、“冰清玉洁”等联想；“玉”字能引起“玉润”、“玉颜”、“君子之德”等联想。若翻译成外文，“玉”只是矿石，以上丰富的历史联想荡然无存。冯友兰问道：试问不认识中国字的人，如何能欣赏这首诗？认识中国字而不是涵泳在中国思想的传统里的人，如何能了解“玉”的意义？[②] 中国自古就有以玉比德的传统，所谓“古之君子必佩玉，君子无故，玉不去身”。今天，我们谈玉与修身，并不是让人们都去买玉、佩玉，而是要在市场经济中提倡“守身如玉”的社会风气。然而，要培养德操似玉的良好风尚，就必须要使人

① 《宗白华选集》(第1卷)，天津人民出版社1996年版，第240页。

② 转引侯敏：《有根的诗学——现代新儒家文化诗学研究》，上海人民出版社2003年版，第54—55页。

们了解中国的传统文化。钱穆曾劝青年回报文化传统,他说:“植根不深,则华实不茂;膏油不滋,则光彩不华。”[①]诗意德育要植根于中国的传统文化之中,要使人们热爱传统文化,敬重传统文化。而要达此目的,就要使人们了解玉文化和以玉比德的传统。

儒家的以玉比德,使中国传统人生修养走上了艺术化的人生修养道路。以玉比德含有一个重大的教育思想:让人生成为艺术品!在19世纪20年代,宗白华就继承了儒家德育思想,“重提”了艺术化的人生。在艺术化的人生中,宗白华特别推崇玉的人格。他说:“玉的美,即‘绚烂之极而归于平淡’的美。可以说,一切艺术的美,以至于人格的美,都趋向玉的美:内部有光彩,但是含蓄的光彩,这种光彩是绚烂,又极平淡的。”[②]中国的理想人格都有这种美:既伟大又朴实;既绚烂又平淡。仅以当代为例,今天的雷锋、焦裕禄、孔繁森都达到了这种人格的高度。

宗白华认为,人生的艺术创造与一般的艺术品创造是不一样的,前者是“动”的创造,艺术化的人生是活动的、前进的;后者是“静”的创造,一般艺术品被创造出来后大多都是固定的、静止的。从这种区别上可以说,人生的艺术创造是最伟大的创造,最伟大的艺术家就是把自己的生活、生命作为艺术材料来创造的艺术家。人就是艺术品本身,他等待着被创造,这种教育使人生修养和艺术审美浑然交融,这是最美好的教育!

以玉比德不用一个既定的模式要求人,而是像对待玉石那样,将人作为一个不定型的、具有可塑性的存在,去不断地雕琢它、创造它。玉可以雕琢成各种形态:仅从玉饰上说,就有珠串、手镯、戒指、项链

---

① 侯敏:《有根的诗学——现代新儒家文化诗学研究》,上海人民出版社2003年版,第7页。

② 宗白华:《天光云影》,北京大学出版社2005年版,第144—145页。

等等。它们又可以具体分为许多种类,例如,仅珠串就有平串、宝塔串、异形串、随形串等等。玉的款式可以不断翻新;人也像玉料一样没有一个固定不变的、先天的自我。人的这块"玉石"不是消极的、被动的、等待着工匠或外在力量塑造的东西,这块"玉石"的塑造是自我的"动"的塑造,就像儒家文化所倡导的"做新民",其雕琢是"苟日新,日日新,又日新",用一生的修养艺术化地创造出光彩照人的新人格。历史上的子罕、元景皓还有孟子、范仲淹、文天祥等很多历史人物经历过了这种雕琢,今天的雷锋、焦裕禄、孔繁森等许多模范人物也经历过了这种雕琢。这些"玉石"经过雕琢都向人们展示了别具一格的"极新极美"的人格形态。创造一个美的自我,将人生作为艺术品来打造,正是儒家以玉比德对今天人生修养的最大启示。

儒家以玉比德铸造了中国人的审美观,这种审美观是以玉为基础的。宗白华说:"玉质的坚贞而温润,它们的色泽的空灵幻美,却领导着中国的玄思,趋向精神人格之美的表现。它的影响,显示于中国伟大的文人画里。文人画的最高境界,是玉的境界。倪云林画可为代表。不但古之君子比德于玉,中国的画,瓷器,书法,诗,七弦琴,都以精光内敛,温润如玉的美为意象。"[①]不仅君子以玉比德,而且中国的艺术与器具都渗透着以玉比德的精神。宗白华说:"我们对最现实的器具,赋予崇高的意义,优美的形式,使它们不仅仅是我们役使的工具,而是可以同我们对语、同我们情思往还的艺术境界。后来我们发展了瓷器(西人称我们是瓷国)。瓷器就是玉的精神的承续与光大,使我们在日常现实生活中能充满着玉的美。"[②]中国被西方人称"瓷国",瓷器

---

① 胡晓明:《月印万川——中国山水诗的心灵境界》,北京大学出版社 2005 年版,第 180 页。

② 胡晓明:《月印万川——中国山水诗的心灵境界》,北京大学出版社 2005 年版,第 180 页。

是玉的精神的发扬光大,从中我们可以看到以玉比德的渗透力,以玉比德的思想与民众的日常生活完全打成一片,以玉比德的魅力在培养民众一种“默而识知”的生活态度。

宗白华指出:“在一个艺术表现里情与景交融互渗,因而发掘最深的情,一层比一层更深的情,同时也透入了最深的景,一层比一层更晶莹的景;景中全是情,情具象而为景,因而涌现了一个独特的宇宙,崭新的意象,为人类增添了丰富的想象,替世界开辟了新境,正如恽南田所说‘皆灵想之所独辟,总非人间所有!’这是我的所谓意境。”[①]比德使客观景物作主观情思的象征,其情景交融所展示的就是这种意境。

从比德上看,艺境有两个方面:一是自然的造化——松等;一是人的艺术的心灵,两者凝合,产生了比德修养方式,这是儒家德育的特异处。宗白华说:“什么是意境?唐代大画家张璪论画有两句话:‘外师造化,中得心源’。造化和心源的凝合,成了一个有生命的结晶体,鸢飞鱼跃,剔透玲珑,这就是‘意境’,一切艺术中心之中心。”[②]从宗白华的意境层面,可以更加深入地理解比德。

第四节　茧式德育与抽丝德育

比德教育方法是一种茧式德育,它与抽丝德育相对应。前者是诗性思维,后者是理性思维。茧式德育与抽丝德育仅仅是一种比喻性说法。茧是一个未分化的整体性事物,抽丝将茧拆解,茧与丝在形态上是两种不同的东西,我们通过这两种形态标画出两种不同的德育。这种对比是古今比较,它要去揭示艺术化德育与科学化德育的不同。比

① 《宗白华全集》(第2卷),安徽教育出版社1994年版,第363页。

② 《宗白华全集》(第2卷),安徽教育出版社1994年版,第238—239页。

较的目的不是厚古薄今,而是提醒德育注意,在科学方法支配教育的今天,不要迷信专业化。德育既需要专业化,又要艺术化。

首先,茧式德育来自艺术性整体思维,抽丝德育来自于科学性的专业分工。

茧式德育产生于古代并流传于现代,它是生活世界的德育,它不以科学上的学科态度对待德育,而是以艺术性的整体思维对待德育。孔子困于陈蔡,以兰比德,在中国后来的历史上出现了人与兰花的对话。这使笔者想起了《论语·子罕》一段记载:孔子想到九夷去居住。有人说,那个地方太简陋,怎么好长住?孔子说:“君子居之,何陋之有?”君子有堂堂正正的道德学问,住到那里,就把光明德性带到了那里,还有什么简陋?!这种道德自信与孔子“困于陈蔡”能以兰比德一样,都源于孔子诗性道德的人格光辉。

什么是艺术作品的作用?海德格尔说:“艺术作品的作用无非就是在享受者那里重新唤起创作者的状态。艺术的接受就是对创作的重新实行。尼采说:‘艺术作品的作用乃是对艺术创作状态即陶醉的激发。’”①孔子的“以兰比德”是德育上的艺术创作,它能给学生带来启迪,在于它能使学生分享创作者的艺术创作状态,学生接受这种德育是处于艺术观赏者的角度而不是知识接受者的角度。艺术就其实质来说是制造美,海德格尔说:“美是在陶醉中展开出来的。美本身乃是那个把我们置入陶醉感之中的东西。”②在孔子的茧式德育中,有一种美的艺术制作,它令人兴奋、愉快和陶醉。由孔子所开创的艺术化德育产生了著名的“孔颜之乐”。这种德育就像一个天然的蚕茧,是一个物我合一、人我交融的和谐统一体。

---

① 海德格尔:《尼采》(上),商务印书馆2002年版,第128页。

② 海德格尔:《尼采》(上),商务印书馆2002年版,第124页。

茧式德育有种混沌的朦胧感,这种德育没有系统化、精确化的学科知识,德育者(不是今天意义上的德育教师)凭借艺术性的、模糊的、直觉的思维来实施德育。这种德育追求恰当的表达,而非精确的表达。胡塞尔说:“从事艺术活动的艺术家通常无法确切地阐述他的艺术原则。他不是根据原则来创作,也不是根据原则来评价。在创作时他听命于他那和谐地构造起来的力量的内在冲动,在评价时他听命于他那出色地培养起来的艺术敏感和情感。”[①]这种情况同样适合于茧式德育的艺术。茧式德育并不追问教育的方法、规律、原理和原则,德育者“艺术地”实施德育。由于茧式德育无章可寻,没有人人都认可的科学原理,它不能成为科学意义上的某某“学”,不能根据学科教育去成批量地培养这种德育教师。

抽丝德育将德育分解,它来自于科学性的专业分工。今天,学术知识生产是专业性生产,任何一门学科都有自己特定的研究对象、范围和区别于其他学科的话语体系。随着高等教育的发展,学院和研究生院的增加,各门知识的迅速积累,理论研究变得越来越专业化。在抽丝德育中,善与美分离。规定着人类态度和行为的东西,因而规定着伦理学的东西是善;规定着人类感情的东西,因而规定着美学的东西是美。当人们以科学的态度对待德育时,德育已经不再以一个未分化的“茧”的面目出现,德育依靠相互分离的学科共同努力来实现。各门学科诸如伦理学、美学、哲学、教育学、心理学、社会学、经济学等等,都可以直接运用于德育,在此基础上还出现了两门学科结合所产生的交叉性学科如教育心理学等等,它们也可以直接运用于德育。这使德育步入了“学科丛林”。然而,这些学科都不能单独实现德育的育人任务。

抽丝德育克服了茧式德育的朦胧感,它追求精确的科学性知识,

① 胡塞尔:《逻辑研究》(第1卷),上海译文出版社1994年版,第6页。

为德育提供规律性、普遍性的知识。例如，一个德育行为，从教师对学生的教育上看，抽丝德育就可以分离出三种关系：价值关系（培养什么人）这涉及到哲学；认识关系（学生的接受的心理如何）这涉及到心理学；操作关系（如何实施教育）这涉及到教育学。抽丝德育依赖于德育规律的认识，这些规律规定了德育实践活动的进程和顺序并决定着已完成的德育活动是否完善的评价标准。抽丝德育是“科学地”实施德育，它有大家公认的科学规律，依据这些规律可以成批量地培养德育教师。抽丝德育培养出了大批的德育专家，使德育领域步入了“资历社会”（专家、教授、硕士、博士）。

今天的德育既应该成为一门科学又应该成为一门艺术。这里的“艺术”不是今天以科学方法研究的艺术，即它不是美学研究对象。说德育应该成为一门艺术，是要在科学思维方式之外，给茧式德育一个“合法的”存在领地。抽丝德育的“分”有一定的局限性。它使原本处于整体状态的德育已经不再是一个整体了，德育散落于各门学科之中。对专业化的信仰，使人们相信科学能够解说一切。但茧式德育追求整体性的模糊体验，是不能通过科学理性来分解的，原因有两个：其一，自然科学不能解说一切。在科学的视野中，兰花不过是一种植物，哪有道德可言呢？孔子体验兰花、学生体验“以兰比德”的孔子，这种（人与物、人与人）体验的相互激发产生了令人陶醉的艺术德育效果。这种效果是不能通过理性逻辑推理和科学上的因果规律来精确地说明的。即使我们在心理学上可以把“孔颜之乐”归结为一种神经系统的激动，这在德育上又能说明什么呢？正如维特根斯坦所说：“我们觉得即使一切可能的科学问题都能解答，我们生命的问题还是没有触及到。”[①]其二，“分”的整合、组合并不能达到原初性的那个茧式

① 维特根斯坦：《逻辑哲学论》，商务印书馆1996年版，第103页。

德育整体。抽丝德育未必都把人生问题自然科学化,它在人文科学意义上推崇人的价值、人生意义,它甚至也认为人生并不是简单地像自然科学那样可以求生活的"平方根"。但它是基于科学学科上的"分"的德育。因为"分"有种无穷化的趋势,"分"的可能性随科学的发展不断发展。德育有多少可能的相关学科,就有多少可能要整合的因素。然而,斯宾诺莎说过:从事物中抽象出来的诸关系项的总和永远无法再恢复具体物。当将茧剥离为丝,丝是很难再还原为茧的。按照抽丝德育的专业化视角:孔子的"不以穷困而改节"的人生原则属于善的伦理学领域,其自比兰花属于美的美学领域。而孔颜之乐则是一种伴生现象,是伴生的快感,它属于心理学领域。当然,还可以再细分。例如,孔子的这种德育是具有诗意的,这就出现了诗学领域等等,所有这种"分"都难以穷尽这个"茧"。当我们按照一定的教育规律和原则,安排这些材料(伦理学、美学、心理学、诗学等等知识)去实施教育时,还是达不到孔子那样的茧式德育的效果。

尼采说:现代学者是"博学的、煞费苦心的和反思性的一代子孙——与古代大师相距千里,因为古代大师们并不埋头苦读,而只是想着给自己的眼睛一个节庆。"[①]这话说得不无道理。现代学者要研究德育,必须给自己打下一个宽广的知识基础,由此建构出德育学科的金字塔,他们要做许多埋头苦读的枯燥乏味的工作。古代大师如孔子从事德育,源自生活的直觉,通过艺术直觉使德育变得赏心悦目。德育应该关注茧式德育,继承传统文化中的比德方法不能以抽丝德育(科学化的方式)继承,而应该以茧式德育的思维方式(即整体性、艺术性思维方式)去继承。

其次,茧式德育是非专业的言说,它来自于情趣;抽丝德育是专业

① 海德格尔:《尼采》(上),商务印书馆2002年版,第131页。

性的言说,它来自于理性。

茧式德育的情趣出于生活中自然而然的情感激发。孔子说:“饭疏食饮水,曲肱而枕之,乐亦在其中矣。不义而富且贵,于我如浮云。”[①]钱穆认为,孔子的这段话“说明了人的道德修养的至高境界,尤其最后一句‘于我如浮云’五字,便转入到文学境界中了。有了此五字,全章文字便超脱出尘,别开生面;有此五字,便使读者心胸豁然开朗,有耸身飙举之感。这说明中国人是从人生修养转向艺术境界。”[②]茧式德育追求艺术化的人生,支配这种人生艺术的是情趣。它没有理性的论证、没有分析,但却直指人心,给人“耸身飙举之感”。这种德育,如熊十力所说:“足以使人发起向上与率真之念”[③]。

茧式德育没有科学性——概念性的思量。并非茧式德育没有对人生的沉思,只是这种艺术化的沉思(主张对人生的体悟、感悟)不同于抽丝德育的科学化思量。没有科学化思量不是茧式德育的缺点。试想,如果孔子处于穷困中不再“弦歌不绝”、自比兰花,而是捧着一本科学性、理性化的“人生指南”的教科书,向学生反反复复地述说如何做人的大道理,这种德育恐怕就缺少一种感人的力量。这里并非否定理性德育,人为什么行善、人凭借什么样的道德原则行事,什么样的德育是合理的?诸如此类的问题,当然可以通过理性来思考。但德育不能仅仅是理性的,它还需要艺术性的感染力。

虽然茧式德育不能通过普遍性、规律性的科学知识培养出大批的德育科学性的工作者。但茧式德育仍然能培养出一支育人队伍,只是这个队伍没有“职业”意识。茧式德育在历史上具有种穿透时空的感召力。仅以孔子的“以兰比德”为例,这种感染力不仅影响了他的学

① 《论语·述而》。

② 转引侯敏:《有根的诗学》,上海人民出版社2003年版,第72页。

③ 《现代学术经典——熊十力卷》,河北教育出版社1999年版,第401页。

生,而且教育了后人。千百年来,中国“兰文化”的继承者们就属于这支队伍。

茧式德育不是专家言说的德育,它没有专业言说的屏障,它有着蓬勃无尽的灵感气韵。茧式德育的艺术性思维有多样化的言说。例如,历史上出现了大量的爱兰、赏兰的诗词歌赋、书画墨宝都是德育的言说。言说未必一定要体现在理性论证之中,言说也未必一定是“人言”,松竹梅“岁寒三友”和梅兰竹菊“四君子”都能有德育无言的言说。

抽丝德育是以专家言说为主的德育。它使德育成为林林总总的科学学科中的一门学科。尽管它主张德育要整合各门相关学科,但它还是有相对独立的学科内容。专业化提升了德育的科学品质,使德育队伍的理论思维水平、科研水平和认识问题、分析问题的能力大为提高,所有这一切都大大深化了人们对德育的认识。但专业化也带来了执着于学科的弊端。其一,在抽丝德育中,德育言说者主要是专业人员的言说,执着于学科的倾向使想从事德育专业工作的人必须要学习和掌握这一套“公共话语框架”(行话),才能取得入行通行证。非学术性话语不断地被压制和排挤,使专业人员与非专业人员的沟通产生一定障碍;其二,专业分工使不同的学科话语日益增加,不同学科可以相互交流。这似乎带来了语言的丰富,但实际上正相反。例如,原来德育有“原则”、“方法”、“规律”、“本质”、“目的”、“功能”等等,现在又有“建构”、“解构”、“田野”、“后现代”、“减负”、“范式”、“全析”等等。各种学科的碰撞、交流,使话语多元化。但这些话语都是理性的、科学性话语。正如伽达默尔指出的:在多元化中,“通过科学——技术的标准而渐渐地趋向一律,正如我们实际所使用的语言词汇根本不是增多,而是逐渐减少。”[①]在科学化、专业化下,德育语言出现了理性化、科

① 伽达默尔:《真理与方法》(下),上海译文出版社 1999 年版,第 557 页。

学化的单一性。德育走出话语的贫乏、打破专业言说的屏障,需要弘扬茧式德育传统。

第三,茧式德育没有一个规定了边际的"德育领域",没有"职业目标"。抽丝德育有一个清晰的德育领域,它的教育模式隐含着培养潜在的德育理论家的目的。

茧式德育主张"世事洞明皆学问,人情练达即文章",德育的"文章"与"学问"是为人处事上的"洞明"与"练达",不是今天通过抽丝德育的科学理性加工形成的专著和论文。这种"洞明"与"练达"是不能以今天学科知识的多寡来量化的。以孔子的知识今天考不上大学,但孔子却是令人万世师表的教育大师;禅宗六祖慧能一字不识,在今天是个文盲,但他却对人生有着很高的体悟。茧式德育讲的是艺术化的体悟,它处于未受概念和科学知识触动的体验的模糊冲动之中。古人的"天行健,君子以自强不息"就是从天的运行中体察、体悟出的做人道理。这种"道理"是"寓目理自呈",没有科学条理可讲的。茧式德育不让理性概念盘踞着意识,它把人的全部精神能力献给直观,沉浸于直观,人自失于对象中了。例如,孔子与兰花心物交融(交融就没有物我分离),在交融的刹那间(自失于对象中的陶醉)产生了茧式德育的艺术灵感,显出天机活泼的德育生机,光彩灿烂,照耀百世。

抽丝德育主要是学校里的德育,它有一个由概念、判断、推理构成的理论化的思想体系。

有学者指出:德育"按照科学知识学习的逻辑来组织内容、设定目的。其典型表现就是将压缩过的伦理学、道德哲学的知识体系直接移植到学校教育之中,虽然声称是为了学生的品德发展,但其隐含的目的却是使学生成为研究伦理和道德的'伦理学者'。正如数学教育要培养数学家、物理教育要培养物理学家一样,道德教育也要培养伦理学专业工作者。要不然,学校道德教育为什么要从一些基本的伦理概念开始、情绪教育为什么要从基本的情绪概念出发呢?这种教育走的是专业人员的路数,暗含着的而又是实际的教育目的在于使每一位学者都成为'伦理学者',至于能不能实现,则不去管它,反正是朝这个方向努力。"[1]抽丝德育是受概念性和科学性思维支配下的德育。它不将德育置于一个模糊、笼统的直观层次上,它有一个清晰的理论体系(表现为教材、教学参考书),有每章、每节的知识点、每个名词解释,它要让人们尽可能地看清蚕茧的构造。当然,让学生知道什么是伦理、什么是情绪这些概念无可厚非,德育毕竟还有许多理性的规律需要人们通过概念思维去把握。抽丝德育只要不停留在理论层次上,能够理论联系实际,就能克服纯知识性教育的弊端。以"吃饭"来比喻德育,抽丝德育在德育"吃饭"这一问题上,加上了"营养学"、"消化学"。这些知识有助于德育的"消化"。但在教育中不能走极端,即执着于知识,认为不了解"营养学"、"消化学"人就不能"吃饭"。

笔者著此节文字的目的是要在抽丝德育之外,给茧式德育一个"合法的"存在领地,是要使人们意识到抽丝德育不能解决德育中的一切问题,德育未必只有科学化、专业化的一种路径。德育教师除了可以根据德育规律开展德育工作外,还可以通过直觉和朦胧的艺术感开展德育工作。如果只认抽丝德育为真,在德育中就不会再出现像孔子那样的具有灵性的艺术化的德育大师。

尼采曾指出非艺术家的状态:客观性、镜像癖、中立性、抽象性、赤贫的感官。如果德育仅仅停留在抽象的理性概念领域,那么,它培养出来的人就会是一个非艺术家状态的冷酷的人。

---

① 高德胜:《学校德育的范式转换》,人大复印资料《教育学》,2004 年 7 期。

第八章　境界提升方法

境界一词是佛家用语，最早出现于早期禅宗典籍中。自从1908年王国维于《国粹学报》发表《人间词话》，标举境界一词作为词的评审标准，境界就成美学与人生哲学的重要范畴。张岱年这样说明人生境界："所谓境界是一个比喻之词。譬如登山，自下而上，经历不同的阶段，看到不同的风光，其所达到的阶段，谓之境界。"[①]这是境界的形象化表达，所谓"欲穷千里目，更上一层楼"。然而，任何一种对境界的描述都不可避免地将之进行对象化。但是，诗性境界不是与我们迎面而立的客体，仿佛是矗立着的高山。若人只想着有一个作为客体化的境界，那就永远处于对象性思维之中，永远无法进入诗性境界。境界提升法以登山的方式自下而上地展示德育应该具有的境界，这种比喻如指月之喻，登山之喻只是手指，而不是那真实的月亮。谈诗意境界所用的"高"与"大"，指精神境界的寥廓——开放的意境，它们都不具有量的含义。本章的一到二节从教育中的善美境界与冯友兰的境界说两个角度说明德育的最高的境界是诗性境界，三到五节展示了诗性境界。

---

① 张岱年：《中国伦理思想研究》，上海人民出版社1989年版，第28页。

第一节　教育中的善美境界

列宁指出:“应该使培养、教育、训练现代青年的全部事业,成为培养青年共产主义道德的事业。”[①]培养、教育、训练青年的全部工作都要有助于提高青年的共产主义道德。今天,我们不可能让所有的青年都具有这种道德,但它是道德中的最高道德,它应该引领着教育前进方向。诗意德育也是教育青年的事业,它比其他培养、教育、训练工作更应该成为培养青年共产主义道德的事业。这种德育应该使人的境界不断提升。本节从德育的善美关系分析中,揭示德育的善美境界。德育中的善美关系有多种形态:

第一种形态是以善代美。

它的典型形态是苏格拉底所说的“美德即知识”。苏格拉底认为,愚昧无知的人不可能有道德,道德教育要引导人们“爱知”、追求知识。苏格拉底说:“如果美德是灵魂的一种性质,并且被认为是有益的,那它本身必须是智慧或谨慎,因为灵魂所有的东西,没有一种是本身有益或有害的,他们都是要加上智慧或愚蠢才成为有益或有害的。”[②]如此,美德就是理性智慧所赋予人的一种有益的性质。苏格拉底将勇敢、虔诚、正义、节制等等都称为美德。他认为,当一个人具有了理性道德知识并能将此道德知识付诸实践,达到知行统一,此人的道德就成了美德。道德即美德是西方人的一贯认识,现象学家舍勒说:“善成易举之时,善即美。”[③]这里的“美德”是“美好”

---

① 《列宁全集》(第4卷),人民出版社1984年版,第351页。

② 北京大学哲学系外国哲学史教研室编译:《古希腊罗马哲学》,生活·读书·新知三联书店1957年版,第165页。

③ 《舍勒选集》(上),上海三联书店1999年版,第714页。

德性的意思，美德实际上就是“好德”，它并不具有审美意义和美学形态。

然而，道德未必就是知识，这可以从圣·奥古斯丁偷梨的事说起。他在《忏悔录》中忏悔自己幼时偷邻人的梨。他认为自己从前做过许多坏事，而偷梨的行为最坏。因为，他当时并不需要梨，而且可以通过正当手段获得梨，唯“偷”这个行为本身吸引着他，他明知偷为恶而仍要偷。这一简单的事例留给德育许多值得思考的东西：如果把“偷为恶”作为道德知识，知恶就成为诱发奥古斯丁做恶的动机。如此，道德知识还可能成为使人为恶的知识。从道德知识（识善恶知识）中引出不道德（行为），这种道德知识是道德的吗？纯粹的识善恶的知识还不是道德知识，道德知识是识事明理，即能明了识善恶的知识的意义（真心向善），将识善恶的知识运用于待人处事。如果说道德未必就是知识，那么，美德就更不等于知识了。

苏格拉底提出“美德即知识”是为了催醒人的理性精神，他的学生柏拉图发展了其思想，进一步强调理性，进而贬低了艺术的地位，在他的理想国中放逐了诗人。“美德即知识”在道德思维上是有问题的（它使善的理念成为空疏的共相，这个问题后面分析），它夸大了理性，产生了西方的柏拉图主义。柏拉图主义（特指以夸大理性为特征的后来西方哲学思维）奉思维至上，认识第一，认为只有通过理性的概括、概括、再概括和概念式的思维、思维、再思维才能发现人生的真理。

这种哲学观点也影响了中国人的思维，张世英指出：“半个世纪以来，我们广为宣传的哲学往往以为只要通过思维，达到对一些概念的认识，例如，质与量、原因与结果、普遍与特殊、本质与现象、形式与内容、可能与现实、必然与偶然等等，就算达到了人的精神意识发展的顶峰。其实，对于达到人生的最高境界而言，如果只停留在概念思维的阶段,那不过是半途而废。"[①]受这种哲学的影响,我们的德育也成了寻求普遍性的理性之学。

有学者指出:诗意德育是认知性教育,"诗意德育归根结底是有意识、有系统地进行世界观、方法论教育,培养和发展受教育者反映客观世界的思想观念和认识能力的教育。诗意德育着重是解决主观与客观符合的问题。它不仅要解决主观是否符合客观,还要解决主观如何符合客观的问题。前者是形成正确的思想观念问题,后者是提高人的认识能力的问题。"[②]这种观点把教育完全变成了知识教育(追求主观反映客观的知识),这种诗意德育是认识论(主体与客体二分)下的德育。固然,诗意德育需要理性精神,使学生认识到为什么必须进行诗意德育,拥有什么样的品质才是一个高尚的人。但只把诗意德育等同于理性知识,会使德育进入纯粹概念化、理性化的抽象王国。

第二种形态是美用于善。

这种善美关系是"应用"关系,美育以外在性和工具性的存在方式"应用"于德育。"美学教育观"的研究者檀传宝指出,20 世纪 80 年代我国教育理论只将美、审美等等作为工具借用过来,美学研究处于工具水平的研究,工具美学的研究者试图从美学武器库中引入提高功效的工具。工具美学将美作为附饰物,美是可以加在或贴在教育上面的东西。檀传宝指出,到了 20 世纪 90 年代学者们的认识发生了飞跃,美学观已经从工具水平上升到目的水平的研究和世界观水平的研究。[③]

我们为今天美学研究的进步感到欣慰,同时,也感到惊讶!我们

---

① 张世英:《哲学导论》,北京大学出版社 2002 年版,第 25 页。

② 王玄武等:《诗意德育、政治教育、道德教育比较研究》,武汉大学出版社 2002 年版,第 35 页。

③ 檀传宝:《教育学和美学交叉研究的三种水平》,人大复印资料《教育学》,1995 年 8 期。

在20世纪80年代的思想水平还达不到20世纪20—30年代人的思想水平。宗白华提出了艺术人生观，他提出要将人生作为一件艺术品来塑造，要使道德实践变成生活美学。梁漱溟提出了未来社会人生的艺术化，他说："假如整个社会人生艺术化——从人的个体起居劳动以至群体的种种活动，从环境一切设施上主动被动合一地无不艺术化之，那应当是人类文化最理想优美的极致吧！"[①]他将人生艺术化作为人类文化的最高理想。钱穆提出了人生诗化和诗化人生。朱光潜提出了"人生—情趣—艺术"的审美范式。他们都将美当作人生的目的来追求。今天我们的理性精神较之我们的学术前辈有了大发展（理性的论文、专著层出不穷），然而，在发展中却有退步，它表现为传统德育的诗性精神、艺术精神的淡忘。有鉴于此，诗意德育要将人的思想道德修养艺术化，将美学引入诗意德育中来，不能将美当成教育的工具、装饰。

第三种形态是美融于善。

这种善美关系是"构成"关系，美育不再是德育的手段、工具，而是德育的有机组成部分。儒家德育创始人孔子所倡导的德育就是美融于善的。孔子与苏格拉底思想的最大区别就在于前者要将道德变成美德，后者将理性道德等于美德。孔子的学生及后世儒家学者弘扬了孔子的诗性德育，苏格拉底的学生及后世学者则不断地抬高理性精神。如果没有西方柏拉图主义的影响，如果现代的德育没有理性话语一统天下的局面，我们根本没有必要来谈德育中的善美关系问题，因为传统德育原本就是善美融合的。

传统德育是诗性德育，传统中国人在诗性德育中如鱼得水，但鱼对于自己悠游其中的水是视而不见的，因而也没有必要专题谈论德育

① 《梁漱溟学术精华录》，北京师范学院出版社1988年版，第191页。

的善美结合。如熊十力所说:“至理只在当身、人乃由之而不著焉、习矣而不察焉。”[①]只有德育脱离了诗性,处于脱水之境,人们才会去关注德育的“生态”问题。20 世纪 90 年代以后学者们认识上的飞跃,源于“干渴”意识。产生这种“干渴”意识,有现实与理论的原因。从现实上讲,人们普遍不满于单一的理论灌输和说教,它使德育枯燥、乏味。从理论上讲,传统美融于善的德育令人向往,西方海德格尔诗性哲学思想及后现代反逻各斯中心主义等思想给人以启示。于是,儒家的“比德”思想、隐喻的德育价值、教育的诗化写作等等问题开始受到人们的关注。

德育应该将美与善融合起来。在德育中有善而无美的教育是不健全的教育,这种教育不能感染人;有善而无美的德性不是健全的德性,这种德性不是“美德”。

第四种形态是由美生善。

这是德育的最高境界,冯友兰认为人生的最高境界是“与天地比寿,与日月同光”的天地境界,它高于道德境界。天地境界就是物我合一、天人一体的诗性境界。

张世英指出:“道德意识虽出于一心为他人谋幸福,但只要它停留在道德意识的领域,则己与人总还是有某种区别的,道德意识是在区分己与人基础上再要求两者的统一。所谓‘无私奉献’、‘舍己为人’,从单纯道德意识的水平来说,并非指私与公无区分,己与人无区分;相反,正因为有区分,我们才赞誉这种舍己之人、无私之人在道德上的伟大。可是,审美意识的天人合一则根本超出了主客关系的外在性,人与物、人与人又融合为一体。……这种天地万物与我为一体的境界虽然是超道德意义的,但它又自然地是合乎道德的。一个真正达

① 《大海与众沤》,上海文艺出版社 1998 年版,第 141 页。

到了这种境界的人，其为他人谋幸福的行为不仅仅是出于道德上的‘应该’，而更主要地是受他所处的这种崇高境界的自然的、直接的驱使；一个真正伟大的诗人是必然能够做出‘无私奉献’、‘舍己为人’的伟大德行的。”[①]张世英也认为诗性的天地合一境界高于道德境界。

“民胞物与”的伟大同情心只能从人我无间、物我交融的诗性境界中产生。德育的最高境界是由美生善的境界，由美生善并不是说所有的美都能产生善，也不是说所有的诗人都有高尚的情操。由美生善中的“美”特指的是诗性的天地境界之美，张世英所说的“真正伟大的诗人”特指达到了这种境界的人。而这里的“诗人”并不就是“写诗之人”，而是指由诗心、诗情陶冶出的天地境界的人，能在方寸之中显示宇宙的宏大，与宇宙生命共振。由美生善预示着德育有更高的境界，它必须要升华到美育、升华到诗情。

第二节　冯友兰的境界说

西方哲人重本体，东方哲人重境界。新儒家冯友兰根据儒家修身思想和人生追求，将人生境界由低到高划分为四种类型：自然境界、功利境界、道德境界和天地境界。这种划分不仅丰富了儒家的修身思想，形成了被人们称之为“新理学”的境界说，而且对今天的德育有着积极的启示意义。

人生有意义吗？人生本无意义。人并不是像基督那样具有某种使命才降临于人间的，人的出生既不是有目的的又不是自我选择的。从这个意义上说，人生有一定的荒谬性。世界上本无天赋的道德理

① 张世英：《进入澄明之境——哲学的新方向》，商务印书馆1999年版，第242页。

想、绝对理念决定着人生的意义,意义是人选择的结果。“人生本无意义”蕴含着潜台词:人必须赋予人生以意义。冯友兰说:“宇宙间底事物,本是无意义底,但有了觉解,便有意义了。”“人生亦是一类底事,我们对于这一类底事,亦可以有了解,可以了解它是怎样一回事。我们对于它有了解,它即对我们有意义。我们对于它底了解愈深愈多,它对我们底意义亦即愈丰富。”[①]意义依赖于人的觉解,觉解就是赋予人生以意义。人何以有觉解?冯友兰认为关键是人有心,这个心具有“知觉灵明”。他说:“我们可以说,在宇宙间,有心的虽不只人,但只有人的心的知觉灵明的程度是最高底,”“人的心即宇宙底心。”[②]这种观点与儒家天地之间人为贵的思想完全一致。

冯友兰认为:觉解是人之异于禽兽、人生之为人生的特质,他说:“禽兽虽有某种活动而不了解某活动是怎样一回事,于有某种活动时,亦不自觉是在从事于某活动。”人则不然,“人生是有觉解底生活,或有较高程度觉解底生活,这是人之所以异于禽兽,人生之所以异于别底动物的生活者。”[③]这种观点与儒家的人与动物之分相同。

他认为人对于宇宙人生的了解程度不同,宇宙人生对于人的意义就不同。宇宙人生对于人的不同意义,即构成了人所有的某种境界。兹下,结合冯友兰的人生境界说,对诗意德育如何提高人生境界作一分析。

自然境界:处于这种境界中的人,其行为是“顺习”。顺习是顺乎其个人习惯和社会习俗。冯友兰认为,这种人“既无明了的目的,也不明了所做的各种意义,小孩吃奶和原始人的‘日出而作,日入而息’都

---

① 《新原人·觉解》。
② 《新原人·心性》。
③ 《新原人·觉解》。

是属于自然境界,普通人的境界也是如此。"[①]顺习的人是"行乎其行不得不行,止乎其所不得不止。"这种人并不仅仅是婴儿和原始人,还包括了当今对生活意义没有自我反省和自我选择意识的"普通人"。

苏格拉底说过:未经反省的人生是没有意义的人生,自然境界的人就处于这个水平上。其觉解程度最低。在今天看来,诗意德育不能培养自然境界的人。在德育中"顺习"的人生是未经反省的人生,这种人信奉的人生价值观由于不是自我反思而选择的,是不牢固的,因此是无意义的。

功利境界:处于这种境界中的人,其行为是"为利"。冯友兰认为,这种人的行为,或是追求增加自己的财产,或是发展自己的事业,或是增进自己的荣誉。如秦始皇、汉武帝做了许多事,功在天下,利在万世。但他们的所作所为,都是为自己的私利。所以他们虽是盖世英雄,但其境界是功利境界。"其与自然境界不同之处是自然境界底人其行为无目的也不明白意义,功利境界的人他的行为有确定的目的且能明白它的意义。"[②]

在发展市场经济的今天,在德育中就要肯定功利意识。"讳言利"的传统文化及在德育中曾经出现过的轻视个人利益的做法,都不利于社会的发展。然而,肯定功利却不能由此肯定"功利境界",即不能使人完全成为功利性的人。德育不能将"主观为自己,客观为他人"作为学生的人生准则(今天信奉这种准则的人不在少数)。因为"主观为自己"的功利意识,未必一定就能做到"客观为他人"。在人际交往中不能有太强的功利性,若等价交换原则渗透到一切生活中去,人与人之间的关系就变成了冷冰冰的金钱关系。功利境界较之自然境界虽然

① 冯友兰:《三松堂全集》(第 30 卷),河南人民出版社 1992 年版,第 482 页。
② 冯友兰:《三松堂全集》(第 30 卷),河南人民出版社 1992 年版,第 482 页。

有所提高,其活动是有目的、有意义的活动,但对宇宙人生的觉解程度还处于低层次。

道德境界：处于这种境界的人,其行为是“行义”。冯友兰认为,义与利不是绝对对立的,它们相反相成。求自己的利是功利,求社会的利是行义。道德境界中的人,其所作为皆能为社会谋利益。他对人性已有觉解,了解到人之性是蕴含着社会性的。

在道德境界的分析中,冯友兰划分了道德行为和合德育行为、非道德行为和不道德行为。他认为,没有道德动机的“合德育行为”不是“道德行为”,道德行为不仅合于道德,而且要本于道德(有道德动机、有为善去恶的意图)。基于这种划分,他分析了董仲舒的“正其谊(义)不谋其利,明其道不计其功”的思想,认为这一命题是道德命题。在历史上,颜习斋曾批评过董仲舒的观点,他说：“世有耕种而不谋收获乎?”颜习斋认为董仲舒这一思想迂腐。但冯友兰却认为颜习斋的这种批评是无的放矢,他指出：耕种当然要讲收获,问题在于一个人为什么耕种,若是为了自己的利益,他的行为就不是道德行为。他认为这种行为属于“非道德行为”,而“非道德行为”并不等于“不道德行为”。只有为社会、为他人耕种才属于“道德行为”。

此观点有助于我们重新审视传统道德。道德本质上具有为他人的非功利色彩。如一位朋友生病,我们买东西去看他。此行为的道德性出于我们对朋友的关心,而绝非是为了将来自己生病时让朋友买更多的东西来看我。帮助他人,如果是为了自己将来获得更大的回报,这种行为就没有道德色彩。在德育中,完全否认了董仲舒的这一道德命题是不可取的。道德行为是不谋其私利、不计其个人功利得失的。儒家道德的失误在于在一定程度上存在着泛德主义,将道德泛化到个体的一切生活行为中去(注意：儒家主张的以德治国不是泛德主义,因为那时社会还没有今天这么高水平的社会分化。有人从今天社会分化的角度将儒家的以德治国视为泛德主义是以“今”非“古”),没有区分出“非道德行为”和“不道德行为”,陷入了二元对立思维:人的行为要么是道德的,要么是不道德的。进而,对一些追求功利的非道德行为加以排斥和否定,即讳言利、否定功利。人的行为不可能在任何条件下都是非功利的,人必然会有一定的非道德性的、功利性追求。对之一味地否定是错误的。然而,肯定这种追求的合理性,却不能走上另一个极端,完全否定非功利性的道德。冯友兰的功利境界与道德境界的划分,维护了道德的非功利意义上的纯洁性,剔除了道德上为己的功利性。否定了道德的非功利性,就很难有高尚的道德。

天地境界:处于这种境界的人,其行为是“事天”。冯友兰认为这种人了解到人不但是社会的一部分,而且是宇宙的一部分。“其事业不仅贡献于社会,更能贡献于宇宙,而‘与天地比寿,与日月同光’。”① 天地境界类似于孟子的“万物皆备于我”的大全境界。

在当今世界,生态平衡的破坏、能源危机、核威胁等问题使人们提出了人与自然的道德问题。要使人与自然和谐相处,在德育中应该使学生觉解:人不只是全社会的一分子,还是全宇宙的一分子。

冯友兰的境界说认为人生修养就是要提高人们对宇宙人生的觉解程度。觉解程度越高,境界就越高。其功利境界与道德境界处于对象性思维,功利境界是为自己谋利,道德境界是为他人谋利,有人我之分;谋利就是使对象满足某种主体的需要,有物人之分。自然境界与天地境界是非对象性的,前者是混沌的主客不分,最典型的是新生的婴儿和人类早期社会。后者是高级的、有着自觉意识的物我合一、天人合一的境界。

张世英指出:“整个人类思想由主客不分到主客二分思想又回

① 冯友兰:《三松堂全集》(第30卷),河南人民出版社1992年版,第483页。

复到(高一级的回复)主客不分的发展过程,与个人意识成长的过程是一致的。婴儿无自我意识时,处于主客不分的阶段;后来出现了自我意识,也就有了主客的区分与对立,有了认识和知识;而如果一个人能进一步超越认识和知识,超越主客二分,他就可以达到高一级的主客不分、物我交融的阶段。整个人类思想的发展与个人意识的成长两者之间的一个重要不同之处在于,后者所包含的各阶段所经历的时间不过以月计、以年计,而前者则往往以百年计、千年计。"[①]这是说个体与人类的发展过程都有一个由主客不分到主客二分再向更高程度的主客不分的发展趋向(当然,更高的主客不分是一种境界,未必每个个体都能达到)。这与冯友兰所讲的人生境界的觉解过程相吻合。只有到了主客不分的天地境界的人,才能与人、与物达到真正和谐相处。

第三节　让德育与诗境相通

德育怎么会枯燥呢?本不该这样!孔子说:"朝闻道,夕死可矣。"[②]说明人格涵养之"道"重于生命。孔子的弟子颜回:"一箪食,一瓢饮,在陋巷,人不堪其忧,回也不改其乐"。[③] 说明涵养之"道"重于物质生活享受。宋代理学的开山者周敦颐曾教他的弟子二程兄弟"寻孔颜之乐",弄清孔颜之乐"所乐何事"[④],其要旨就在于让弟子达到这种超然境界。孔颜之乐"非乐疏食饮水"、"非乐箪瓢陋巷",[⑤]即并非以贫

---

① 张世英:《天人之际——中西哲学的困惑与选择》,人民出版社 1995 年版,"序"第 5 页。

② 《论语·里仁》。

③ 《论语·雍也》。

④ 朱熹:《朱子语类》(卷三十一)。

⑤ 程颐:《河南程氏经说》(卷六)。

穷本身为乐，而是不以贫穷境遇而改其道德之乐。

他们对道德为什么会有如此浓厚的兴趣呢？其中一个重要原因是孔子倡导的德育是“始于美学，终于美学”的（王国维语）。宗白华指出：“艺术底源泉是一种极强烈深浓的，不可遏止的情绪，挟着超越寻常的想象能力。这种由人性最深处发生的情感，刺激着那想象能力到不可思议的强度，引导他直觉到普通理性所不能概括的境界，在这一刹那间产生的许多复杂的感想情绪底联络组织，便成了一个艺术创作的基础。”[①]孔子的诗教就是由人性最深处发生的情感所产生的艺术创作，诗意教育使“感觉精神化，精神感觉化”。例如，孔子的以松比德，使人格修养表现为艺术，使感觉与精神相互渗透、融合，由感觉扶摇而上入于精神，使教育延展进诗性天空。

孔子的教育是“兴于诗，立于礼，成于乐。”[②]朱光潜解释说：“诗、礼、乐三项可以说都属于美感教育。诗与乐相关，目的在怡情养性，养成内心的和谐；礼重仪表，目的在使行为仪表就规范，养成生活上的秩序……内具和谐而外具秩序的生活，从伦理观点看，是最善的；从美感观点看，也是最美的。”[③]这说明孔子的德育达到了善美合一的境地。

《礼记·儒行》说：“儒有澡身而浴德。”它将修德比喻为沐浴，澡身浴德使人整个身心都沉浸在道德之中的一种适然状态。宋儒讲“涵泳”。曾国藩解释说：“涵泳二字，最不易识，余尝以意测之曰：涵者，如春雨之润花，如清渠之溉稻。雨之润花，过小则难透，过大则离披，适中则涵濡而滋液。清渠之溉稻，过小则枯槁，过多则伤滞，适中则涵养而渤兴。泳者，如鱼之游水，如人之濯足。程子谓鱼跃于渊，活泼泼

① 《宗白华全集》（第1卷），安徽教育出版社1994年版，第204页。

② 《论语·泰伯》。

③ 《朱光潜全集》（第4卷），安徽人民出版社1998年版，第145页。

也;庄子言濠梁观鱼,安知非乐?此水之快也。左太冲有'濯足万里流'之句,苏子瞻有夜卧濯足诗,有浴罢诗,亦人性乐水者之一快也。善读书者,须视书如水,而视此心如花、如稻、如鱼、如濯足,则涵泳二字,庶可得之于意言之表。"[①]作为历史人物,曾国藩有其悲剧性的一面。但我们须本着孔子的不因人废言的精神,借鉴其修养方法(而非内容)。他对朱熹的"涵泳"二字作了形象生动地阐述。道德修养在虚心涵泳,全身心浸入其中。像鱼在水中、人在清流中洗脚那样酣畅淋漓,又像雨水滋润过的花朵、清泉灌溉过的禾苗那样清新蓬勃。涵泳感是人全身心浸入到道德中,与道德融为一体。能达到这种德性体验,道德修养就不再是一件困难的事了。"澡身而浴德",就体现了一种诗性精神,它使德育陶醉于诗性之美中。孔子的人生就是诗化的人生,"孔颜之乐"在于他们能将人生化入诗境,将人格表现于艺术。如此,在德育中,闻道、求道就不会枯燥了。

在中国人看来,宇宙本身是一件大艺术品。中国人最根本的宇宙观就是《易经》上所说的"一阴一阳之谓道"。天地的动静、四时的节律、昼夜的来往、生长老死的绵延,都是阴阳互动的结果。如一二节所展示的,中国人最高的人生境界就是天人合一的境界(当然,古人尚无主客二分与主客合一的明确意识,不存在今天按哲学学理划分的境界。所谓"最高"不过是今天的提法)。《礼记》指出:"大乐与天地同和。大礼与天地同节。"就展现了宇宙的尽美与人间的尽善在最高处实现融合统一。中国人的理想人格是"与天地合其德,与日月合其明,与四时合其序,与鬼神合其吉凶"的"大人",这使个体的生命运动与宇宙的阴阳互动相呼应。而最能表现宇宙这种互动的是艺术,中国的诗歌、戏剧、书法、园林、印章等艺术的虚实、明暗结合就体现了宇宙的阴

① 《曾国藩家书》。

阳和谐的运动节律。宗白华说："我已从哲学中觉得宇宙的真相最好是用艺术表现，不是纯粹的名言所能写出的，所以我认为将来最真切的哲学就是一首'宇宙诗'，我将来的事业也就是尽力加入做这首诗的一部分罢了。"[①]在宗白华看来，哲学能成为一首"宇宙诗"，在于宇宙有诗意的美。因此，只有诗才能更为深刻地揭示宇宙。

在传统文化中，宇宙的"真相"就是通过艺术来表现的。例如，庄子在"法天贵真"思想下提出天地"大美"、"至美"的观点，庄子的"四时迭起，万物循生；……一清一浊，阴阳调和"[②]的思想就展现了这种大美。再如，《中庸》的"天地之道：博也，厚也，高也，明也，悠也，久也"，展示了宇宙的寥廓。周敦颐的"太极动而生阳，动极而静，静而生阴。静极复动。一动一静，互为其根。分阴分阳，两仪立焉"，[③]也展示了宇宙的美。在中国哲人的眼中宇宙有一种广大、和谐的诗性之美。诗不仅仅是文学的一部分，中国人的人生观、宇宙观都是富有诗意的。

中国文化既有"判天地之美"的能力，又有"赞天地之化育"的诗性的艺术表现力。这表现为将人生诗化，参与到做"宇宙诗"中去。在传统文化看来，人与天地合其德，不仅是要掌握宇宙化生万物的道理，而且要"赞天地之化育"，即人要投身到宇宙化育万物的运动中去，"纵身大化"以养成高尚人格，使人生之美与天地之美相应合。怎么应合呢？就是将人生诗化。

马克思指出："五官感觉的形成是以往全部世界史的产物。"这里的全部世界史包括自然史与人类史，它涉及到地球演化史、生命进化

---

① 《宗白华全集》(第1卷)，安徽教育出版社1994年版，第147—148页。

② 《庄子・天运》。

③ 周敦颐：《太极图说》，转引任继愈：《中国哲学史》，人民出版社1964年版，第179页。

史、人类诞生史、人类史前史、人类史前史的结束和人类真正历史的开端的存在历史。人是宇宙演化的一部分,它与宇宙融为一体。人类史的发展就是宇宙史的发展。马克思主义哲学从世界观上展示了万物一体的诗意状态。

恩格斯在《劳动在从猿到人转变中的作用》中指出:“和人最相似的猿类的不发达的手和经过几十万年的劳动而高度完善化的人手之间,有多么巨大的差别。骨节和筋肉的数目和一般排列,在两种手中是相同的,然而即使最低级的野蛮人的手,也能做几百种为任何猿手所模仿不了的动作。没有一只猿手曾经制造过一把哪怕是最粗笨的石刀。……手不仅是劳动的器官,它还是劳动的产物。只是由于劳动,由于和日新月异的动作相适应,由于这样所引起的肌肉、韧带以及在更长时间内引起的骨骼的特别发展遗传下来,而且由于这些遗传下来的灵巧性以愈来愈新的方式运用于新的愈来愈复杂的动作,人的手才达到这样高度的完善,在这个基础上它才能仿佛凭着魔力似地产生了拉斐尔的绘画、托尔瓦德森的雕刻以及帕格尼尼的音乐。”人从渐渐直立行走到创造艺术作品,手的灵活性在不断增加。手是在长期的历史发展中通过劳动塑造出来的一件特殊的艺术品。人的身体是大自然演化与人类长期社会实践活动所塑造出的艺术品。如果说宇宙是一件大艺术品,它像一首诗,那么将人生诗化,精心塑造美的身体和生活,也就是宇宙诗的一部分。将人生诗化,就是“赞天地之化育”,就是推动宇宙的演化进程。宗白华将自己的事业视为加入作宇宙这首诗的工作,就是追求艺术化的人生。

诗性是中华民族最深刻的生命智慧。中国最早的文学典籍就是《诗经》。不仅儒家文化的创始人孔子追求“浴乎沂、风乎舞雩、咏而归”的诗意人生,而且“老粗”皇帝汉高祖也有“大风起兮云飞扬,威加海内兮归故乡”的豪迈诗情。传统中国人的人生就是诗化的人生。钱穆说："中国以农立国，五口之家，百亩之地，春耕夏耘秋收冬藏，四时勤劳，皆可入诗。牧牛放羊，凿池养鱼，凡所与处，相亲相善，亦一一皆可入诗。'绿树村边合，青山郭外斜'，莫非诗境。"[①]诗成为人生的艺术，在唐朝显得尤其突出，五万首唐诗是三百年唐代平民社会全部生活的写照，唐代文学遍润全社会和全人生。[②] 到了宋代，中国民间工艺完全艺术化了，平民社会的日常人生完全沉浸在诗、文、字、画的境界之中，而建筑居住满足此要求的便是园亭建筑。[③] 中国人的诗化人生追求，是要与"天地之大美"相通。中国国画常以题诗相伴，中国戏剧是唱腔与诗词的结合，中国的庙宇宫殿及园林建筑，常悬匾与对联，力求建筑艺术与诗文艺术相通。[④] 诗是中国文化之灵魂。在今天的德育中，提出诗意的教育，让人生诗化，这绝不是不着边际的幻想，因为中国人原本就是诗意地栖居在大地上的。

在中国，有人格魅力的人既有德性之知，又有诗性之美。孟子的"浩然之气"、文天祥的《正气歌》、岳飞的《满江红》、范仲淹的《岳阳楼记》体现了这种美。雷锋的"对待同志像春天般的温暖，对待工作像夏天般的热情，对待个人主义像秋风扫落叶一样，对待敌人像严冬一样残酷无情"反映了雷锋"与四时合其序"的诗情。方永刚在病榻上曾经许下心愿："我和春天有约，春暖花开的时候，我要走下病床，走出病房；我和夏天有约，艳阳高照的时候，我要和全军战友一起庆祝人民军队的 80 岁生日；我和秋天有约，枫叶红了的时候，

---

① 侯敏：《有根的诗学——现代新儒家文化诗学研究》，上海人民出版社 2003 年版，第 64 页。

② 侯敏：《有根的诗学——现代新儒家文化诗学研究》，上海人民出版社 2003 年版，第 64 页。

③ 侯敏：《有根的诗学——现代新儒家文化诗学研究》，上海人民出版社 2003 年版，第 74 页。

④ 侯敏：《有根的诗学——现代新儒家文化诗学研究》，上海人民出版社 2003 年版，第 107 页。

我要和全国人民一起迎接党的十七大;我和冬天有约,白雪皑皑的时候,我要再次走上我心爱的讲台”。此心愿与传统文化精神妙合无间,也体现了这种美。

笔者并非反对理性教育,今天的德育应该培养理性与诗性相结合的人,即把教育的“根”同时扎在理性与诗性上。毛泽东不仅是伟大的哲学家,而且是伟大的诗人;他不仅写下了《实践论》、《矛盾论》等不朽的辩证理性著作,而且写下了许多“指点江山,激扬文字”的壮丽诗篇。《毛泽东诗词》有英文、法文、德文、荷兰文、意大利文、俄文、阿拉伯文、日文、印尼文、西班牙文等多种译本。作为诗人,毛泽东不仅饮誉中国,而且驰名世界。毛泽东的人格是理性与诗性交融的人格。毛泽东的光辉人格应该成为今天德育所向往的人格!

如果我们培养的学生既能“析万物之理”,又能“判天地之美”,德育就会真正成为塑造“大人”(大写的人)的活动。如果我们能在德育中让学生的人生诗化,教育就成了人生的欢乐场。如果我们的德育能与传统的诗性智慧相承接,教育的话语就将散发出诗意的芳香。有了诗情,理论研究者就有了灵气,教育的文章就充满了意趣。当德育课成为人生艺术课时,教育就成了一种享受。没有诗意的教育,算不上中国式的教育;没有诗意的人,算不上中国文化的传人;没有诗意的教育理想,算不上真正的教育理想。

第四节　诗者乃天地之心

王阳明说:“天地鬼神万物,离却我的灵明,便没有鬼神万物了。我的灵明,离却天地鬼神万物,亦没有我的灵明。”张世英认为王阳明是中国哲学史上“天人合一”说的一个最典型性的代表。他这样解释王阳明的上述观点:“没有世界万物就没有人,没有人,世界万物是没有意义的。人是世界万物的灵魂，万物是肉体，人与世界万物是灵与肉的关系。没有世界万物，人这个灵魂就成了魂不附体的幽灵；没有人，世界万物便成了无灵魂的躯壳，也就是上面所说的，世界是无意义的。”[①]这种灵与肉的关系形象地说明了王阳明融人心于世界万物的“天人合一”说。

中国传统文化认为人不是万物中的一物，人是“万物之灵”。王阳明说：“天没有我的灵明谁去仰他高？地没有我的灵明谁去俯他深？”[②]人的灵明可以觉解一切，它开辟了心灵世界或价值世界。

王阳明的话语与传统文化的精神是相通的。中国人最早是怎样仰天俯地的呢？中国文化源于八卦，《易·系辞下》中指出：“古者包牺氏之王天下也，仰则观象于天，俯则观法于地，观鸟兽之文与地之宜。近取诸身，远取诸物。于是始作八卦。”包牺氏通过仰天俯地作八卦；中国文字由仓颉创造，唐代张彦远说：“颉首四目，通于神明，仰观奎星圆曲之势，俯察龟文鸟迹之象，博彩众美，合而为字，是曰古文。”[③]仓颉通过仰观俯察创造文字。

在后来的华夏的诗性文化之中，仰天俯地的诗句比比皆是，南宋范晞文在考察中国诗歌的源流、特色与创造方法中指出：“苏子卿诗云：‘俯观江汉流，仰视浮云翔。’魏文帝云：‘俯视清水波，仰看明月光。’曹子建云：‘俯降千仞，仰登天阻’。何敬祖云：‘仰视垣上草，俯察阶下露。’又：‘俯临清泉涌，仰观嘉木敷’。谢灵运云：‘俯濯石下潭，仰看条上猿。’又：‘俯视乔木杪，仰聆大壑淙’。辞意一也，古人句法极多。”[④]在此后的历史上，还可以找到许多这样的诗句。中国的诗

① 张世英：《新哲学讲演录》，广西师范大学出版社 2004 年版，第 24 页。

② 王阳明：《传习录》下，《全集》(卷三)。

③ 张彦远：《法书要录》(第七卷)。

④ 转引韩林德：《境生象外》，生活·读书·新知三联书店 1995 年版，第 107—108 页

性文化推崇仰观俯察、远取近与的观物方式。

仰俯天地,极目悠悠,诗性之心,包容宇宙。《诗讳》说:“诗者,天地之心。”从这个意义上,我们可以借用王阳明的话:“充天塞地之间,只有这个灵明!”[①]这个“灵明”的仰观俯察、远取近与开启了华夏文化,并创造出了光辉灿烂的诗性文明。

钱穆称中国文化“如一树繁花,由生根发脉而老干直上,而枝叶扶疏,而群花灿烂。”[②]他认为重建中国文化的道路是据旧开新,老干萌新。这个“老干”就是诗心。诗心是中国文化的血脉。道德建设必须植根于中国文化的诗性智慧之中,诗心是道德的精神家园。只有唤起人们的诗心,呵护人们的诗心,使人们回归这一精神家园,道德建设才有“枝叶扶疏、群花灿烂”的生机与活力。诗意的道德是使人性升华的道德,它蕴涵着博大的情感、巍然的人格和效法自然的修身大法。

第一,诗心蕴涵着万物一体的“大道”。华夏民族的最高道德境界是人与天地万物一体。不仅人与人是灵犀一点,脉脉相通;而且人与物也是一气流通,无有间隔。

王阳明认为,天地万物与人原是一体。五谷禽兽之类可以养人,药石之类可以疗疾,只因为同此一气。更进一步,在道德上,人与万物也是相通的。王阳明认为:人见到孺子入井有恻隐之心是人的仁德,人见到鸟兽哀鸣也有不忍之心,见到草木摧折有悯恤之心,见到瓦石毁坏有顾惜之心,这些都是人心仁德的表现。[③] 他的人与万物一气流通的观点,反映了华夏民族至高上乘的人生境界。人是自然的产物,自然养育了人。不仅人与自然有一种物质上的交流,而且人与自然有一种精神上的交流。正是这两种交流才使人达到了个体生命之流与

---

① 王阳明:《传习录》(下),《王阳明全集》(卷三)。

② 钱穆:《中国文化之精神价值》,台北正中书局1953年版,第3页

③ 钱穆:《中国文化之精神价值》,台北正中书局1953年版,第3页。

宇宙大化之流的融通的境界。

人与自然的精神交流是推己及人式的交流，就像王阳明所说的要将我们对人类社会的同情扩大到自然中去。靠什么扩大呢？靠诗心。宗白华说：有诗心的人“走到自然中间，看见一枝花，觉得花能解语，遇着一只鸟，觉得鸟亦知情，听见了泉水，以为是情调，会着了一丛小草，一片蝴蝶，觉得也能互相了解，悄悄地诉说他们的情，他们的梦，他们的想望。无论山水云树，月色星光，都是我们有知觉、有感情的姐妹同胞。这时候，我们拿社会同情的眼光，运用到全宇宙里，觉得全宇宙就是一个大同情的社会组织，什么星呀，月呀，云呀，水呀，禽兽呀，草木呀，都是一个同情社会中间的眷属。这时候，不发生极高的美感么？这个大同情的自然，不就是一个纯洁的高尚的美术世界么？”[①]诗心将宇宙万物都视为我们有生命、有情感的姐妹同胞。有了这样博大的同情心，对自然就有“一枝一叶总关情”的仁德的表现。所谓“赋家之心，包括宇宙”，诗心所照临的宇宙，是充满同情感的宇宙。熊十力说：“智大者必富幽情。……情薄、则无以资解之深到。”[②]圣贤大德都富有情感，如此，才会有对宇宙的深刻觉解。

王阳明的“万物一体”的观念能得以生成，其前提是推己及人、推己及物，将自然人格化，如方东美所说：“就是要把自己的生命投到万物、人类广大的生命中，与之合流。”[③]虽然王阳明的哲学思想与宗白华的艺术思想不同，但二者的情感是相同的，他们的情感都破除了自我与他人、他物的二元对立，达到人我无间、物我交融的意境。中国的天人合一的哲学是具有诗意的，它能将自然拟人化，哲学家是具有诗人

---

① 《宗白华选集》，天津人民出版社 1996 年版，第 42—43 页。

② 《大海与众沤》，上海文艺出版社 1998 年版，第 151 页。

③ 《方东美新儒学论著辑要——生命理想与文化类型》，中国广播电视出版社 1992 年版，第 260 页。

气质的哲学家。中国的艺术精神都有哲学的高度,诗化的艺术最终都能达到天人合一的哲学境界,艺术家都是具有哲学精神的艺术家。中国的哲学思想与艺术精神是相通的。在历史上,诗意的精神陶冶了中国人的精神世界。

今天,极端的功利主义者在人与人的关系上,以自我为中心,牺牲社会利益为自己谋取金钱,破坏了人与人之间的和谐相处;在人与自然关系上,以人类为中心,把蚕食土地、榨取资源视为获取财富的捷径,破坏了人与自然的和谐相处。诗意的天人合一的思想包含着人己、天人和谐的思想,有助于克服商业化社会中所产生的极端的功利主义思想。在德育中,提倡诗意的教育,就是要使人们扩大同情心,产生"民吾同胞,物吾与也"的博大情感,使人类走出自我中心主义、狭窄的人类中心主义的困境。诗意德育对市场经济社会中的道德建设有重要的意义。诚如张世英所说:"如果我们能经常给儿童和青少年一种'万物一体'、'民胞物与'的精神熏陶,我想对于改变整个时代人们普遍的精神境界将会有不可估量的作用。"①

德育不仅要使人们关爱社会、关爱人类,还要使人们关爱自然。而要使人们产生与自然的"共通感",非诗意的教育不可。在德育中,没有比"民吾同胞,物吾与也"的情感更为博大的情感了,也没有比诗意的教育更能扩大这种情感了。

第二,诗心蕴涵着浩然与天地同流的"大德"。中国传统文化追求广大和谐之美,华夏祖先的修身养性以达到与天地浩然同流为"大德"。《管子》说:"人与天调,然后天地之美生"。② 人与天地彼此相协调,然后才有天地之美。这种"天地之美"既包含着人对自然产生的美

① 张世英:《哲学导论》,北京大学出版社 2002 年版,第 88 页。

② 《管子·五行》。

感,又包含着人“与天地合其德”所产生的人格美感。

《易·乾卦·文言》说:“夫大人者,与天地合其德,与日月合其明,与四时合其序,与鬼神合其吉凶。”在传统文化看来,人道与天道相通,“大人”的修身就是要以德配天。由诗心开启的天人合一的人生境界,不仅要达到“天地一体”、“泛爱万物”的仁爱境界,而且要达到人与天地浩然同流的人格境界。前者所涉及的是情感陶冶,后者所涉及的是人格塑造。

孔子所推崇的人格就是能与天地相配的人格。他说:“大哉,尧之为君也!巍巍乎,唯天为大,唯尧则之。”[①]在孔子看来,天最高大,只有尧能够效法天。子贡说:“仲尼,日月也。”[②]子贡将孔子的光辉人格视为日月。孟子进一步发展了这种人格美,他提出了“充实之谓美”。[③]所谓“充实”就是将自己的仁义之心“扩而充之”,形成“浩然之气”。有了浩然之气就有了至大至刚的精神支柱,就能立于天地之间,达到“天人合流”的精神境界,“夫君子所过者化,所存者神,上下与天同流。”[④]《中庸》说:“天地之道:博也,厚也,高也,明也,悠也,久也。”这种无尽的天地之美暗示着“顶天立地”的人格,《中庸》提出君子的人格就应该是“博厚配地,高明配天。”

这种与天地浩然同流的审美人生境界,使人胸襟开阔,气吞山河。由此,产生了“富贵不能淫,贫贱不能移,威武不能屈”(孟子)的至大至刚道德气概,“名声若日月,功绩若天地”(荀子)的建功立业道德追求,“为天地立心,为生民立命,为往圣继绝学,为万世开天平”(张载)的学问志向,“青天白日的节义,自暗屋漏室中培来”(洪应明)的慎独道德

---

① 《论语·泰伯》。
② 《论语·子张》。
③ 《孟子·尽心下》。
④ 《孟子·尽心下》。

修养,“问苍茫大地,谁主沉浮”(毛泽东)的民族命运深切关注。这些巍巍堂堂的人格境界成为后世人格塑造的典范,长垂不朽。

车尔尼雪夫斯基说:“构成自然界的美的是使我们想起人来(或者,预示人格)的东西。”[①]诗意地仰天俯地,可以使人从自然中生发出无限的空间美感意识,这种美感作为人格修养的暗示,对人格提升有巨大的感染作用,它使人格塑造也包含着无限的空间意识。在诗意德育中,只有通过诗意的审美,以善美合一的艺术感染人、教育人、培养人,才能将人们有尽的小我融入到无尽的宇宙大我之中。诗意德育不仅要使人们“合社会”,成为社会合格人才,而且要使人们“合天地”,使他们有与天地日月同辉的人格志向。在德育中,没有比与天地浩然同流这样的人格更伟大的人格了,也没有比诗意德育更能提升这种人格了。

第三,诗心蕴涵着观物比德的“大法”。在古代,“学”的本义指效法活动。华夏文化源于效法自然的活动。象形文字效法自然。宗白华指出:“文和字是对待的。单体的字,像水木,是‘文’,复体的字,像江河杞柳,是‘字’,是由‘形声相益,孳乳浸多’而来的。写字在古代正确的称呼是‘书’。书者如也,书的任务是如,写出来的字要‘如’我们心中对于物象的把握和理解。”[②]“像江字、河字,令人仿佛目睹水流,耳闻汩汩的水声。所以唐人的一首绝句若用优美的书法写了出来,不但使我们领略诗情,也同时如睹画境。”[③]在先民的文字中,就包含了比拟自然的因素。绘画、音乐、舞蹈、建筑、园林艺术都效法自然。中国文化的两大主脉——道家文化与儒家文化一样是效法自然,道家是“道

---

① 转引李明泉:《尽善尽美——儒学艺术精神》,四川人民出版社 1995 年版,第 140 页。

② 宗白华:《天光云影》,北京大学出版社 2005 年版,第 229 页。

③ 宗白华:《天光云影》,北京大学出版社 2005 年版,第 229 页。

法自然”，儒家是“德法自然”。效法自然是中国文化的源头活水和精神渊源。

儒家将“有言之教”与“无言之教”结合起来。在无言之教中就包含着效法天。天地间存在着无言的大道，这无言的大道有时比喋喋不休的人言更能言说。能倾听这无言之言者、能说出这无言之言者是有诗心的人。

效法天就要善于读天的这本无字大书。清朝文学家廖燕说：“无字书者，天地万物是也。古人尝取之不尽而尚留于天地间，日在目前，而人不知读。燕独知之，读之终身不厌。”[①]他认为天地万物是无字书，古人没有将它用尽，仍然存留于天地之间。天天呈现于人的眼前，可人们不知道去读它，只有廖燕我知道并去读它，终身不感厌烦。善于读“天”的无字书，“天”就成了一部活生生的德育教材。

善读无字书者能从松柏中读出“岁寒后凋”、从翠竹中读出“宁折不弯”、从莲花中读出“出淤泥而不染”。今天的德育要实施开放的教育，使人们既要读有字书，又要读无字书，使学生有爱赏自然的高洁胸襟，从生生不息的大自然中感悟做人的道理，使生命“经物质扶摇而入于精神的美”[②]，在诗意德育中，没有比读无字书更大的书本了，也只有诗意的教育才能使学生读这本大书。

第五节　德育“赞天地之化育”

方东美指出：“‘自然’乃是一个生生不已的创进历程，而人则是这个历程中参赞化育的共同创造者。所以自然与人可以合二而一，生

① 廖燕：《二十七松堂集·答谢小谢书》。

② 《宗白华全集》(第2卷)，安徽教育出版社1994年版，第288页。

命全体更能交融互摄，形成我所说的‘广大和谐’(comprehensive harmony)，在这一贯之道中内在的生命与外在的环境流衍互润，融熔浃化，原来看似格格不入的此时均能互相涵摄，共同唱出对生命的欣赏赞颂。”[①]方东美认为，传统中国人的高标至善的理想是融入自然的创化历史中，这符合儒家的思想实际。

儒家德育的最高境界是“赞天地之化育”。《中庸》说：“唯天下至诚，为能尽其性；能尽其性，则能尽人之性；能尽人之性，则能尽物之性；能尽物之性，则可以赞天地之化育；可以赞天地之化育，则可以与天地参矣。”意思是说：只有天下至诚的圣人，才能尽量发挥自己天赋的本性；能尽量发挥自己天赋本性，就能尽量发挥天下一切人的本性；能尽量发挥天下一切人的本性，就能尽量发挥万物的本性；能尽量发挥万物的本性，就可能赞助天地对万事万物进行演化和发展；可以赞助天地对万事万物进行演化和发展，就可以和天地并立为三了。[②] 这种赞天地之化育与人生的天地境界、天人合一思想、比德式的人生修养、艺术化的人生道路和传统诗教精神都是一脉相通的。

在儒家看来，德性不仅体现了人性，而且体现了自然性；它不仅是为人的，而且是为自然的；它不仅是自然演化的结果，而且通过修身提高德性就是推进宇宙的演化。修身的最高目的是达到天人合一的境界，它不仅追求个体的自觉，而且追求宇宙的自觉。儒家把道德的发展放到整个宇宙开放的体系中去观察，修身是要在天地之间堂堂正正地做人，从而使人与天地并列为三。

在儒家看来人与禽兽的区别在于人有道德，宋初“泰山先生”孙复明有一首诗云：“人亦天地一物耳，饥食渴饮无休时。若非道义充其

① 《方东美新儒学论著辑要——生命理想与文化类型》，中国广播电视出版社1992年版，第175页。

② 《四书今译》，江西人民出版社1986年版，第50页。

腹，何异禽兽安须眉?”人优于动物在于人有道德。孟子说：“无恻隐之心，非人也；无羞恶之心，非人也；无辞让之心，非人也；无是非之心，非人也。”[1]不具备这些善性，就不是人。他说：“人之所以异于禽兽者几希，庶民去之，君子存之。”人与禽兽相异只在于那么一点点东西(仁义礼智“四端”)，庶民不能保存它，成为小人；君子保存住了它，成为君子。荀子认为人之所以为人的决定性因素既非“二足而无毛”的形体特征，亦非“饥而欲食，寒而欲暖，劳而欲息，好利而恶害”的感性欲求，而是因为“有辨”，即明于上下亲疏之分、礼义廉耻之别。荀子说：“人力不若牛，走不若马，而牛马为用，何也？曰：人能群，彼不能群也。”[2]人的器官虽然不如牛马，但人有礼义，它使人能“群”，使人区别于动物。他还说：“义则不可须臾舍也。为之，人也；舍之，禽兽也。”[3]“义”为人兽相分的标准。

西方的关于人的观念有两类：一类为生物学意义上的人，如瑞典生物学家林耐将人称为“脊椎——哺乳动物系之冠”。另一类为哲学意义上的人，即人的超生物性的“本质”。西方关于人的本质的研究层出不穷、众说纷纭，从未有过一个统一的看法。与之相反，在儒家看来，使人成之为人的东西，是不能用自然的生命进化来解释的，它从未想过要揭示生物意义上的人。儒家文化中的人的观念只有一类，而且不同的学说(如性善论与性恶论等等)在人的看法上(较之西方多元化的人学理论)表现得出奇地一致：人为“道德的人”。

儒家以道德来确定人在宇宙中的特定位置。孔子在《易经·序卦》中说：“有天地，然后有万物。有万物，然后有男女。有男女，然后有夫妇。有夫妇，然后有父子。有父子，然后有君臣。有君臣，然后有

---

① 《孟子·公孙丑上》。

② 《荀子·王制》。

③ 《荀子·劝学》。

上下。有上下,然后礼义有所措。”《易经》将宇宙的演化描绘成一个由低级到高级的创造过程,这可以算是人类最早的进化观点。天地中和,化生万物,于是产生了人。这一自然进化程序向人们揭示了礼义是天地演化出的最终的东西。人为宇宙的精华就建立在这个后果之上。这一进化程序并没有西方神学目的论色彩,自然不是为了生出礼义这一目的才有进化的。这一自然进化程序是我们祖先对宇宙演化的朴素直觉。荀子说:“水火有气而无生;草木有生而无知;禽兽有知而无义;人有气有生有知亦且有义,故最为天下贵也。”[①]他将宇宙的进化过程揭示得更有等级性:无机物、植物、动物、人直至“义”。人与它在宇宙进化中的前形式(无机物、植物、动物)相比,不仅有共性而且有某种完全不同的特殊性。这种特殊性不是生物意义上的人,也不是理性的人,而是道德意义上的人。荀子认为人“最为天下贵”,人贵在有“义”,即能辨别思想行为是否合宜,遵循社会的正义原则。

儒家认为只有道德才能赋予人在宇宙中的这种特殊位置,这一观点在今天仍然有意义。西方的“人”在科学化的进程中其地位是不断下降的。弗洛伊德说:“人类的自尊曾先后从科学手内受到两次重大的打击,第一次是知道我们的地球不是宇宙的中心,仅仅是无穷大的宇宙体系中的一个小斑点,我们把这个发现归功于哥白尼,……第二次是生物学的研究剥夺了人的异于万物的创生特权,沦为动物界的物种之一,而同样具有一种不可磨灭的兽性:这个‘价值重估’的功绩成于我们这个时代的查理·达尔文……然而人们的自尊心受到了现代心理学研究的第三次最难受的打击:因为这种研究向我们每人的‘自我’证明就连在自己的屋里也不能自为主宰。而且只要能得到少许关

① 《荀子·王制》。

于内心的潜意识(无意识)历程的信息,就不得不引以自满了。"[1]弗洛伊德认为,第三次打击也是最后对人类的打击是无意识理论,它向人类"自我"表明,他甚至在自己家里也不是主人。而真正支配人的心理行为的,乃是其心灵生活中的无意识。这个科学化的"进程"已经将人类的尊严剥落得干干净净。

仅以科学的事实性眼光研究人,找不到人的尊严。人既是一种事实存在,又是一种价值存在。它既处于实然世界中,又处于应然世界中。在实然世界中,人在无穷无尽的大千世界中显得微不足道。在应然世界中,人在价值系列中(无机物、植物、动物、人直至"义")则显得无比高贵。王阳明说:"充天塞地中间,只有这个灵明。……我的灵明,便是天地万物的主宰。天没有我的灵明,谁去仰他高;地没有我的灵明,谁去俯他深;鬼神没有我的灵明,谁去辨他吉凶灾祥?"[2]这个灵明就是道德良知。人的灵明可以觉解一切,照亮一切,它赋予万事万物以价值,由它开辟了心灵世界或价值世界。德国哲学家谢林说过:"自然在人里面打开自己的眼睛,注意到,自然在此。"[3]"海德格尔认为,从本体论上看,任何所谓客观的事物,都只是因其呈现于人面前才具有意义。人是'自然之光'"。[4] 王阳明认为人心是宇宙整体的"发窍处",是宇宙整体的灵魂。这一思想与谢林认为的自然在人之中达到了对自己的可见性是何其相似!与海德格尔的"自然之光"有异曲同工之妙!人的觉解就是自然的觉解、宇宙的觉解,没有人,自然就一声不吭。

儒家认为人的可贵就在于它有道德良知。《孝经》讲:"天地之

---

① 弗洛伊德:《精神分析引论》,商务印书馆 1986 年版,第 225 页。

② 王阳明:《传习录》(下),《王阳明全集》(卷三)。

③ 转引吕迪格尔·萨弗兰斯基:《海德格尔传》,商务印书馆 1999 年版,第 237 页。

④ 张世英:《新哲学讲演录》,广西师范大学出版社 2004 年版,第 122 页。

性,人为贵。"《尚书》说:"惟人万物之灵。"《礼记》说:"人者,天地之心也。"这里的人都不是生物意义上的人,而是道德良知意义上的人。

儒家从道德上充分肯定了人在宇宙间的崇高地位,这对今天的德育有一定启示意义。道德是人的价值的依托,今天我们谈尊重人就应该从道德上"立人"。人的尊严不是靠科学奠定的,人生的意义、价值问题是不能科学化的。科学化的"进程"不能赋予人的价值和意义,科学技术的工具理性下的教育也不能赋予人以价值和意义。例如,在工具理性下,学校变成了"教育工厂",教师像流水线上的"工人",用统一的教育技术、统一的课程、统一的教育工艺流程,把学生制造成标准化的教育"商品"。工具理性将人视为"宝贵资源"与"人力资本","教育工厂"就从事这种资源开发。人的价值不是工具理性估算的对象,人的价值是一种精神存在,它突显在道德的精神人格上。

有学者指出:"在泰勒制式的生产、交往和行政加工的流水线上,人必须没有灵魂,并将受意志支配的肉体变成对象性的工具。"[①]"高效的体制要求齐一化标准化的部件,在管理体制的每一条流水线上,人与任何一个螺丝钉之类的机器部件是同质的。"[②]这种对现代工业文化的评论使人回想起了尼采的话:"一旦我们拥有了全球性的经济管理(这很快就要不可避免地发生了),人类就会发现他彻头彻尾地成了一架为这种经济服务的机器,那将是一部巨大无比的发条装置,由无数极其微不足道的、极其精细地'被改造过了的'齿轮所组成。"[③]尼采的话为工业文明敲响了警钟。工业社会中的工具理性是要把人变成无个性、无色彩、无道德的经济机器的附属物,工具理性的教育让人做小

---

① 张一兵:《无调式的辩证想象》,生活·读书·新知三联书店 2001 年版,第 32—33 页。

② 张一兵:《无调式的辩证想象》,生活·读书·新知三联书店 2001 年版,第 34 页。

③ 转引李银河:《福柯与性》,山东人民出版社 2001 年版,第 9 页。

人或非常渺小的人。在我们的道德理想教育中，曾存在着一种偏差，提出过做“一块砖”、做“一颗螺丝钉”、做“小草”。有一首《小草》歌在年轻人中较为流行，所谓“春风把我吹绿，阳光把我照耀，大地母亲把我拥抱”。小草人格所表现的完全是一种渺小的被动人格。似乎道德觉悟愈高，人愈应该趋向渺小；愈是渺小，似乎就愈能显示一个人的道德高尚。今天的道德建设和教育，要克服工具理性，不能只教人在枝枝节节上做人，而应该造就“与天地合其德，与日月合其明”的“大人”，培养“赞天地之化育”的君子。

朱光潜说：“中国儒家的最高的人生境界是‘尽性’。他们说：‘能尽人之性则能尽物之性，能尽物之性则可以赞天地之化育。’教育的目的可以说就是使人‘尽性’，‘发挥性之所固有。”[①]“有些园丁不知道尽草木之性，用人工去歪曲自然，使某一部分发达到超出常态，另一部分则受到压抑摧残。这种畸形发展不是健康的状态，在草木如此，在人也是如此，理想的教育不是摧残一部分天性而去培养另一部分天性，以致造成畸形的发展；理想的教育是让天性中所有的潜蓄力量都得尽量的发挥，所有的本能都得平均调和发展，以造成一个全人。”[②]从今天看来，继承儒家文化传统，使教育成为“尽性”的教育，与人的全面发展的教育有相通性。

---

① 朱光潜：《无言之美》，北京大学出版社 2005 年版，第 203 页。

② 朱光潜：《无言之美》，北京大学出版社 2005 年版，第 204 页。

第九章　对话教育方法

教育界提出对话教育已经有三十多年的历史了。师生对话理论得到了教育界的普遍认同。对话教育理论启发了德育，在德育中应该广泛开展对话教育。

第一节　对话教育概述

探讨对话教育的形式意在使整个德育都能成为对话教育。只有弄清了对话教育的多种形式及各自不同的特点，才能把握对话教育的真义，从而在教育实践中开展对话教育。对话教育分为以下几维度：

第一维度的对话是人与人的对话。

伽达默尔指出："如果在说话中不同时包括说话者和听话的人，这就不可能有任何说话。"[①]在交往性对话中包含着问与答、传诉与接受的说者与听者的互动。

在德育中，实施交往性对话，可以克服教师中心论和单向灌输法，实现师生之间民主、平等的交往。交往性对话的意义在于，它不将课堂中的教育活动视为教师的单独活动（教师独白），而是视为师生共同

---

① 伽达默尔：《真理与方法》，上海译文出版社 1999 年版，第 507 页。

合作的活动(师生的智慧对话)。今天的对话教育理论主要集中于交往性对话,且在交往性对话中,主要关注师生的平等关系。对话教育理论的视野应该拓宽。笔者将其视为第一维度的对话,意在说明对话教育不仅于此。

在交往性对话中,语言具有指示功能。德里达指出:"当我聆听别人时,他的活生生的经验并不以'个人'、以原初的方式直接呈现给我。别人的活生生的经验只有借那包含着物质性的符号的中介性的指示才能为我所知。"[①]在交往性对话中,任何人的思想和感受都离不开语言,语言在"传达"着思想与感受,但不等于思想与感受。由于对话双方不能直观他人的心理、不能直接体验他人的心理体验,通过嘴而发出的声音之流就具有了指示性质。

"我看到某物"与"我说出看到某物"是不同的。当他人告诉我:"我看到一张棕色的桌子",由于我不能钻进他的大脑,去看他讲的桌子是什么,我无法确切地知道他是否具有与我一样的对桌子的感受。但因为他与我讲着同一种语言,他意指的桌子与我所认为的桌子相同,他对颜色的分类与我的分类相同,所以我们能够在语言上相互理解。

交往性对话寻求人与人之间的相互理解。伽达默尔指出:"理解的基础并不在于使某个理解者置身于他人的思想之中,或直接参与到他人的内心活动之中。正如我们所说的,所谓理解就是在语言上取得一致。"[②]由于语言指代着心理体验,理解是在语言上取得一致,师生的交往性对话不仅要寻求彼此的理解,而且这种对话要启发和引导学生进行生活体验。在德育中,交往性对话起着教育引导作用,它是教育者启发受教育者的主要形式,并为以下各种对话铺平道路。没有这种

---

① 转引肖锦龙:《德里达的解构理论思想性质论》,中国社会科学出版社 2004 年版,第 72 页。

② 伽达默尔:《真理与方法》,上海译文出版社 1999 年版,第 489—490 页。

对话就没有教育,然而,只有这种对话是不完全的教育。

第二维度的对话是自我与自我的对话。

这是内省性对话,自我同时扮演着说者与听者的角色。例如,曾子说:“吾日三省吾身:为人谋而不忠乎?与朋友交而不信乎?传不习乎?”[①]这就是内省性对话,它是对自己过去行为(旧的自我)的反思。内省性对话是自我教育的一种形式。

内省性对话与交往性对话有区别。交往性对话通过语言进行,内省性对话可以通过语言进行,也可以通过非语言的表象进行;在交往性对话中语言的表述过程是一个指示过程,它指示着人的内在思想和感受。在内省性对话中语言不是心理体验的“信号”,“我的语言”与“我的心理体验”直接同一。

内省性对话为交往性对话提供理解的基础,人们常常是通过内省性对话(回忆、体验自己的经历)去理解交往性对话中的他人,即通过自我的心理体验去猜测他人的心理体验(以己度人)。德育中倡导的心理换位就是通过内省性对话实现的。

由于交往性对话只能传达表示心理体验的语言,不能传达心理体验,这就决定了在教育中增加学生的心理体验不能靠交往性对话的语言“注入”。黑格尔指出:一句古老的格言从小孩嘴里说出与从老人嘴里说出是不同的,小孩对格言的理解是抽象、贫乏的,而老人对格言的理解包含着他对生活的丰富体验,达到了对具体真理的认识。例如,对“养儿方知父母恩”这句俗语,任何一位懂中国话且知道中国“孝”文化的人都能在语言上达成一种理解,但只有当人有了为人父、为人母的生活体验才能深刻理解它的含义。在教育中,许多人文科学知识是不能靠交往性对话“讲深、讲透”的。

---

① 《论语·学而》。

中国人讲“阅历”。“阅历”不通过交往性对话而增长，它必须有生活经历的积累。“阅历”也不是生活经历的自然增加，它是对经历的回味、反思。“阅历”是在自我与旧我之间展开对话，“经一事，长一智”、“前事不忘，后事之师”等等格言都是提醒人们进行这种内省性对话，从而达到“苟日新，日日新，又日新”的不断自我超越的境界。

苏格拉底说：没有审视的人生是不值得过的人生。有“历”无“阅”的人生就是没有审视的人生。如果交往性对话不能引导内省性对话，学生就不能通过反思生活、增长阅历，其对他人的理解、对人生的理解都是肤浅的。苏霍姆林斯基提出要使教育成为促进自我教育的教育，从对话教育上实施这一教育思想，就是交往性对话要引导、促进内省性对话。在德育中，交往性对话是内省性对话的前提，内省性对话又是交往性对话实现的根据，这是一种内外因关系。

第三维度的对话是人与文字性的文本对话。

这是解读性对话，主要涉及到学生对教材、参考书的解读。笔者在这里讲的“解读”是狭义的，指学生对文字性的文本解读。伽达默尔指出：人与以文字形式固定下来的东西——文本对话，“根本不涉及两个人之间的关系，例如读者和作者之间的关系（作者也许是读者完全不认识的）。”[①]人与文本的对话不在人与人之间进行。例如，《大学》、《中庸》的作者究竟是谁，现在已经无法准确地考证。将这类文字流传物引进课堂，学生解读它们不是与作者打交道，而是直接与文本打交道。即使是署名的文字流传物，由于作者在读者阅读时缺席，作者与读者也没有一种直接的沟通关系。

克服课堂教学中的满堂灌，要提倡解读性对话。在课堂教学中，解读性对话与内省性对话、交往性对话是相互联系、相互渗透的。解

① 伽达默尔：《真理与方法》，上海译文出版社 1999 年版，第 500 页。

读性对话是学生参与到文本提供的意义域中去,实现自我的精神与文本的精神交流。人与文本的对话不是一种直接关系(不是满堂灌式的教学将文本的内容直接灌输到学生头脑中去),而是反思关系。学生从文本中发现问题,例如,寻找文本中的空白点和矛盾之处,通过内省性对话去回答问题,这种问与答即对文本的琢磨是内省性对话。学生在内省性对话的基础上,从文本中发现问题,通过自我思考去补充、发展文本的意义,这个过程又形成了解读性对话。只有在解读性对话的基础上,学生才能有自己的心得和发现,从而才不会将教师对文本的解释视为最终解释,才会去补充或修正教师的观点(教师对文本的解释),甚至提出与之不同的观点。这样,就有了课堂教学中的交往性对话。德育要引导学生解读马克思主义经典著作及中外伦理、哲学文本,开拓学生视野,提高学生的自学能力,解读性对话也是自我教育的一种形式。德育要通过交往性对话引发学生的解读兴趣。

第四个维度的对话是人与天地的对话。

这是一种无言性对话。理解这种对话有两个方面:其一,克服人对物的优越感。当今的对话理论应该克服人对物的优越感。在整个教育对话上,学者们有一种倾向,认为对话的目的就是使人与人的关系区别于人与物的关系。人们有一种理论预设:理想的师生关系是人与人的关系,与之对立的师生关系是人与物的关系,通过实施对话教育就可以将师生关系由人与物的关系转变为人与人的关系。

伽达默尔指出:“物和人这对对立命题的含义最初是在人对物所具有的显然的优越性中发现的。人表现为一种由于自己的存在而受尊崇的东西。另一方面,物则是那种被人使用、完全受人支配的东西。”[1]当今教育对话理论受“物与人”对立这种观念支配,当研究者们

① 伽达默尔:《真理与方法》,上海译文出版社 1999 年版,第 71 页。

批评传统教育的失误时，常常认为传统教育将学生视为消极、被动的“物”。在批评中就流露出了人对物所具有的优越感，似乎物就是被人摆布的东西。在教育理论中有种“忌物症”，人们最怕的莫过于别人指责自己的理论是将人当成物，而最先进的教育理论似乎是离“物”越远越好。只要教育理论还在津津乐道地谈论这种人物之辨，还热衷于能动的人和被支配的物的划分，就不会有健康的教育，就不可能发展出人与物的对话理论。

伽达默尔指出：“事物的语言同样是我们应该更好地注意的东西。……在一般情况下，我们根本不准备倾听自在的事物，它附属于人的计算，服从于人凭借科学理性对自然的统治。在一个越来越技术化的世界中谈论对事物的尊重显得越来越荒唐。这种观点日见消亡，只有诗人仍然忠实于这种观点。但是，我们还是能够谈论事物的语言，只要我们能记得事物究竟是什么，也就是说，事物并不是一种被使用被消费的物质，不是一种供使用然后就扔到一边的工具。相反，事物是有自身存在的东西，像海德格尔所说，是‘不能强迫它什么都做’的东西，事物自身的存在由于人想操纵事物的专横意志而被忽视了，它就像一种我们不能不听的语言。”①

事物有其自身的语言，海德格尔说：“雕像和庙宇在敞开中立于与人作无言的对话之中。”②事物有一种无言之言。伽达默尔说：“这种观点日见消亡，只有诗人仍然忠实于这种观点。”其意思是说只有具有诗意的人才会注意事物的语言，才能倾听这种无言之言。海德格尔提倡诗化哲学，就是为了克服西方传统哲学的主客二分的思想，让人聆听“存在的声音”，使物不再是冥顽不灵之物，而是有言的灵物。

---

① 伽达默尔：《真理与方法》，上海译文出版社1999年版，第72页。

② 张世英：《进入澄明之境——哲学的新方向》，商务印书馆1999年版，第230页。

在当今的对话理论中人们常常引用马丁·布伯的《我与你》,但对《我与你》的理解是片面的,马丁·布伯的"我与你"的对话关系不仅包含着人与人,而且包含着人与物。我们所倡导的对话只限于人与人,而且要使人区别于物。马丁·布伯的"我与你"是人对世界的基本态度,它要超越主客二分,建立人与人、人与物的"我—你"主客合一的世界,而不是"我—它"主客二分世界,由此克服工业文明的发展所造成的人与人、人与物的对立和分离现象。如果我们的对话理论,在人与人上形成了"我—你"关系,在人与物上还是"我—它"关系,这种教育所培养出来的人,始终处于主客二分阶段,物始终是人所支配、摆布、占有的对象。如此,教育不仅无助于使学生发展出一种人与人、人与物的和谐关系,相反,会强化狭隘的人类中心主义。

狭隘的人类中心主义"是以人为中心,人处于支配和统治地位,自然物处于被支配和被统治地位,人与物的关系是不平等的关系。"①而把主客二分思维方式作为唯一理解事物的方式,其采取的就是狭隘的人类中心主义立场。海德格尔、伽达默尔、马丁·布伯等西方现当代哲学家所倡导的对话理论都是为了克服这一立场。德育的对话理论必须从当今的教育理论关于人与物对立的思想中走出来,克服人对物的优越感,发展出一种人与物的对话关系。

其次,教育交往关系不仅包含人与人,而且包含着人与物。当今对话理论理解的教育交往关系只局限在人与人,热衷于在人与人之间建立平等、理解、开放的对话关系。由于它只着眼于人与人的对话,对话教育就成了人与人之间有言的你说、我说。这与教育现实相悖,因为教育不可能仅仅在人与人的你说、我说中进行。教育对话关系是开

① 张世英:《人类中心论与民胞物与说》,人大复印资料《哲学原理》,2003 年 3 期。

放性的，开放性的对话必须是从人与人的对话到人与物的对话、从有言的对话到无言的对话。

使笔者难以理解的是当今的对话理论为什么要追求师生双方对话的“充分理解”呢？在对话教育中，教师教得好，恰恰不在于仅仅是条理清晰、讲得明白、有问必答(这当然是需要的，但不能仅限于此)，而在于使学生从无疑中发现有疑。如果对话教育使学生完全消除了疑问，充分理解，没有为学生留下有待思考的问题，这还能称之为理想的好教育吗？所谓“充分理解”的教育如果真正实施起来必然压制了学生的思考能力。

当今的对话教育理论局限在人与人之间又怎么能达到开放性呢？开放的教育要从师生之间的有言对话到与课堂文本无言的对话、由课堂对话到走出学校课堂与“天地大课堂”中的万事万物对话。

倡导对话教育应该提倡人与宇宙万物的对话。马丁·布伯指出：“我凝神观照树，进入物我不分之关系中。此刻，它已不复为‘它’。”[①]此“凝神观照”指人进入了超越主客体关系，人与树的关系已经成了“我—你”关系。北大哲学系教授张世英指出：“即使是一棵树，如果不仅仅把它当作被观察、被使用的对象，而是以‘仁慈’的态度对待它，那么这棵树就不是‘它’，而是‘你’，不是简单的物而是有意义的东西，人和树就处于‘相互回应’的‘关系’之中，人和树就能‘相遇’”。[②] 这里“仁慈”的态度就是要有超越主客体的“物与”精神，将树视为我的同类和朋友。

儒家的“比德”就是倡导一种人与物的“我与你”对话关系。德育不仅有“有言之教”，还有“无言之教”。这就要求对话教育不仅需要有

---

① 马丁·布伯：《我与你》，生活·读书·新知三联书店2002年版，第5页。

② 张世英：《人类中心论与民胞物与说》，人大复印资料《哲学原理》，2003年3期。

言的对话,而且需要无言的对话。当孔子说“予欲无言”时,就是要让学生倾听天的言说,实行无言之教。

考察了对话教育的四个维度,可以给对话教育下一定义:对话教育是自我与自我、自我与他我、自我与文本、自我与自然的沟通过程,是外来的新信息(自我的新体验、他人的思想、文本的精神、自然的启迪)与自我头脑中原有信息的交流过程。对话教育表现为一个多重的同心圆形态,它以内省性对话为圆点,环绕着三个同心圆:有声的交往性对话、无声的解读性对话、无言性天地对话。这个对话过程由易到难,内省性对话其语言没有指示性质,个体完全明白自己所说的东西,不存在交往性对话的理解(语言上取得一致)的问题;交往性对话不仅言说双方在场,而且言说时的情景也在场。相对于解读性对话,言说者的语气、声调、表情和言说情景(作为理解的辅助手段)都有助于彼此的理解;解读性对话由于作者缺席,对文字的理解没有交往性对话的辅助手段,使理解产生了一定的难度。然而文本的书面语言却为人们提供了一个可以理解且与之对话的意义域;无言性对话没有语言上的提示和告知,开展这种对话的教育难度最大,它要求教育要吸取中国传统文化的诗性精神,将自然拟人化,使人与自然建立起一种友善的“我与你”的对话关系,从而使学生从自然中受到启迪与熏陶。

对话教育以内省性对话为依据,不断向外扩展。通过交往性对话使自我融入“他我”的世界中,这是在具体的时空中人与人的沟通;通过解读性对话使自我融入文本的世界中,这是跨越具体时空的人与人类精神创造物的沟通;通过与天地无言性对话使小我最终融入宇宙的大我之中,这是人与宇宙的沟通。对话教育的根本特征是开放性,它要向自我开放、向他人开放、向文本开放、向自然开放。

在德育的对话教育中,交往性层面上的师生对话起着引导作用。它引导着对话“向里用力”,由横向的师生交往性对话转向学生纵向的内省性对话，使学生善于体验自我、反思自我，实现自我对自我的教育；引导对话“向外拓展”，使学生敞开自我的心灵，去理解和体验“他者”（他人、文本、自然），使自我与“他者”互动交流，实现人对人的教育、书本对人的教育、自然对人的教育。

今天的对话教育理论只关注交往性对话，从主体间的交往上分析对话教育。这使对话教育理论难以深入，在实践中难以发挥指导作用。在课堂教学中，如果教师不能引导学生的内省性对话与解读性对话，学生就没有自我体验和在文本（教材、参考书）理解上的体会和心得，交往性对话中的你说、我说就成了没有意义的空洞言说。如果教师不能引导学生进行无言性对话，对话教育就只局限于课堂教学和有言的教育，学生就不能在“天地大课堂”中受到教育。

第二节　教育对话：苏格拉底还是孔子

德育对话应该以谁为本？苏格拉底还是孔子？这个“本”是典范的意思。教育史有一个正反合的发展过程：最早的教育是对话式教育，夸美纽斯提出《大教学论》后，实行班级授课制，出现了统一化、标准化的讲授式教育。今天基于讲授式教育产生的问题，人们又开始倡导对话式教育。谈及对话，教育中人就会推崇孔子与苏格拉底，苏格拉底与孔子的对话都被教育中人视为对话教育的“经典古风”，但人们还尚未意识到两者走的路径截然不同。

第一，苏格拉底的美德是理性知识，孔子的美德是“善美合一”。

苏格拉底提出“美德即知识”。这种知识是理性的。他认为道德教育就是要引导人们“爱知”、追求知识。当一个人具有了理性道德知识并能将此道德知识付诸实践，达到知行统一，此人的道德就成了美德。苏格拉底的“美德”并无美感可言。苏格拉底的德性修养是向内的,他将德尔斐的神喻——“认识你自己”伦理学化,将探索的目光从询问“自然”的知识转向寻求“自我”的理性智慧。苏格拉底提出“美德即知识”是为了催醒人的理性精神,在此后的西方思想史上出现了只认理性为真的柏拉图主义。

中国的孔子提出了“仁者乐山,智者乐水”的思想,他以山水比喻仁智,儒家德育所提倡的道德是从“模山范水”的诗性思维中产生的,这使美融于善,孔子所倡导的道德是善美合一的,这种道德是真正的美德。孔子的“乐山乐水”是启发人的诗性思维,他提出“不学诗,无以言”,开创了德育诗教传统。孔子的德性修养是向外的,他开创的“比德”教育方法是效法外在的自然,这种德育认为德性是从“天地之大美”中熏陶出来的。从孔夫子到毛泽东,两千多年的中国文化充满了诗意。

德育对话不能完全走入西方文化的路径。伽达默尔指出:在西方文化传统中,人是逻各斯的生物。逻各斯指思想、语言、概念和规律。而“逻各斯这个词的主要意思是语言”。说“人是逻各斯的生物”与说“人是语言的生物”是同质的,它说明人能够思想、能够说话。今天的对话教育把眼光放在“人能说话”上,学者们认为“对话”就是人与人之间的“问”与“答”。苏格拉底的对话教育(以理性的人言为中心)是西方逻各斯中心主义的源头,当今天人们把说话能力视为教育的中心时,就有了逻各斯中心主义之嫌。今天的对话教育受理性话语的宰治,缺少诗意的美感,源于我们只重“人言”而忘记了“天言”。过去的“你说我听”的灌输教育是一种人言(教育者的人言),今天的人与人之间的对话教育还是一种人言(教育者与受教育者双方的人言)。然而,教育仅在人言上做文章,是不能摆脱逻各斯中心主义的。

第二,苏格拉底的教育始于问,孔子的教育兴于诗。

苏格拉底把自己比喻为在人群中飞来飞去的“牛虻”(理性的“牛

虻"),激励、催醒迷顿的雅典人的精神灵魂。他希望通过诘问启迪他的谈话者对美德的追求。他"时常就一些关于人类的问题作一些辩论,考究什么事是敬虔的,什么事是不敬虔的;什么是适当的,什么是不适当的;什么是正义的,什么是非正义的;什么是精神健全的,什么是精神不健全的;什么是坚韧,什么是懦弱;……"[①]通过对这些问题无休止的寻根问底地讨论和追问达到道德上的善。这种对话教育被西方思想家赋予了很高的意义,雅斯贝尔斯在《什么是教育》中认为苏格拉底的对话是探索真理和自我认识的途径。卡西尔在《人论》中这样评价苏格拉底的对话:"真理就其本性而言就是辩证的思路产物。因此,如果不通过人们在相互的提问与回答中不断地合作,真理就不可能获得。"[②]上述思想家的观点经常作为"经典"出现于我们教育研究的对话理论中。苏格拉底的对话教育被人们视为教育的"经典古风"。

孔子的德育"兴于诗",他认为修身当先学诗。其"岁寒,然后知松柏之后凋也"是以松柏比德于君子刚正不阿的人格,这种德育是化景物为情思,以此陶冶人格。孟子继承了这一思想,其"大丈夫"人格是"比德"的产物。"大丈夫"人格并非产生于无休止的理性的寻根问底的讨论,而是产生于孟子的"浩然之气"。"浩然之气"是将天地之气与精神风貌相比拟(儒家比德)而产生的一种诗意的道德气概。

孔子"兴于诗"给我们最大的启示就是德育并非就是理性的言说,人的行善的愿望并非只能从理性的追问中产生,道德上的真理并非只是通过人们在相互的提问与回答中不断地合作才能获得。"兴于诗"还给我们一种启示就是在德育中诗性高于理性。今天的德育若以逻各斯(人言)为中心,即使达到了人们所认为的对话教育的理想境界

---

① 色诺芬:《回忆苏格拉底》(第 1 卷),商务印书馆 1984 年版,第 16 页。

② 卡西尔:《人论》,上海译文出版社 1995 年版,第 8 页。

(活动的有来有往、语言的有问有答、说者与听者的不断转换),人们所分享的只是理性,这种教育不过是苏格拉底式的"问理"教育。

第三,苏格拉底的教育是"跟我来吧",孔子的教育是"予欲无言"。

苏格拉底路遇年幼的色诺芬,问他在什么地方可以购买市场上出售的各种商品。这个孩子知道购买商品的地方,十分礼貌地回答了他。苏格拉底又问到:"哪里可以买到'高尚'、'善良'和'美德'?"孩子茫然不知。苏格拉底随即说:"那么跟我来吧!"[①]在对话教育中苏格拉底充当着人类的精神导师,其对话教育有不平等的意味。

有位学者指出:"一般认为苏格拉底式对话的风格是'反讽'式的。的确,苏格拉底总是从无知开始,即总是从承认对方的定义开始,然后再沿着有利于对方论证的实例一路问下来,使对方不断增强信心地自我肯定,可是到最后有一个突然的翻转,陶醉于明智的对方眼睁睁地看到,完全按照自己心满意足论证的结论竟然变成反对自己定义的结论。从形式上看,这的确是最典型的反讽。但是,从目的上看,反讽不过是先见者成竹在胸的递归逻辑,一如倒退者的百川归海,只是它隐含在表面的迎合对方的演绎论证中,二者正相反错,一方所失乃一方所得,而且对方的得本身就是失。"[②]在对话中,苏格拉底扮演着以自我为中心的教育者的角色。

福柯说:"所谓教育者,就是说'给我听课。这里你们还不懂,但是又必须得懂的东西还有很多'的这种人。这就产生了我命名为'罪恶的意识作用'的第一阶段。第二阶段就是,有你们必须知道的东西,而这些我知道,所以我应该教你们。这就是义务阶段。接下来,因为我教了,所以学生们就必须知道了,就应该确认他们是知道了。这就

---

① 金生鈜:《德性与教化》,湖南大学出版社 2003 年版,第 34 页。

② 张志扬:《偶在论》,生活·读书·新知三联书店 2000 年版,第 47—48 页。

是检验(考试)。”[1]由这种“所谓的教育者”产生的师生关系是讲解教师与耐心倾听的学生的“我说你听”的关系。这种“所谓的教育者”从苏格拉底开始(“跟我来吧”),一直持续至今,只是今天人们更加重视考试。

有趣的是,今天人们倡导的对话教育似乎要转变这一“所谓教育者”的形象,但还是在苏格拉底的逻各斯(人言)路径上。人们提倡的对话教育是平等地“你说”、“我说”。对话教育基于人们今天提倡的主体间性,这种对话要从“自我”走向“他人”、从单数的“我”走向复数的“我们”、从“主体性”走向“主体间性”。这种对话教育看似美好,且不同于苏格拉底以自我为中心的反讽式对话。在苏格拉底的反讽式对话中真正的言说者是他本人,在今天的对话教育中师生都有话语权。然而,这种平等的对话不过是让师生都有“问”与“答”的能力,谁也不依赖谁、谁也不控制谁,其理想的目标就是大家都成为能问能答的“苏格拉底”。

对话围绕着逻各斯(人言)进行,那个“所谓的教育者”始终存在着,只是这个角色是不确定的。不论是谁(教师与学生),只要他在某一个问题上思维能力高一些、真理性认识多一些,就听谁的,就跟谁走。苏格拉底的对话是“跟我来吧”,主体间性的对话是“跟我们来吧!”这个“我们”是谁?最终还是理性和智商高一些的人,是启发“后知后觉”和“不知不觉的”的“先知先觉”们。

以逻各斯(人的语言)为中心的对话教育真的能转变教育中的“说教”吗?我们已经厌倦了教育中的纯粹“说教”。单纯的“教师说、学生听”使人感觉乏味,单纯的“学生说、教师听”或者“师生互说、互听”就不令人乏味吗?以逻各斯(人言)为中心的教育就是“说教”。

---

① 樱井哲夫:《福柯——知识与权力》,河北教育出版社 2001 年版,第 175 页。

孔子与“跟我来吧”的苏格拉底走着完全不同的路径。《论语》中的孔子“予欲无言”,他要让学生倾听“天言”。“天”能“言说”许多道理。中国传统文化认为,人言是“小言”,天言才是“大言”。大音希声、大道无言。只有相信在“人言”之上还有一种“天言”的教育,才会有孔子“予欲无言”的教育境界,才不会把教育定位于“跟我来吧”或“跟我们来吧”,才不会陷入以逻各斯(人言)为中心的说教。

第四,苏格拉底的德育是规范性德育,孔子的德育是示范性德育。

苏格拉底的德育是规范性德育,他站在理性的立场上通过人言(对话)给勇敢、虔诚、正义、节制下定义,最终是要寻找出一些道德规范,它告诉人们什么是应当、什么是不应当。如黑格尔所说,他引导人们“离开这种特殊事例去思索普遍原则,引导他们思索、确信并认识什么是确定正当的东西,什么是普遍的原则,什么是自在自为的真和善。”[①]规范性德育无疑是需要的,即使在今天,在德育中,仍然需要去建立一些道德规范去规范人的行为。然而,只有“人言”的教育就只是规范性德育,规范有律令、命令的性质,纯粹的规范性德育具有强制和命令的性质。

孔子倡导的德育是示范性德育。孔子困于陈蔡,断粮七日,仍弦歌不绝,学生问他为什么?他说:“芝兰生于深谷,不以无人而不芳;君子修道立德,不以穷困而改节。”他能在“困于陈蔡”的情况下以兰自喻,突显出其诗性人格的光辉。这种光辉不仅感染了他的学生,在这种困境中没有一个学生背离他。而且教育了后人,这段话也成为今天教育中人格修养的座右铭。

孔子与兰花相遇,倾听兰花的无言言说,从自然中感悟宇宙隐语、人生真谛,其“不以穷困而改节”是受到兰花的启示。这里,兰花启发

---

① 黑格尔:《哲学讲演录》(第2卷),商务印书馆1960年版,第53页。

了孔子，孔子的感悟又带给学生愉快感、钦佩感和惊异感。由孔子的诗性的特殊创造，将兰花与人格奇妙地组合在一起，给德育话语注入了新的活力——倾听物语。这使学生也学会了倾听兰花的言说。中国的兰文化就是“倾听”的文化，倾听兰言！

倾听兰言，不是从人言中出“规范”，而是让人们效法兰的品质。这种德育是“示范”而非“规范”，是“教化”而非“命令”，是“引导”而非“强制”。这种教育在主体间的“你说我说”的对话中无法产生。试想，如果孔子处于困境中不再弦歌不绝、自比兰花，而是以“所谓教育者”的姿态反反复复地向学生说明“不以穷困而改节”的大道理，或者是师生之间围绕这一大道理对话、讨论，相形之下，这种德育未免会显得枯燥和苍白。

德育对话应该克服逻各斯（人言）中心主义倾向，将“人言”与“天言”结合起来。并将理性与诗性结合起来，仅靠理性的概念性语言是不能通达“天言”的。听“天言”是将自然拟人化，不再将自然视为被人支配的客体，视为消极、被动之物，而是将它们视为人类的知己和朋友。只有诗性的语言才能通达“天言”。

在中国传统文化中，“学”就是仿效，示范性德育就是仿效性德育。示范性德育给人开发出了最大的教育资源——“寄情万物，皆以养德”。万事万物都可以成为教育资源。示范性德育是让大地说话，“一沙一世界、一花一天国”，它让一沙一花、一草一木、一山一水都能启示一个境界、发现一个世界，从而使人诗意地栖居在大地上。

德育提倡对话教育，应该吸取孔子的对话思想，这不仅是为了德育民族化，更是为了德育的开放性，使教育对话由人与人发展到人与物。

第十章　占有或存在

作为本章标题的这句话取自于美国思想家埃·弗罗姆的《占有或存在》，它标明人的两种不同的生存态度。

第一节　捕捞者与放羊娃的生活观

20世纪80年代我国伦理学者王润生在《中国伦理生活的大趋势》一书中曾提到一个隐喻，这个隐喻在今天仍然有许多令人回味的东西。

在一个美丽的海滩上，有一位年近花甲的老人，每天都到一块礁石上垂钓，无论运气好坏，钓多钓少，两小时后，老人必定收拾钓具，扬长而去。老人的奇特举动激起了一位后生的好奇心，小伙子惊诧地问："当你运气好的时候，为什么不一鼓作气地钓上一整天呢？这样你不就可以钓到更多的鱼吗？""钓更多的鱼用来干什么？"老人平易地反问。"可以卖钱呀！""得了钱用来干什么？""你可以买一张网，捕更多的鱼，卖更多的钱。""卖得更多的钱又干什么？""买一条渔船，出海去，捕更多的鱼，再赚更多的钱。""赚了钱再干什么？""组织一支船队，赚更多的钱。""赚了更多的钱再干什么？""开一家远洋公司，不光捕鱼，而且运货，浩浩荡荡地出入于世界各大港口，赚更多更多的钱。"

"赚了更多更多的钱还干什么?"老人的口吻已经明显地带着嘲弄的意味。小伙子被激怒了,他没有想到自己反倒成了被问者:"你不赚钱又干什么?"老人笑了:"我每天钓上两小时的鱼,温饱问题也就差不多解决了,其余的时间嘛,我可以看看朝霞,欣赏落日,种种花草蔬菜,会会亲朋好友,优哉游哉,更多的钱于我何用?"①老人与小伙子的对话,代表了两种类型的人——垂钓者与捕捞者。垂钓者倡导一种优哉游哉的生活,是重和谐、罕言利的传统农业社会的产物。捕捞者是现代工业化社会的产物,他主张将时间用于赚钱。市场经济的发展使国人的道德观念产生了巨大变化,许多人的道德观念由重和谐、罕言利的垂钓型道德发展到重进取、重功利的捕捞型道德。在捕捞者的生活中有种赚钱的目的论循环,捕鱼——赚钱——再捕鱼——再赚钱。这一循环与放羊娃的生活形成鲜明对照:

中央电视台采访一个西部地区放羊娃:放羊为什么?结婚。结婚为什么?生娃。娃长大了干什么?放羊。尼采说:"世界就好像一件自我生育的艺术品。"②从放羊娃的回答中人们可以感受到天地的好生之德,印证世界是一件自我生育的艺术品。在这个放羊娃的生活中有种放羊——生娃——再放羊——再生娃的生命循环。采访人员与放羊娃分别属于两个不同的文明(现代工业社会文明与传统农业社会文明),这个电视片播出的目的意味深长:西部大开发,必须首先是人力资源的开发,必须先转变这种人的生活观念。而现代社会的电视观众看到这一放羊娃的生存状态会产生怜悯之心,感觉其似乎未开化,没有生活目标。

捕捞者与放羊娃的生活态度本无可厚非,是捕捞者开拓了现代文

---

① 王润生:《中国伦理生活的大趋势》,贵州人民出版社 1988 年版,第 18—19 页。
② 高宣扬:《福柯的生存美学》,中国人民大学出版社 2005 年版,第 343 页。

明(马克斯·韦伯在《新教伦理与资本主义精神》一书中所指的作为新教徒的资产阶级就是这样的捕捞者)。放羊娃的生存方式是我们前工业文明的先人们的世世代代的生活方式。

然而,若将齐格蒙特·鲍曼所讲的状态联系起来,似乎就有了值得关注的东西,他指出了耕种与采矿的差别,他说:“耕种体现的是连续性:种下一颗稻谷,收获更多稻谷;一只绵羊可以产下许多羊羔。变化愈多,复制愈多。成长再现重申了存在……成长过程中没有遗失……这一过程中,没有任何损耗。死亡后接踵而至的,便是重生。因而,不难理解历朝历代的农业生产者将生命的绵延不绝视为当然。农业生产者所见证所实行的是循环不止、生生不息的开始和终结,二者之间并无差别——或者更该说是一种永恒的复生。……另一方面,采矿是破裂和间断性的象征。旧的不被废弃破坏,新的便不会产生。新事物诞生在目标产品和它实现道路上任何障碍的无情又仔细的分裂过程中。无论纯金属稀有与否,提炼它都只有滤尽矿石中的废渣。而开采矿石只有把层层覆盖矿脉的泥土去掉——而这之前又要砍伐森林,烧毁树木,露出土地。采矿不是死亡的子宫里又孕育着新生。相反,采矿遵循的原则是新生需要老死为前提。一旦如此,所有新事物迟早都要面临着腐烂老去,为更新的事物让路的命运。采矿的每一步都没有回头路,它是单方向的运动,不能取消,不能挽回。采矿的历史是被废弃滤尽的矿脉的坟墓。”[①]农业文明与工业文明存在着极大差异。农业社会的生产,使人体会到生生不息的天地之德(儒家文化在这方面有许多论述)。尽管放羊娃没有意识到这一点,但其生活方式及生活目标却明确地反映了这一社会特点。今天的教育承担着一项重要的使命就是人力资源的开发,然而,如果教育将放羊娃开发成了

① 齐格蒙特·鲍曼:《废弃的生命》,江苏人民出版社2006年版,第14—15页。

捕捞者(在思想观念上转变为功利性赚钱且拥有现代科学技术知识)并不算成功的教育。只有将放羊娃开发成为有节制的捕捞者(不能过度捕捞、过度开发),才算是成功的教育。因此,在教育中要倡导存在式的生存境界,反对占有式的生存方式。

第二节　占有与存在两种生存态度

弗罗姆在《占有或存在》一书中为了区别占有生存方式与存在生存方式的不同,援引两首内容相似的诗歌为例。一首是日本诗人松尾芭蕉的,另一首是19世纪一位英国诗人但尼生的。两首诗描述同样的经验:他们在散步时看到一朵花后的感受。但尼生在诗中写道:

花儿在裂开的墙隙中摇曳,我把你连根采下,轻轻地拢在掌心;噢,娇小的花儿哟,倘若我能理解你,全部的你——连同你的根须,我也许就了然于心:什么是人类,什么是上帝。

松尾芭蕉的诗句是:

当我凝神聚目时,看到了一片Nazuna,盛开在灌木丛下!

弗罗姆指出:“两首诗的区别是一目了然的。但尼生对花儿的反应带有一种占有的愿望。他把它‘连根’采下。他对这枝花的兴趣,一方面使他扼杀了它,另一方面又将他引入一阵冥想:这花儿或许能帮助他理解上帝和人的本质。这首诗中的但尼生一如那些以肢解生活而寻求真理的西方自然科学家。松尾芭蕉对花的反应则完全是另一种类型。他没有想采摘它们,连触也没有触一下。他只是‘凝神聚目’,以便‘看’到它们。”[①]“但尼生必然占有那枝花儿,因为他要理解人和自然,为了占有它,他毁灭了这枝花儿。芭蕉却只想观赏花儿,并且

① 埃·弗罗姆:《占有或存在》,国际文化出版公司1989年版,第15页。

他不仅是观赏它,他还想与花融为一体,与它同一化,因此他让花儿保持着生命。”[①]但尼生与花的关系是对象性的认识关系,这种对象性关系毁灭了花,使物不再成其为物(自然科学的标本实验室中那些晒干了的植物、泡在防腐剂中的动物也反映了科学家与物的对象性的认识关系,这种关系使物不再成其为物,它与但尼生和花的关系一样);松尾芭蕉与花的关系是非对象性的诗意关系,他让花儿自由存在,让物自成其物,具有不沾滞于物的自由精神。

弗罗姆进一步分析道:“但尼生与花儿的关系上烙有占有或占有欲方式的痕迹,尽管这种占有并不是物质占有而是知识占有。芭蕉与花的关系则是存在式的。而我说的‘存在’,指的是一种一无所‘有’并毫无占有之念,而只是充满了快乐的生存方式。在这种生存中,人能够生产性地发挥他的能力,并与世界融合同一。”[②]占有与存在是两种截然不同的生存态度:前者为占有欲所渗透,对事物具有利用、征服、控制的欲望;后者是摆脱了占有欲——忘记自我、空诸一切(一无所‘有’)、心无挂碍,让物成其为物,人与物有一种自由关系。“一花一世界”的境界只有在松尾芭蕉这种人与花的存在关系中才能产生。

为了说明占有与存在的不同,笔者试图从陶渊明的南山说起:

恬然的乐土与开发的资源

陶渊明有诗云:“结庐在人境,而无车马喧。问君何能尔,心远地自偏。采菊东篱下,悠然见南山。山气日夕佳,飞鸟相与还。此中有真意,欲辨已忘言。”正所谓“一片自然风景是一个心灵的境界。”[③]优美的田园风光,农夫劳作的质朴生活,引发了“性本爱丘山”的陶渊明的一个美的、有诗意的世界。在诗中,东蓠、秋菊、飞鸟、山气都是那么真

---

① 埃·弗罗姆:《占有或存在》,国际文化出版公司 1989 年版,第 15—16 页。

② 埃·弗罗姆:《占有或存在》,国际文化出版公司 1989 年版,第 17 页。

③ 宗白华:《天光云影》,北京大学出版社 2005 年版,第 88 页。

切而自然，平实中寓深永之致，诗人的生命情调与自然景象交融渗透。在陶渊明的生活中，南山为恬然的乐土。

宗白华说："意境是'情'与'景'（意象）的结晶。"[①]今天，人们难有这种意境了。假如真有这个"南山"，今人关心的是它有无值得开采的矿物，它是否能成为金属矿、煤炭基地或采岩场。假如它没有开采价值，由于是陶渊明笔下的"南山"，它至少可以被开发为旅游胜地。这样，可能山路变成了柏油马路，山底出现了"景观带"并配上有轨道的小火车，从山下到山顶出现高空缆车，山下和山上建造了许多旅馆，这一切都是为了游客的方便和舒适。这种开发最关键的是将南山变成一个相对封闭的、游客无法随便进入的地方，开设大门，收票赚钱，成为当地的"旅游资源"。

如果南山不被挖掘，而是作为旅游景点，那么，陶渊明笔下的南山与游客眼中的南山不是一样的吗？为了弄清这一问题，可以看看海德格尔在《技术的追问》中对莱茵河的分析："水力发电厂被摆置到莱茵河上，它为着河流的水压而摆置河流，河流的水压摆置涡轮机而使之转动，涡轮机的转动推动一些机器，这些机器的驱动装置制造出电流，而输电的远距供电厂及其电网就是为这种电流而被订造的。在上面这些交织在一起的电能之订造顺序的领域中，莱茵河也表现为某种被订造的东西了。水力发电厂被建造在莱茵河上，并不像一座几百年来连系两岸的古老木桥。毋宁说，河流进入发电厂而被隔断。它是它现在作为河流所是的东西，即水压供应者，来自发电厂的本质。但为了——哪怕仅仅远远地——测度这里起着支配作用的异乎寻常的东西，让我们注意一下在两个标题中道出的矛盾：进入发电厂而被隔断的'莱茵河'，与从荷尔德林的同名赞美诗这件艺术作品中被道说的

① 宗白华：《天光云影》，北京大学出版社2005年版，第88页。

'莱茵河'。但人们会反驳说,莱茵河终归还是一条风景河嘛。也许是罢。但又是如何呢?无非是休假工业已经订造出来的某个旅游团的可预订的参观对象。"[1]科学技术摆置自然、订造自然,将莱茵河作为电流来订造。古老木桥的莱茵河与架设发电厂的莱茵河有着本质的不同。前者让河流自行其道,后者为商业上的占有目的摆置着河流。假如人们想到莱茵河仍然是一条"风景河"的话,海德格尔告诉人们,"风景河"不过是为旅游业所订造的河,这与将莱茵河作为电流所订造没有本质的区别。假如人们还会想起荷尔德林诗歌中的"莱茵河"的话,那么,在旅游业中,这首诗歌的价值在于为旅游增添"文化色彩",它变成旅游业的文化资源。今天,南山即使不被挖掘,它与莱茵河一样,也会被旅游业所订造。

陶渊明与南山有一种存在关系,他不开采和开发南山,让南山作为南山而存在。在他生前和死后的南山是同一个南山。今人与南山有一种占有关系,开采与开发后的南山已经是一个商业化对象的南山。陶渊明失去的生活具有个体性,后人可以重复他对南山的体验;今人失去的生活具有普遍性,我们失去的童年(由于南山被开发了),意味着我们与后来人一起失去了这个童年,后人不可重复这个童年。

欣赏与旅游

陶渊明不旅游而欣赏南山,诗人"兴寄秋菊,意不在山,偶尔抬头,夕阳照山;目往山岚,而归鸟在目。无所用意,猝然与景相遇。"[2]其真意与忘言来自于悠然。

游客不欣赏而旅游南山。游客是南山风景区的旅游资源,组团出游就要找旅行社,依据游览项目讨价还价,项目愈多,价钱愈高。这就

---

① 《海德格尔选集》,上海三联书店1996年,第934页。

② 高海夫主编:《中国文学史话》,未来出版社1998年版,第133页。

好像去超市购买商品，要成为明智的购买者，就要对所用的交通工具、食宿与旅游天数精打细算。由于追求省钱和高效率，游览活动常常把人弄得紧张疲惫。对游客来说，重要的是去了多少个“景点”，通过照相机、摄像机“占有了”多少个景点，留作纪念。以便成为以后向他人摆显的“谈资”——通过讲述旅游经历和照片（提供证据）向他人证明“我去过南山”、“我占有了南山”。如果他不仅去了“南山”，还去了“北山”、“东山”、“西山”（玩遍了祖国大地），别人会夸他——游玩的地方真多！这就好像到了他家，夸他家房子及装潢真好一样，给他的心理上带来了莫大的满足。南山无法触发匆忙的游客的无边的诗境。

笔者在读书时听过这样一个故事：一学生放假回家，父亲高兴地买了只鸡犒劳他。席间，父亲问他：“哲学是什么？”他说：“哲学了不起，学了它和别人看问题就不一样。比如这只鸡，你只看到一只鸡，而我却看到两只鸡：一只是物质的鸡，一只是精神的鸡。”他父亲说：“好！我吃物质的鸡，你吃精神的鸡。”这个故事讽刺着今天的“柏拉图”，将名与实分裂开来。笔者的一位朋友旅行结婚，游玩南京旧总统府。孙中山故居与作为重点文物的石头标志牌相对而立。当时用的是胶卷相机，胶片紧张，此处只能照一张。笔者劝他们照故居，因为标志牌是没有什么价值的符号。他们商量了一会，最后决定照标志牌。在他们的眼中，重要的不是瞻仰故居，而是占有了景点。在他们的心中，名远高于实。这是笔者遇到的最典型的占有型游客。今天的数码相机满足了人们的占有欲，它使游玩的兴趣变成了照相的兴趣、占有的兴趣。一些人照了许许多多照片，回家存在硬盘里，可能再也不去看。

陶渊明不旅游而欣赏南山，今人不欣赏而旅游南山；陶渊明可能只去过南山，游客可能去过了“南山”、“北山”、“东山”、“西山”，陶渊明用心灵的眼睛看空间万象，能体验到真切的自然，而游客玩遍了自然却体验不到真切的自然。这不是打击现在的游客,而是要表明:现代人处于商业社会中,每个人都是潜在的旅游资源,由于他"购买"了旅游,就可能有一种很强的占有式心理结构。"道不远人",美就在我们的身边,要欣赏到这种美,就要打破占有式心理结构。

悠然与促逼

陶渊明的"结庐在人境"的《饮酒》诗,引发了宗白华的一段关于中国人的时空观念的议论:"中国人的宇宙概念本与庐舍有关。'宇'是屋宇,'宙'是由'宇'中出入往来。中国古代农人的农舍就是他们的世界。他们从屋宇得到空间观念。从'日出而作,日入而息',由宇中出入而得到时间观念。空间、时间合成他的宇宙而安顿着他的生活。他的生活是从容的,是有节奏的。对于他空间与时间是不能分割的。春夏秋冬配合着东西南北。这个意识表现在秦汉的哲学思想里。时间的节奏(一岁,十二月二十四节)率领着空间方位(东西南北等)以构成我们的宇宙。所以我们的空间感觉随着我们的时间感觉而节奏化了,音乐化了!"[①]这种节奏可以以《荀子·乐论》为证,《乐论》称赞音乐:"故其清明象天,其广大象地,其俯仰周旋有似于四时。"传统中国人感受到了节奏化、音乐化的宇宙。今天,这种节奏化、音乐化的宇宙被人们淡忘了。

在陶渊明时代,生活在南山的人是不需要多少教育的,采菊与耕作的悠然生活没有什么科技含量。在那个时代没有大学,没有学士、硕士、博士学位,没有那么多的开采与开发专业。陶渊明的诗是朴实直率的"田家语",一切都平淡自然、悠然自得。以其知识储备,在今天,陶渊明别说考大学,就是高中都考不上。今天,人们忙于开采与开发。人的受教育时间延长了。仅以开发旅游业为例,它需要旅游管理

---

① 宗白华:《艺境》,北京大学出版社 1999 年第 3 版,第 191 页。

学、旅游经济学、旅游心理学、旅游广告学等等，还需要（准备与游客或其他单位打官司的）律师等等。如果要到联合国申报“南山”的世界文化遗产，它需要的是一大批通晓各方面相关知识的专家、学者。今天，只要申遗成功，景点必然涨价。地方官员的申遗热情常常出于经济考量。在大学里的许多学生（本科生、硕士生、博士生）已经被这种旅游业潜在地规划了，学校成为人力资源的开发场所。开发与占有，使“人比自然能量更原始地受到促逼，也即被促逼入订造中。”[1]

当教育成为人力资源的开发场所时，学生所受的教育就是占有式的“开采与开发”的知识技能的教育。在学校中的学习是一种“人力资本”的投资。学习活动是占有与交换活动：学生占有知识换取分数、占有分数换取学位、占有学位换取与之大致相符的社会地位和声望。他们到了单位还是占有，占有科研成果、职称、房子、车子……在占有欲面前，人生的意义、学习的意义变成了“算数和”！全面发展教育变成 A＋B＋C＋D＋E 的全面占有教育。

当然，为了生活的体面，除了“开采与开发”的知识，还要有点人文知识。有如弗洛姆所言：人文知识则成为一种“开胃品”，作为“奢侈知识”来装饰人，使这种知识与他的社会地位相配。试想，在今天的社会一个具有高学历的人如果不知道陶渊明，那么在他的脸面上还有多少能用于装饰自己的文化粉底呢？他在学习中占有了许多这样的人文知识，就像去过“南山”、“北山”、“东山”、“西山”的游客占有了许多景点一样。他的学历文凭、获奖证书、计算机和英语的考级证书、科研成果等等就像游客的照片一样，可以在人才市场上向有关人员提供有效证据。旅游业的开发与人力资源的开发不仅相辅相成，而且在占有欲望的支配下旅游活动与学习活动是同质的。这里，不是有意贬低旅

---

① 《海德格尔选集》（下），上海三联书店 1996 年版，第 936 页。

游业与学校,而是指出被占有欲所渗透的单位或行业,可能有形或无形地塑造着占有型性格的人。在现实生活中,这种游客与学生并非少见。

开采与开发指向高效率,无论是自然资源的开发还是人力资源的开发,都被汇入这种高效率的实践活动中。人们从小就被教育着"不要虚度年华"。或许,潜台词就是要拼命地占有。占有式教育下的人,失去了陶渊明的悠然,失去了适宜的人性,他们在教育中体验不到快乐。有时,他们需要走出占有欲支配下的生活,厌倦了高效率,想到非商业化的大自然中轻松一下。这时,他们可能会选择"旅游"。于是,才出龙潭,又入虎穴。他们被编入高效率的旅游业。工业化社会中高效率的生活使人无路可逃。

中国传统诗性文化是从艺术家的眼光看宇宙的,荀子歌颂天地的节奏:"列星随旋,日月递照,四时代御,阴阳大化,风雨博施,万物各得其和以生,各得其养以成。"[①]在现代科学的视野下,宇宙成为被开采和开发的世界图像,个中没有了这种美的节奏,科技在天翻地覆、日新月异中摆置自然、订造自然、促逼自然——山成为采石场、河流成为发电站、森林成为林场。

《易经》说:"无往不复,天地之际"。中国传统诗性思维中的空间是回旋往复的,有节奏的。宗白华指出:"中国人不是向无边空间作无限制的追求,而是'留得无边在',低徊之,玩味之,点化成了音乐。于是夕照中要有归鸦。'众鸟欣有托,吾亦爱吾庐'(陶渊明诗),我们从无边世界回到万物,回到自己,回到我们的'宇'。'天地入吾庐',也是古人的诗句。"[②]现代科技下的空间观念是一往无返的、无限的、直线

① 《荀子·天论》。

② 宗白华:《天光云影》,北京大学出版社2005年版,第173页。

式向前伸展的。人类的对象化活动空间日益扩大,但其生存空间日益狭窄。这种狭窄表现为他只能过一种生活——对象化的、占有式的生活。如此,就算人可以离开大地向宇宙进军,人们将来只可能在广阔的宇宙空间中过狭窄的占有式的生活。

清代戏曲作家张大复在《梅花草堂笔谈》中说:“邵茂齐有言:‘天上月色,能移世界。’果然,故夫山石泉涧,梵刹园亭,屋庐竹树,种种常见之物,月照之则深,蒙之则净;金碧之彩,披之则醇;惨悴之容,承之则奇;浅深浓淡之色,按之望之,则屡易而不可了。以至河山大地,邈若皇古;犬吠松涛,远于岩谷;草生木长,闲如坐卧;人在月下,亦尝忘我之为我也。”在有诗心的人看来,月亮是个大艺术家,种种常见之物在月下展示了美不可言的奇妙变化。商业化社会的人对月亮却有一种占有化的感觉。有一个美国人突发奇想,建立了网站,向地球人卖月亮。一个中国人向其注册,代理他在中国的网站上出卖月亮的部分土地。这是一个真实的故事。“明月几时有?把酒问青天。”中秋赏月时,那些购买者举头望明月,会自豪地对别人说:“月亮上有我的两亩地!”如果月亮卖完了,嫦娥就成了这些购买者的“邻居”,人恐怕再也没有赏月的雅兴!月亮没有了诗意,生活也就没有了诗意。

今人与陶渊明时代的人的最大区别在于今人有巨大的开采与开发潜能,科技浪潮滚滚而来,永不停息,为人们的开采与开发提供无限前景:将来或许不仅月亮可以卖,而且太阳可以卖、银河系也可以卖。可能会被旅行社全部买下,变成了太空旅游“景点”。在开采与开发面前,自然是人化的自然,宇宙是人化的宇宙,人是占有化的人。人处处都能发现自己,但处处都找不到自己。人成了易卜生笔下的“洋葱头”,剥去了一层层的皮(占有物),其内部一无所有。

我们不可能开倒车回到陶渊明时代,但我们必须节制对自然无度的开发,对有些著名景区的开发已经破坏了那里的自然生态。对占有欲望的节制需要审美教育。黑格尔说:"审美带有令人解放的性质,它让对象保持它的自由和无限,不把它作为有利于有限需要和意图的工具而起占有欲和加以利用。所以美的对象既不显得受我们人的压抑和逼迫,又不显得受其它外在事物的侵袭和征服。"①审美关系就是一种存在关系,它让物作为物而独立存在,它不压抑、逼迫、侵袭和征服物。

美育在今天显得多么重要啊!审美揭示了一种自由——让物自由存在。自由从来就不是属于人的,它还属于物。让物自由需要人对自然有种仁慈的态度,这种仁慈实质上是对子孙后代的仁慈、对当下人的仁慈乃至对动物的仁慈。

① 黑格尔:《美学》,商务印书馆1979年版,第147页。

第十一章　理解与解读

要深入理解诗意德育，一方面要将德育与自然科学教学的理解区别开来，另一方面要使人们从过去的分析性语言教学与极端的阶级分析法中走出来。

第一节　德育理解与自然科学教学理解的差异

今天，德育与其他学科一样在教育中成为一门学科，德育教师与其他学科的教师一样从事着自己的学科教学。自然科学学科教学（数学、物理、化学等等）有一个相对稳定的知识体系，它配有教材、参考书、辅导材料、练习册等等，德育同样具有这类教学材料。自然科学学科教学围绕着稳定的知识体系有一套复杂的考试方法（选择题、填空题、名词解释、辨析题、应用题等等），德育也设计出这类考试方法以测试学生对道德原理的掌握程度。德育与自然科学学科教学都倡导生活化教育理念，提倡启发、对话、探究式等等学习方法。那么，德育理解与自然科学学科教学理解有什么不同呢？德育教师恐怕一下子很难说清楚。下面分析它们的不同，在此基础上，彰显诗意德育的特点。

第一，自然科学学科教学理解以客观事实为基础，德育理解以价值为基础。一位几何学教师在讲解等边三角形时，他采取中立、客观的态度,他将所讲授的内容当作客观知识。学生的理解是主体认识与客观知识相符合。在德育教学中没有这种“客观知识”。有一个教学案例：一位颇有名气的老师在讲到董存瑞舍身炸碉堡这个故事时,为了训练和培养学生的发散性思维、求异思维和创造性思维能力,特意设计了这样两个问题让学生思考：问题1：“假如董存瑞拉开的炸药包没有炸,那会是什么原因,该怎么办?”问题2：“你能不能设计出一个更好的炸碉堡的方案?”有学者指出：假如学生经过讨论,真的找出一种两全的炸碉堡方案,教师是应该为学生的“聪明创意”而赞赏有加呢,还是为董存瑞的“思维反应迟钝”而喟然长叹呢?而一旦如此,我们煞费苦心的革命英雄主义教育的主题还能落实吗?[①] 董存瑞舍身炸碉堡是一个历史事件,在德育中却不能将它变成类似于等边三角形的图形那样的纯粹的客观知识。这一历史事件只有与价值判断相结合,才能构成有教育意义的“德育财富”(区别于自然科学学科知识)。在上例中,问题的设计偏离了德育主题,它已经脱离了价值评价,教师将历史事件视为纯粹的客观事实,进而设计的问题成为脱离德育目的的智力问题。

自然科学学科知识排除了价值判断和价值决定,科学知识本身是价值中立的,自然科学学科的教学任务是清楚地说明事实。德育知识涉及到价值评价,唯有理解的对象(董存瑞舍身炸碉堡)与价值判断(是革命英雄主义)相结合,才能成为真正的德育财富。一位自然科学学科教师讲授牛顿的经典力学,是在陈述着一种客观知识,他不会把牛顿定律变成自己的思想;德育教师的教学任务是倡导某种价值观,他必须要把德育文本中的东西(例如教材中的价值观),通过自我的价值评价变成自己的思想。

---

① 李秀伟:《新课程教学设计》,首都师范大学出版社2004年版,第20—21页。

德育课本与自然科学学科课本不同，它的教育目的、教育内容本身都有着鲜明的价值取向。然而，教师不是通过文本的价值观而是通过自己的价值评价实施着教学。这种评价有三个向度：负向评价，教师并不相信德育文本中的价值观，在课堂上有时会流露出逆反心理和质疑态度，使德育教学出现负效果；中立评价，教师将德育知识与自然科学学科知识等同，文本中的价值观变成了静态的知识，教师关注教学中的知识点（名词概念、每节与每章的知识点）的讲授和考试。中立评价仍然是教师的一种"价值评价"，即以自然科学学科知识类型作为衡量德育知识的标准，这种"评价"使德育丧失了应有的目的，它导致了静态化、对象化、手段化的德育（这些将在后面分析）；正向评价，教师相信文本中的价值观，通过自己的价值评价与价值思考理解了这种价值观，教师讲课是文本中的价值观在教师的自我理解、自我评价中得到了体现。在德育中，我们提倡"有理想的人讲理想，有道德的人讲道德"，强调教育者的"以身立教"，这就要求教育者有着德育的正向评价。

诗意德育的理解不仅以价值为基础，而且要使人从言内之意看出言外之意。朱光潜指出了诗与科学的分别，他说："（一）2＋2＝4。（二）山气日夕佳，飞鸟相与还。在（一）那个数学等式里，言恰达意，意尽于言，任何人不了解这个等式则已，若了解则所了解的必完全相同，少了解一分或多了解一分都是不可能的，那就无所谓'言外之意'。在（二）陶潜的诗句里，有一部分也如数学等式，那就是字面的意义（'言中之意'），这两句话所指的客观的事实；此外还有一个更重要的部分就是'变数'，随各个了解者的资禀经验修养（这些统而言之就是'人格'）而变，有些人可以见得浅一点，有些人可以见得深一点，这可变的就是'言外之意'"。[①] 这里 2＋2＝4 的等式（常数）与"山气日夕佳，飞

① 朱光潜：《无言之美》，北京大学出版社 2005 年版，第 167 页。

鸟相与还”诗句的字面意义是“意尽于言”的,而诗句中的“变数”是具有“言外之意”的诗意的东西。诗的意境越高、越大、越深,“变数”就越大。清代刘熙载在《艺概》中说:“杜诗高、大、深俱不可及,吐弃到人所不能吐弃为高,含茹到人所不能含茹为大,曲折到人所不能曲折为深。”诗性思维要求以最简约的文字表现尽可能深广的内涵,杜甫的这种吐弃、含茹、曲折就显示了高、大、深的意境。

在2+2=4的等式(常数)中永远不可能引发言外之意,在“山气日夕佳,飞鸟相与还”的字面意思中可能引发言外之意。这种言外之意可以引起人的想像:陶渊明心淡如菊,不为五斗米折腰;菊以独立寒秋、迎风傲霜的性格和刚强气质丰满了秋色,等等,达到道德情感的陶冶。由于这种言外之意没有赤裸裸地出现在字面上,只有从“言中之意”(字面意义)看到“言外之意”的人,才能产生诗性的美感体验。而能否产生诗性的美感体验取决于一个人的艺术修养水平的高低。每个人都可以接触到艺术,但未必每个人都能感受到艺术美。要欣赏到艺术美,如马克思所说的,必须要有感觉音乐的耳朵,感受形式美的眼睛。诗意德育需要培养学生的显隐结合意识。有诗心的人游心于大地山河,宇宙万象,所谓“言在耳目之内,情寄八荒之表”。他以在场者寓不在场者、以显现者寓隐蔽者,构成了在场者与不在场者、显现者与隐蔽者相互作用的意境。唯有这种境界的人,才能欣赏与表现“至近而意远”的诗意之美。诗意德育是价值上的善与诗性的美相结合,以美启善。让学生从艺术的陶冶中培养道德情操。

第二,自然科学学科教学理解是对所讲内容的直接理解,德育理解是对所讲内容的间接理解。所谓直接理解是指学生直接理解教师所谈论的内容,而不涉及理解教师本人。自然科学学科教学固然涉及到教师的人格,所谓“爱其师,信其道”。在学校教学中常有此类现象:学生喜欢某位数学老师,其数学就学得好;反之,就可能讨厌这门课程。学校的每位教师在人格上都应该让学生喜欢与敬佩。然而，自然科学学科教师的人格不会影响到学生对教师所讲授内容的理解。例如，类似老师所讲的“2＋2＝4”的知识，不管学生是否认同与喜欢教师的人格，只要他理解了这一运算方法，他都会接受、认同这一真理。

所谓间接理解是指学生不仅理解教师所教授的内容，而且要理解教师的动机与意图（这涉及到教师的人格）。在德育中，学生的理解总有“预期”，学生相信教师是真诚的。然而，这种预期在教学中会被加强或削弱。能“以身立教”的教师，会加强学生这一信念；反之，会削弱这一信念。例如，德育讲诚信，如果教师不讲诚信（学校在应付上级检查中造假、甚至让学生说谎，等等）学生就会对德育所讲授的内容产生怀疑。在德育理解中，不仅师生分享着共同关注的主题（如诚信教育）的意义，而且学生思考着教师想表达这一主题的动机与意图（是否出于真诚?）。德育理解是知识与人格的交往与互动，如果学生对教师人格产生怀疑，就难以达到关于德育主题的正向的理解。德育理解包含着比教师在课堂中陈述的内容更多的东西。

诗意德育不仅强调以身立教，而且要向人展示生存美。孔子的“青松”、孟子的“大丈夫”人格、文天祥的《正气歌》、陶渊明的爱菊诗等等，都以人格立言，并向人展示了人格之美。

第三，自然科学学科教学理解是认识再认识，德育理解是评价再评价。自然科学学科教学过程表现为教师认识了某一知识原理，他通过讲解向学生展示这一原理，让学生重新认识它，在教学过程中，存在着一个在学生头脑中“知识重建”的过程（当然，自然科学学科教学不应该是单纯的“知识重建”，应该引起学生的创造性思维。但自然科学学科教学以“知识重建”为基础，是在此基础上的创造）。德育教学首先是教师对德育文本中的价值观进行价值评价（即要有正向评价），在课堂中传授着具有他的思想个性的观点，其次是引起学生对其所讲授的东西的价值评价,德育教学是一种“价值重估”过程。当然,它不同于尼采的推翻一切前在价值观意义上的重估,这种重估是学生相对于教师来说的,他必须对教师的价值评价进行再评价。

以价值评价为基础的德育有一条价值链:A 德育文本中的价值观、B 教师的价值评价、C 学生的价值评价。最佳教学效果是这样的:A 影响到 B,A 与 B 交流使 B 的价值评价大于即丰富于 A 的价值观;A 与 B 共同作用于 C,A 和 B 与 C 交流使 C 的价值观理解大于 B 的价值评价,从 A 到 C 体现为价值观内涵的不断地拓展。这种德育使学生的思想不断成熟,在综合 A 与 B 的基础上产生自己的独到观点,进而产生创造性的价值观念,学生超越教师,使德育中的价值观得以不断地丰富和更新。如果师生没有自我的价值思考,由 A 不能引出 B 与 C,学生的学习方式就是“A 是 A,所以要认识这个先在的 A”。这样,就走上自然科学学科教学的道路,师生像掌握等边三角形那样去掌握一个既定知识单元,这样就完全丧失了德育的目的。

诗意德育不仅有一条价值链,而且有着“索物以托情”的诗性传统文化链。诗意隐喻是发散性话语,如孔子的“岁寒,然后知松柏之后凋也”给后人的遐想远思提供了无限的可能性,在历史上引发了一系列发散性话语,产生常看常新的审美体验。从 A 到 X(意指孔子之后的文化诠释)体现为价值观内涵的不断地拓展与诗性境界的不断更新。

此外,诗意德育理解基于传统文化的修养。它的学习方式是“A 是 A,不仅要认识这个 A,而且要从 A 中引出 X”。法国学者弗朗索瓦·于连指出:“某个外国人,中文口语精熟,以至能听懂每个句子、在需要时可以用中文写下来,但却很可能无法准确地表明说话者的思想。”[①]理解

① 弗朗索瓦·于连:《迂回与进入》,生活·读书·新知三联书店 1998 年版,第 2 页。

诗意德育需要传统文化知识。清朝宰相张英有一首诗："一纸书来只为墙，让他三尺又何妨。万里长城今犹在，不见当年秦始皇"。在外交场合有位国家领导人曾引用"万里长城今犹在，不见当年秦始皇"来表明国与国之间和平共处的重要。如果这个外国人不了解中国历史上的这个典故，就算把这话准确地翻译出来，他仍然难以理解其中的意思。翻译后会产生如下效果：第一，中国诗的韵味已经没有了；第二，"万里长城今犹在，不见当年秦始皇"这种"物是人非"的表述公式适应于所有古迹，如埃及的金字塔在，下令建筑它的人已经不在了。这会使听者感觉到这是一句没有意义的话，因为谁都知道古迹之为古迹的道理。如此，从 A 中根本无法引出 X。只有了解这首诗的典故，才能理解"万里长城今犹在，不见当年秦始皇"的意义。

唐朝诗人杜牧的诗句"碧松梢外挂青天"引发了宗白华的丰富联想："青天悠远而挂之于松梢，这已经不止于世界的平面化，而是移远就近了。这不是西洋精神的追求无穷，而是饮吸无穷于自我之中！孟子曰：'万物皆备于我矣，反身而诚，乐莫大焉。'宋代哲学家邵雍于所居作便坐，曰安乐窝，两旁开窗曰日月牖。正如杜甫诗云：'山河扶绣户，日月近雕梁。'深广无穷的宇宙来亲近我，扶持我，无庸我去争取那远穷的空间，像浮士德那样野心勃勃，彷徨不安。"[①]宗白华由"碧松梢外挂青天"联想到孟子的自反、邵雍的日月牖、杜甫的诗句、歌德的浮士德、中西方空间观念的差异等等。他从 A 引出了 X，这 X 就是变数。经过他的联想，使我们感觉到"诗中妙境，每字能如弦上之音，空外余波，袅袅不绝。"[②]宗白华的丰富联想与他深厚的传统文化修养是分不开的。如此，不能把诗意德育的理解变成一种获取的能力，即主

① 宗白华：《中国美学史论集》，安徽教育出版社 2006 年版，第 68 页。

② 宗白华：《中国美学史论集》，安徽教育出版社 2006 年版，第 66 页。

体性的理解:把未知的东西编排到已知的东西中去,从而获取一种吃得准的知识。

2010年全国硕士研究生入学考试政治试题中有关于用哲学原理分析梅兰芳与人合演《断桥》时一个由动作失误产生了经典之作的由坏事变好事的过程。笔者在阅卷中发现许多学生都用“她”来称谓梅兰芳。受过高等教育的许多大学生竟然不知梅兰芳是男扮女装。只要学生准确地运用原理分析试题,即便写成“她”,一样可以得满分。因为试题的关注点是对哲学原理的掌握与运用情况,评分标准中没有写“她”扣分的规定。虽然他们可能在“知识”上满分(10分),在文化上却是零分,所谓“有知识,没文化”就是指这种情况。如果学生对传统文化日益淡薄,那么,诗意德育是很难传承的。那么,是不是要在大学生教育中介绍一下梅兰芳呢?介绍未尝不可。然而,关键是培养学生对传统文化的兴趣。如果一个学生热爱传统文化,他就会了解到传统文化中有京戏,京戏中有梅兰芳。如果他或她发现自己根本不知道京戏中的梅兰芳(听到别人说起时,自己却不知怎么回事),就会感觉这是一件丢脸的事情。唐朝刘知几《史通·杂说》:“一物不知,君子所耻。”我们的教育是要培养学生这种感觉,从而让他们自己去学习。否则,告诉学生梅兰芳是男扮女装,学生只是把它仅仅当作“知识”记住了。诗意德育要使学生涵泳在传统诗性文化之中,使学生全身心浸入传统诗性文化之中。诗意德育以传统诗性文化和生活实践为源头活水。在德育中要防止以下三种倾向:

第一,价值观教育的静态化。

所谓静态化就是指在德育中,把各种价值观视为超越和独立于学生的已定之物,价值观教育变成一套静态的价值评判标准体系的知识教育。曾有一所小学让二年级学生背诵“三个代表”,似乎学生理解与不理解并不重要,关键是能否记住价值观的评价标准。这可算作价值观教育的静态化的一个典型例子。在德育中，有一个常见的现象是价值观教育在课堂上变成知识单元教育，每个知识单元可以细化为一些知识细节。教师满足于学生对知识单元的掌握，满足于测试与考核出好的成绩。在这种教学中，无论是教师还是学生都采取与己无关的态度(由 A 不能引出 B 与 C)，把价值观知识视为像等边三角形规则那样的外在于我的客观知识。教师"教得好"在于他有价值观方面的(认识论意义上的)知识积累，讲解清晰，有问必答。学生"学得好"在于他能准确地把握某些(认识论意义上的)知识点，在名词解释、选择题、填空题、辨析题、简答题、论述题、案例题等等考试中应付自如。

克服这一倾向，德育必须伴随存在论教育。在德育中应该向学生展示人的存在状态。海德格尔指出："此在总作为它的可能性来存在，它不仅只是把它的可能性作为现成的属性来'有'它的可能性。因此此在本质上总是它的可能性，所以这个存在者可以在它的存在中'选择'自己本身、获得自己本身；它也可以失去自身，或者说绝非获得自己而只是'貌似'获得自身。"[①]人是一种可能性存在，人具有选择自由。人要在它的存在中'选择'自己本身、获得自己本身就要意识到人的选择自由是诸价值的基础，是我的选择而不是某种外在于我的价值观体系赋予我人生的意义。否则，他就会失去自身。苏格拉底说过：未经反思的人生是不值得过的人生。同理，未经学生自我反思(选择与评价)的价值观也是没有意义的价值观。价值观教育的静态化使德育处于无意义状态。在德育中应该伴随着培养学生自我选择与自我负责意识的教育，具有这种意识的人在人格上是独立的、在生活上是自主的。对德育来说，这种人比处于盲从阶段的人或仅仅能背诵出某些价值观的人更有价值。

---

① 海德格尔：《存在与时间》，上海三联书店 1987 年版，第 53 页。

价值观教育并非只是价值观内容的教育,教育必然涉及到人的存在状态的教育,它超出了价值观的内容教育。每一位学生都对自身的存在有一种领悟,他能感觉到自我是自由的,可以拒绝和接受某种价值观。但学生能将这种领悟升华为理性思考,意识到人必须自我选择(放弃选择本身就是一种选择)、自我负责,从而在价值上成为独立、自主的人,需要德育教师对学生进行存在论的教育。如果学生在价值上没有独立、自主精神,价值观内容的教育就失去了基础和根基。

高宣扬在解释海德格尔的存在思想时说:“作为一种特殊的存在,人的生存具有充分的自由可能性,它始终都是由‘此在’自身,选择和决定自身生存的状态、命运及去向。人生是否能够达到它的最高境界,决定于‘此在’的在世存在中,能否以诗人的生存方式,无止境地超越其主体性的限制,通过自身实践的反复而曲折的自我修养和陶冶过程,实现富有诗意的审美生存方式,将自身的在世存在同在场出席和不在场的无限缺席的世界万物融合为一体,不仅开辟从有限到无限的审美想象场域,而且,也敞亮地创见和鉴赏到一切可能的无限壮丽世界。”①诗意德育要让学生如海德格尔所说的“诗意地栖居”,在存在论基础上,通过诗意德育引导学生达到审美生存境界,踏上诗性的生存之路,使学生诗意地栖居在大地上。

第二,价值观教育的对象化。

在德育中把价值观等同于有待学生掌握的客体化知识(一个既定的客体 A)。这种教育将价值观意义束缚在既定的教材文本之中,教师只是向学生正确地陈述与传达教材文本中凝固的意义,德育教材文本成为价值观意义的唯一的栖身之所。学生的理解意味着与教材文

① 高宣扬:《福柯的生存美学》,中国人民大学出版社 2005 年版,第 374 页。

本中正确的观点相一致。这样，德育理解就成了认识论上的理解。

认识论上的理解是主客关系式的理解，它有认识主体和与之相对应的被认识客体。在自然科学学科教学中，这种认识关系是十分明确的。例如，学习等边三角形，学生作为主体可以直观一个对象——等边三角形的图形；为了理解等边三角形，学生有一个需要掌握的知识单元——客体化的知识（它由概念名称、概念定义、概念例子、概念规则等等组成）。在教育中，知识已经成为一个"现成客体"等待着主体去认识。学生掌握了这些知识就等于获得了"知"。例如，只要学生了解了等边三角形的规则就可以轻而易举地判断、选择或动手制造出一个个现实的、具体的、有颜色的、具有大小形状的等边三角形。在这种教育中，由知到行没有自我的存在论上的筹划。

德育理解是存在论上的理解，不是认识论上的理解。它没有一个与理解主体相对应的认识客体。伽达默尔说："道德的知识显然不是任何客观知识，求知者并不只是立于他所观察的事实的对面。"[①]例如，在德育中有感恩教育，然而，感恩不能直观。虽然在德育文本中，"感恩"有内涵、原则等等规定，但它不像等边三角形那样是一种客体化的知识。亚当·斯密指出："如果你的恩人在你生病时来陪伴你，你应当在他生病时去陪伴他吗？或者，你能用别的回报来履行感恩的责任吗？如果你应当去陪伴他，那应当陪伴多长时间？是与他陪伴你的时间相等还是长一些？是长多少时间？如果你的朋友在你困难时借给你钱，你应当在他困难时借给他吗？应当借他多少？什么时候应当借给他？是今天，还是明天或下个月？并且一次借多长时间？显然，我们不可能制订出一条普遍准则，它在所有情况下都能给任何这样的问

① 伽达默尔：《真理与方法》（上册），上海译文出版社 1999 年版，第 403 页。

题以准确的回答。”[①]几何学知识具有精确性,感恩观念具有模糊性。感恩不是一种现成知识,学生有了这一普遍观念,在现实生活中却找不到像等边三角形观念那样的精确的对应物。伽达默尔指出:“亚里士多德强调说,在‘实践哲学’里不可能有那种数学家所达到的高度精确性。要求这样一种精确性其实乃是一种错误。”[②]这里的“实践哲学”就是道德学问,在道德领域不可能有精确性知识。

在我们的德育中存在着一种模拟关系,标准答案为原型,学生的试卷为摹本:选择题错一题扣1分,填空题错一题扣2分等等。模拟关系要求学生从试卷上完整、准确地再现标准答案,理解的学生与不理解的学生,只要其能再现这些标准答案,其成绩评定结果是一样的。这种模拟关系越是追求精确性(考试分数甚至计算到零点几分),就越是与道德学问相距甚远。

德育的“知”不同于认识论上的知。首先,学习“感恩”的价值观,学生必须自我选择(评价、认同和接受)这种价值观,意识到它对自我成长的意义,使感恩的价值观成为指导其生活的“普遍观念”。其次,有了这一普遍观念并非“知道了”感恩,他必须将感恩的价值观贯穿到自我生活中去,在具体生活情景中分析、判断、选择,从而获得了恰当的“怎么做”的知识,如此,他才真正具有了感恩的“知”。德育的“知”是普遍观念与具体情景中“怎么做”知识的结合。这种“知”既要“识理”(了解某一普遍观念的价值),又要“识事”(在生活情景中懂得见机行事)。

亚里士多德认为,道德上的“知”是一种实践智慧。能否获得作为实践智慧的“知”取决于一个人在具体生活中能否做出正确判断、选择

① 亚当·斯密:《道德情操论》,中国社会科学出版社2003年版,第189页。
② 伽达默尔:《真理与方法》(上册),上海译文出版社1999年版,第402页。

和决定的能力。道德知识(存在论意义上的而不是认识论意义上的道德知识)是有待学生去判断与决定的知识,道德知识总含有自我的创造性。中国传统道德文化主张“世事洞明皆学问,人情练达即文章”,认为道德学问是做事做人上的“洞明”和“练达”,这与亚里士多德的实践智慧相契合。道德学问不是学者们在书斋里做的学问,道德文章不是著书立说和在杂志上发表的文章。今天,在德育中,人们已经把道德“学问”、“文章”变成了评定职称的学问、文章,以至于德育教师发表的论文和专著越多,似乎道德学问就越高。当科研成果的拥有量成为判断德育教师水平高低的显赫的重要标准时,恰恰就容易形成对道德的本真学问(“洞明”和“练达”)的“遮蔽”。道德学问是识事做人的身体力行,德育要使学生开悟心智、识事明理。

价值观教育的对象化在于教师将道德知识等同于自然科学学科知识,将价值观中的普遍观念(文本中的观念)误解为“知”,似乎学生了解了这些普遍观念,能正确地回答这些观念的内涵,就是“知”了;如果学生在实践生活中做不到或做得不好,那就是“知行分离”。类似这样的观点在伦理学史上由来已久,伽达默尔指出:“亚里士多德批判柏拉图的善的理念乃是一种空疏的共相,……德行和知识、‘善’(Arete)和‘知’(Logos)的等同——这种等同乃是苏格拉底——柏拉图的德行学说的基础——乃是一种言过其实的夸张。”[①]亚里士多德认为柏拉图的善的理念是空洞的概念。苏格拉底与柏拉图把善(道德上的普遍观念)等同于知(道德知识),其理论弊端在于:“这种等同意味着一般道德原则的知识、正确行为的永恒理念本身就是关于如何在它支配的特殊道德情况中行为的知识。”[②]尽管这种“善”和“知”等同的观

① 伽达默尔:《真理与方法》(上册),上海译文出版社 1999 年版,第 401 页。

② 洪汉鼎:《理解的真理》,山东人民出版社 2001 年版,第 22 页。

念早就受到质疑,然而,这种思想在今天的德育中仍然存在着。在德育原理中,有一种心理学描述,将学生的思想品德形成过程视为一个知、情、信、意、行的递进过程。似乎先有作为认识论上的“知”,再配有“情、信、意”,就能产生“行”。德育上的这种单一的、线性的心理学描述,常常强化了对象性教学,使教师把普遍观念(道德概念、道德原则、道德规范等等)误解为道德之“知”。克服德育中的对象化教学,必须把德育的“知”理解为实践智慧,把这种“知”视为一种创造性的“知”。

在德育中,案例教学、情景教学有区别于其他学科教学的特殊意义,它使普遍观念与具体情景相结合,从而启发学生“怎么做”,使学生获得某种具体情景中的道德知识。在情景教学中,真实的生活情景又具有重要价值。在教育中有大量的生活情景需要教育者的“及时指点”。今天提倡德育的生活化重点应当在于让学生联系自身生活,将普遍观念生活情景化。

诗意德育提倡善美统一,不仅要通过实践智慧实现人格上的善,而且要展示生存上的美,它要“尽美矣,又尽善也”。诗意德育的“知”不同于认识论上的知,它是一种努力使生活艺术化的实践智慧。

第三,价值观教育的手段化。

价值观教育的手段化表现为德育为升学服务。如果学生学习的目的仅为升学,学校教学目的仅为升学率,尽管学生在试卷上有一百分的知识,在德性上却可能是零分。德育中的“上课记笔记,课后对笔记,复习背笔记,考完丢笔记”的现象,就是典型的将德育手段化现象。克服这种倾向,就要将德育理解变成学生在存在论上的自我评价、自我选择、自我筹划。

在自然科学学科教学中,存在着认识主体与认识客体的关系。在主客体关系之中,存在着手段性的知识。例如,牛顿经典力学原理是手段性知识，它可以使人们观察苹果落地等等自然现象，使人们理解自然界存在的万有引力；瓦特看到蒸气顶壶盖，运用这一原理（手段性知识）发明了蒸汽机；乘法口诀可以运用于商业生活中的讨价还价。这些手段性的知识使主体与客体发生联系，主体将它们运用于某一外在于我的客体。

与自然科学学科知识运用于外在的、现成的客体不同，德育知识运用于自我的生存。德育是一种教化活动，伽达默尔指出："在教化中，某人于此并通过此而得到教化的东西，完全变成了他自己的东西。虽然就某种程度而言，所有被吸收的东西都是被同化了的，但是在教化里，被同化了的东西并不像一个已丧失其作用的手段。"①因此，在德育中，师生不能将价值观手段化。

德育理解是学生在存在论上的自我筹划。例如，学生学习集体主义价值观，如果只是从认识论上理解了其内涵与原则，价值观在其头脑中就是一种静态的知识，仅凭他能口头说出和试卷上正确回答出这些知识，人们不会说该学生"具有集体主义思想"。他必须自我选择这一价值观，并且让它成为指导其生活的"普遍观念"，进而表现在他"热爱班集体"、"积极参与班级各项活动"、"关心同学"等等方面的自我筹划之中。通过自我筹划，集体主义融入其生活，他将自我塑造成为一个"关心集体"的人。于是，人们才会做出该学生"具有集体主义思想"的评价。德育价值观不同于外在于生命的乘法口诀，运用乘法口诀完成一项购买活动，目的是指向某种商品，手段性知识在达到目的之后就失去了意义，德育价值观必须融入人的生命之中。

人总是超出他自己的东西，人不是一个现成的成品，人是人的未来生成，人总是处于不确定的、自由的、开放的广宇之中。在这个广宇

---

① 伽达默尔：《真理与方法》（上册），上海译文出版社 1999 年版，第 13 页。

之中,依据某种价值观(任何人都有价值观,都要赋予生活的意义),面向未来自我筹划,这就是人的存在状态。使德育融入学生的生活,在德育中,就要使一切理解都成为学生的自我理解,一切自我理解都成为学生的自我筹划(选择、判断、评价、决定等等),从而使一切自我筹划都塑造了学生的自我的在世形象——我的存在(人的存在就是由人的一系列选择行为构成的)。只有把德育理解置于存在论的地基上而不是认识论地基上,才能克服手段性教学。

每个德育教师都应该关注自我的存在、学生的存在。教师在教学过程涉及到自我的存在——"有道德的人讲道德",这就需要教师在价值观上的自我筹划;学生在学习过程中也涉及到自我的存在——教育必须引起学生的自我理解、自我筹划、自我塑造。由此可以说,德育是面向存在的教育,德育的基础是存在论的。

诗意德育的自我理解、自我筹划、自我塑造目的是"写出一篇好文章"。朱光潜说:"一篇好文章一定是一个完整的有机体,其中全体与部分都息息相关,不能稍有移动或增减。一字一句之中都可以见出全篇精神的贯注。比如陶渊明的《饮酒》诗本来是'采菊东篱下,悠然见南山',后人把'见'字误印为'望'字,原文的自然与物相遇相得的神情便完全消失。这种艺术的完整性在生活中叫做'人格'。凡是完美的生活都是人格的表现。大而进退取与,小而声音笑貌,都没有一件和全人格相冲突。不肯为五斗米折腰向乡里小儿,是陶渊明的生命史中所应有的一段文章,如果他错过这一个小节,便失其为陶渊明。下狱不肯脱逃,临刑时还叮咛嘱咐还邻人一只鸡的债,是苏格拉底的生命史中所应有的一段文章,否则,他便失其为苏格拉底。这种生命史可以使人把它当作一幅图画去惊赞,它就是一种艺术的杰作。"[①]诗意德

---

① 《中国现代美学名家文丛·朱光潜卷》,浙江大学出版社2009年版,第4页。

育如孔子引《诗经》的“如切如磋，如琢如磨”形容道德修养，它要像攻玉那样，创造完美的艺术化人生。

第二节 分析与感悟——两种不同的语文教学模式

我国的《九年义务教育小学语文教学大纲》(试行，1992 年)明确规定语文的课程标准是“指导学生正确理解和运用祖国的语言文字，使学生具有初步的听说读写能力，在听说读写训练的过程中，进行德育和道德品质教育，发展学生的智力，培养良好的学习习惯。”这一课程标准体现了传统文化“文以载道”的精神。《大纲》强调了“语文学科的重要特点是语文教学和语言文字训练的辩证统一，进行思想教育是语文教学的一项重要任务。”[①]通过语文教学培养学生道德品质不是语文教学的附带任务，而是语文教学的应有之义。

语文教学与诗意德育关系极大，朱光潜说：“一首写或印的诗，就它的文字符号而言，只是一种物质的痕迹，对于不识字的人不能算诗。”[②]这是说，如果不识字，根本无法认得诗(特指写或印的诗)。然而，“就读者的心理作用而言，这是知(know)与感(feel)的分别。懂得一个道理须凭理智。这种懂只是‘知’或领会意义；懂得一种情致须凭情感，这种懂只领会意义还不够，必须亲领身受那一种情致，懂得悲要自己实在悲，懂得喜要自己实在喜，这都要伴有悲喜实际所生的心理与生理的变化。可‘知’者大半可以言传，可‘感’者大半只能以意会。比如陶潜的‘山气日夕佳，飞鸟相与还’两句诗，就字义说本很简单，问识字的人‘你懂得么?’他都可以回答‘懂得’，再追问他‘懂得什么?’他

① 吴康宁：《课程社会学》，江苏教育出版社 2004 年版，第 144—146 页。
② 朱光潜：《无言之美》，北京大学出版社 2005 年版，第 169 页。

或是解释字义,把天气好,鸟飞还当作一件与人漫不相干的事叙述一番;或是形容这景象在他的心中所引起的反应,他觉得全宇宙中有一种和谐,他觉得安静肃穆,怡然自得。前者只是'知',后者才是'感'。'感'人人不同,因为人格的深浅不同。'感'都是一个变数,即所谓'言外之意。"[①]朱光潜所说的"感"与人格的深浅相关,它涉及到人格修养。

欣赏一首诗,有知与感的区别。读到陶潜的"采菊东篱下,悠然见南山",若想到它是一首五言古诗,作者是东晋时期的一位非常重要的诗人,二上三下的句式"采菊——东篱下,悠然——见南山",这就停留在"知"的层面。只有把这些暂时忘却,聚精会神地欣赏它,把诗中的情景看作美丽的画面,才能领会诗的意境,这就进入了"感"的层面。诗意德育不仅需要"知"而且需要"感"。

在语文教学中,存在分析与感悟的语文教学模式,前者重"知",后者重"感"。分析性教学以唯理性方式解读文本,这种教育最终会扼杀掉学生的诗性思维。感悟性教育重体悟,有助于陶冶学生的诗意情操。中国传统文化重视"文以载道",如果语文教学不能从文本学习中体现出诗性之道(产生诗意的文本解读),就可能以"知"代"感"、以"知"抑"感",使学生难以感受到中国传统的诗性文化,也不能很好地实现道德品质教育的任务。

分析性教学重语法,从小学开始,语文教学就依据"语言科学"向学生提供一套合乎中文表达规范的"语法规则"。在"语法规则"的教学中,生活化的语言已经被支解、割裂了,呈现在学生眼前的是语法逻辑和主谓宾等等语法点。[②] 感悟性教学重语感,在西方语文学的"语法规则"未影响中国的语文教学之前,传统教育不教"语法规则",只教学

---

① 朱光潜:《无言之美》,北京大学出版社2005年版,第169页。

② 克罗齐:《美学原理、美学纲要》,人民文学出版社1983年版,第199页。

生背书、作对、写文。教师让学生大声地朗读经文（从《三字经》、《百家姓》、《千字文》、《千家诗》到《诗经》、《论语》、《孟子》等等），清朝有一首诗，开头一句是“一群乌鸦噪晚风，诸生齐放好喉咙”，就描写了这种语文教学。学生在抑扬顿挫的朗读中感受到了中国语言的神韵，获得了语感。有学者指出：“那时私塾读三年书，其语文程度远胜于今天的中学毕业生。与之相比，现代的大学学生，语文程度普遍较低，有的甚至连日常应用文也写不像样。”[①]还有的学者指出：传统教学方法“一旦进去了，他自懂得遣词造句，才高者自能写出锦绣文章。对于学会而不是研究第一语言而言，‘熟知基础知识’是不相干的。君不见今日沉湎于‘基础知识’者大多是拙于写出好文章、不能得其大意趣者。”[②]今天的学生语文水平低，原因在于我们的教学过多地沉湎于“基础知识”。笔者并不否认现代的语法教学，语言有一定的规律，这些规律被语言学家整理为“语法规则”，学生掌握这套规则是学习语言的“捷径”。但中国语言的神韵是无法进行语法分析的，一个富有哲理的名言警句与一句无意义的废话在语法分析中是同质的，只要它们符合语法就都是对的。对语言学习来说，在语法之外，还有更重要的东西，这就是一个民族语言的神韵。这种神韵只有通过熟读才能获得感悟。俗话说“熟读唐诗三百首，不会作诗也能吟”。这种熟能生巧的方法就是让学生在熟读中感悟到语言的活泼多姿。

分析性教学模式有一套固定化、程式化的文本解读方式。曾做过中学语文教师的钱理群指出中学语文课的教学有“五段法分析模式”，即“一扫清字词障碍，二分段，三分析段落大意，四归纳中心思想，五列

---

① 姜井水：《论启发式与灌输式的概念、关系和应用》，人大复印资料《教育学》，1995 年第 5 期。

② 张祥龙：《从现象学到孔夫子》，商务印书馆 2001 年版，第 3 页。

出写作特点。”[①]五段法的分析模式使学生对文本的解读形成了一种“心理定势”：只要遵循教师的五段法去看待文本，就能从中得出ABCDE的结论；只有得出ABCDE的结论，才算真正掌握了文本(达到了教学目的)。五段法作为固定的学习模式，使学生墨守成规，导致学生的思维方式单一化，思维空间越来越狭窄。感悟式教学模式要使学生摘掉这一“有色眼镜”，它不是用这些“条条框框”将学生的心灵“注满”，而是要将学生心智的杯子空出来。只有摘掉了这种阻碍思考和视线的“有色眼镜”，使学生“永远保留看待事物的新鲜的第一眼”(尼采语)，学生才能用自己的“心”去解读文本，从而“以你之心与作者之心、作品人物之心相会，交流、撞击，设身处地地去感受、体验他们的境遇，真实的欢乐与痛苦，用自己的想象去补充、发展作品提供的艺术空间，品味作品的意境，思考作品的意义。”[②]

分析性教学模式试图让学生彻底掌握文本(课文)，主张在教学中“讲深讲透”。钱理群说：“我记得我当中学语文教师时，学校对讲课有一个要求，就是‘讲深讲透’。我对这话非常反感，因为这是不可能的。你只能让学生理解那些他们能够理解的，或者说，允许学生有所懂有所不懂，不能要求学生每个字、每个词、每句话都弄明白。这恰恰违背了文学作品的特点。而这样一来，反而把作品讲死了，所以我最害怕这句话。”[③]在分析性教学中，将课文“讲深讲透”，将语言转换成语法、美文转换成修辞技巧、文本转换成段落、作品的意境转换成“主题思想”……所有这一切的理性分析使作品丧失了其文学“色彩”。感悟性教学认为文本的意义是不可穷尽的。在文学中有一句话：有一千个观众，心目中就有一千个哈姆莱特。莎士比亚的哈姆莱特是永远说

---

① 钱理群：《学魂重铸》，文汇出版社1999年版，第118页。

② 钱理群：《学魂重铸》，文汇出版社1999年版，第151页。

③ 钱理群：《学魂重铸》，文汇出版社1999年版，第139页。

不尽的。张世英指出："伽达默尔说，艺术作品的意义是永远不可穷尽的，人永远不可能把一件真正艺术品的意义'掏空'，人的理解、解释、再理解、再解释是一个开放的过程。"[①]每一个文本都有其固定的字面意义，每一个人由于解读文本的方式不同（如，对文本的视角不同和因时、因地的自我体验的不同），就使文本在解读中获得了不同的意义。经典的文学作品都是"言有尽而意无穷"的，张世英说："在《红楼梦》已说出的东西中还隐蔽着无穷尽的具体的东西能供人玩味无穷。《红楼梦》所言说出来的故事情节无论多么复杂，也是有限的，因为它们是已经出场的东西，凡已经出场的东西总是有限度的，但其所深藏的、尚未说出来的意蕴却是无限的，是说不完的。"[②]"言有尽"是作品的字面的、显性意义，它是出场的东西，"意无穷"是读者对作品的体验、回味，是未出场的东西。文学作品的妙趣横生、常读常新恰恰在于它能给读者带来"意无穷"的诗性感悟。因此，文本的解读就应该是诗性的。

分析性教学常常给文本立一主题，它使学生丧失了灵气。钱理群说："我现在经常给北大的大一学生上课。他们都是高中里的尖子。你跟他们谈一些知识性的东西，他们谈得头头是道。但是缺乏悟性，缺乏灵气。这就麻烦了。因为'灵气'就是一个人的想像力和创造力。我觉得这跟中学语文教学有关，是被那些僵死的、公式化概念化的语文教学给扼杀的恶果。还有，我给学生讲课，学生第一句话就问：'这篇作品的主题思想是什么？'我说我最不愿意你问这个问题。因为这个问题我没法回答。"[③]分析性教学让学生死扣主题，围绕着主题思想，分析作品的一章一句，给予固定解释。感悟性教学是即兴阐发，多方

---

① 张世英：《新哲学讲演录》，广西师范大学出版社2004年版，第264页。

② 张世英：《新哲学讲演录》，广西师范大学出版社2004年版，第263页。

③ 张世英：《新哲学讲演录》，广西师范大学出版社2004年版，第142页。

引申,从文本之外阐发新意。感悟性教学就是要复归孔子的解诗方法,培养学生举一反三的能力。如果死扣主题,就会把作品看死了,学生就没了灵气。

分析性教学使学生在文本之外围着文本转,学生以超然于对象之外的分析者身份对待文本,主体与客体(学生与文本)处于两个世界中:一个是学生的生活世界,一个是文本的文学世界,两者没有联系。分析性教学像外科医生拿着手术刀对待患者那样,完全排除了自我的主观感情,将活的生命体视为一堆医学器官。克罗齐指出:“我们常常把一个艺术作品分为各部分,一首诗分为景、事、喻、句等,一幅画分为单独的形体与实物、背景、前景等,……但是作这种区分就是毁坏作品,犹如分有机体为心、脑、神经、筋肉等等,就把有生命的东西弄成死尸。”[①]感悟性教学使学生进入文本,学生与文本的关系是“朋友关系”,文本是学生需要与之进行主观交流的“你”,而不是一个与自己无关的、等待着被分析的“它”。学生通过体验、沉吟、把玩作品,进入文学世界,感悟到文学的魅力。在体验中学生的生活世界与作品的文学世界相互融合,达到“物我同一”的境界。宋儒程伊川谈读孔子的《论语》时说:“读《论语》,……有读了后,直有不知手之舞之足之蹈之者。”这种状态就是“物我同一”的境界,作品进入了人的内心世界,人通过对作品的感受、体验、想象将作品的精神内化为自己的精神,从而与作品同悲同喜。

分析性教学是要从文本中找出共同性、普遍性的东西,它使学生的学习仅仅是为了掌握应付考试所需要的“语法”、“生词”、“段落分析技巧”等知识点,使语文学习变得枯燥、乏味。克罗齐指出:“语言其实就是讲话本身的动作,不必用抽象的语法和词汇去歪曲语言,不必

① 克罗齐:《美学原理、美学纲要》,人民文学出版社1983年版,第23页。

荒谬地认为人是靠词汇和语法来讲话的。人随时都像诗人一样地讲话。”[①]感悟性教学使每个学生对作品的体验都变成个别性、一次性的，并认为这个别性、一次性的东西是最重要的。文学在于陶冶性情，学生在文学世界中能够获得陶冶就存在于这一次次的、个别性的对文本的自我感悟之中。从分析性教学到感悟性教学是语文课教学改革的方向，这种改革方向是以诗性思维为基础的。感悟性文本的解读是诗意德育的一个环节，它改变了传统语文教学中主客二分的认识模式，使读者对文本的意义产生一种参与和创造活动，使作者与读者的视域融合。如果语言教学是分析式模式，学生通过这种教育获得了对文本的主客二分式的理解方式，就阻碍了学生通达诗意德育之路。

第三节 阶级分析法与语文教学分析

传统哲学教科书认为，在阶级社会里，阶级斗争是社会生活的最本质的内容。“在阶级社会中，人都是划分为阶级的，阶级斗争贯穿在社会生活的基本方面，人与人之间的最本质的关系就是阶级关系。从这个基本的事实出发，上升到理论的高度，成为自觉坚持的历史观，这就是马克思主义的阶级观点。从阶级对立和阶级斗争的角度观察和分析纷繁复杂的社会现象，认清社会生活的本质，把握具体的阶级关系及其变化发展的规律，作为自己行动的指导，这就是马克思主义的阶级分析法。”[②]基于此，人们认为任何一个作品、人物都能通过阶级分析法得到最基本的解释。这种思想走向极端，就是用阶级分析法代替一切分析、囊括一切见解。对文学作品的理解往往是事先扣上某顶

---

① 克罗齐：《美学原理、美学纲要》，人民文学出版社 1983 年版，第 199 页。

② 肖前、李秀林、汪永祥：《历史唯物主义》，人民出版社 1983 年版，第 191—192 页。

“阶级斗争”的帽子,分析它对哪一个阶级有利,属于哪个阶级的思想体系。

将阶级分析法简单化的做法在宗白华的美学论文中就有体现,他在分析孔子整理《诗经》时说:“他说‘《关雎》乐而不淫,哀而不伤’。又说:‘诗三百,一言以蔽之,曰:思无邪。’他深怕这些表现人民愤恨的‘怨诗’会增加人民的反抗情绪,他要人‘哀而不伤’,勿生‘邪念’,不要想造反,要人民从‘迩之事父,远之事君’这个念头出发,冲和自己的感情,使感情得到发散,消失,从而回到‘正’路上来,继续屈服在封建统治之下事父事君,哀而不伤。所以他又说:‘其为人也温柔敦厚,《诗》教也。’其实我们细读《诗经》里许多民歌何尝是温柔敦厚,何尝是乐而不淫、哀而不伤。怨君、骂君的诗,想逃避‘君’的势力范围远走他乡的诗也有。可见,孔子站在维护封建统治的阶级立场来曲解人民的口头的诗歌,想把它们‘消毒’一下,改造成统治阶级的教育工具,为封建的统治阶级服务。我们在这里见到古代‘诗说’的阶级背景,它是阶级斗争里的工具。”①在那个阶级斗争的时代,宗白华也难以“免俗”,这种评论使他此时的艺术鉴赏力大打折扣。

然而,在今天的语言教学中,仍然有一些可笑的东西影响着学生。有学者指出:“中国的老师和学生都通过课本(教材)教学,形成过以下的观点,大家对这样的观点有没有怀疑过?‘八股文是一个从形式到内容都已完全僵死了的东西;考试的中与不中,也是全无凭据的’,‘范进是被科举制度腐蚀了的人,范进中举喜极而泣讽刺了封建社会科举制度对读书人的毒害,暴露了封建专制的黑暗和对民族国家的残害。(《儒林外史·范进中举》)’‘孔乙己是科举制度的受害者,小说反映了封建文化和封建教育对读书人的毒害,控诉了科举制度的罪恶。’

① 宗白华:《中国美学史论集》,安徽教育出版社2006年版,第85页。

(《孔乙己》)《诗经·伐檀》是'战斗性的民歌','被剥削者与剥削者面对面的斗争'。'梁实秋是丧家的资本家的乏走狗'。'鲁迅是中国文化革命的主将,他不但是伟大的文学家,而且是伟大的思想家和革命家。''鲁迅的文章是投向旧社会的匕首。''唯物主义哲学是正确的,先进的。唯心主义哲学是错误的,落后的,乃至反动的。''李鸿章是卖国贼。李鸿章办洋务是装腔作势,色厉内荏。'……这是我国学校'教材'几十年来'塞给'我们的'教育'。同时也是'塞给'我们的'思想'、'道德'、'哲学',一直到现在,我们的教育中仍然充斥着这样的'战斗逻辑'与'批判思想'。教材对我国人民的思想作用委实太大了,在我们的教育中,教材(包括'教学参考书'即'教参')是绝对权威,教师的教学以教材所是为是,以教材所非为非,教师在课堂内外把这样的是非传输给学生,一代一代的中国人,最终形成的是'教材政治观',而不是'人生哲学观。'"[①] 上述简单地给事件、人物贴上阶级标签的做法,就将阶级分析法简单化。在语文教学中,分析性教学与阶级分析法是培育学生诗性之思的最大障碍物。

① 毕世响:《对"教材"的"文本"化解释》,人大复印资料《教育学》,2009 年 12 期。

第十二章　艺术化人生

中国古代书法家钟繇有句名言："流美者，人也。"钟繇用"流美"一词概括书法创作。诗意德育也要体现这一思想，它要让生命流美，使人艺术地看待生活与塑造自我。

第一节　宗白华的艺术人生观及教育启示

宗白华即使在抗战最艰苦的时期仍然坚持研究晋人之美。因为晋人所处的那个时代虽然是"政治上最混乱、社会上最苦痛的时代"，"却是精神史上极自由、极解放、最富于智慧、最浓于热情的一个时代"。[①] 研究晋人之美是为了激励国人"追求光明，追寻美，以救济和建立他们的精神生活，化苦闷为创造，培养壮阔的精神人格。"[②] 由此可见宗白华对艺术境界的执着追求，其艺术人生观在今天看来极富价值。

谈及人生观教育，流行的话语是要使学生确立起"科学的人生观"。对人生及其价值和意义的问题，我们往往都是从科学上解答。

---

① 《宗白华全集》(第2卷)，安徽教育出版社1994年版，第269页。

② 《宗白华全集》(第2卷)，安徽教育出版社1994年版，第288页。

生物学、生理学、心理学、社会学、理性哲学等等的解释使人生成为一个有条理、有意义的人生。基于科学的认识，我们使学生明白了为什么要进行道德教育，什么是善，什么东西使人为善，要成为有道德的人应该拥有哪些品质，等等。

确立"科学的人生观"无疑是十分重要的。"科学的人生观"使我们理解了人生的生物学、生理学、心理学、社会学等规律，依据这些规律，可以确定我们的生活原则。但仅仅确立"科学的人生观"是不够的，宗白华曾指出："科学是研究客观对象的。他的方法是客观的方法。他把人生生活当作一个客观事物来观察，如同研究无机现象一样。这种方法，在人生观上还不完全，因为我们研究人生观者自己就是'人生'，就是'生活'。我们舍了客观的方法以外，还可以用主观自觉的方法来领悟人生生活的内容和作用。"①基于以上认识，宗白华在《新人生观问题之我见》一文中认为人生观有两个不同的形式：一为科学的，一为艺术的。他指出："艺术人生观就是从艺术的观察上推察人生生活是什么，人生行为当怎样？"②

宗白华终生情笃于艺境之追求，他提出的"新人生观"(在科学人生观之上再加上艺术人生观)在今天看来仍然是具有新意的。原因有二：其一，如果德育只有"科学人生观"教育，没有"艺术人生观"教育，学生对人生就只有科学的、客观的把握，而没有艺术的、主观的体验。这种教育忽略了情感，最终剥夺了人生乐趣。其二，诗意德育对走出唯理性的说教与灌输的呼声越来越高，但如何"走出"，人们还没有寻出一条合理的路径，而合理的路径就是美学路径。寻出一条合理的路径就要确立"艺术人生观"。

---

① 《宗白华选集》，天津人民出版社 1996 年版，第 30 页。

② 《宗白华选集》，天津人民出版社 1996 年版，第 31 页。

宗白华的艺术人生观继承了儒家思想,其中有许多深刻、独到的见解,对今天的德育具有积极的启示意义,它表现为三个方面:

第一,艺术地看待生活。宗白华指出:“艺术人生观就是把‘人生生活’当作一种‘艺术’看待,使他优美、丰富、有条理、有意义。”[1]在宗白华看来,生活即是经验,生活的丰富即经验的丰富。要丰富我们的生活:“一方面增加我们对外经验的能力,使我们的观察研究的对象增加,一方面扩充我们在内经验的质量,使我们思想情绪的范畴丰富。”[2]

诗意德育要丰富学生生活,也要从两方面入手:一是要增加学生的外在经验,二是要扩大学生的内心体验。宗白华指出:“生活就是我们对外经验和对内经验总全的名称。”[3]因此,在教育中仅增加学生的外在观察对象、为学生提供外部经验,还不能达到丰富生活的目的。例如,在德育中进行爱国主义教育,可以组织学生参观革命烈士陵园、英雄人物活动的场所、领袖人物留下足迹的地方、重大历史事件遗址等等。通过这种参观可以增加学生的观察对象,但要使这些观察对象起到教育作用,就必须使学生艺术地看待生活,通过诗意地想象去提升学生的内在体验。

没有诗心的人,其心只能消极被动地经历某事,他与现实世界有一种简陋的关系:“这个就是这个,那个就是那个”。他所经历的任何事物,对他来说都是“脱生活”、“脱意义”的,即他不能通过艺术的方式将生活中的事物融入到他的生活意义中来。这样,他的思想就是贫乏的,他的生活就是单调的。

宗白华说:“我们的生活丰富不丰富,全在我们对于生活的处置

---

① 《宗白华选集》,天津人民出版社 1996 年版,第 17 页。

② 《宗白华选集》,天津人民出版社 1996 年版,第 24 页。

③ 《宗白华选集》,天津人民出版社 1996 年版,第 24 页。

如何，不在环境的寂寞不寂寞。我们对于一种寂寞、单调的环境，要有方法使他变成复杂的、丰富的对象。”[①]宗白华提出艺术人生观，目的之一就是要解决“青年的烦闷”。这个问题，在今天的德育中也存在着。今天的德育也要使学生从“枯燥、乏味”的生活中解脱出来。生活的“枯燥、乏味”会使学生发出生活无意义、人生无价值的感叹，这在德育中被称之为“精神空虚、价值真空”。解决这个问题不能仅靠外部的理性灌输，还要教育学生艺术地看待生活。纯粹外部的理性灌输，只是教育者将人生的意义赋予受教育者。而艺术地看待生活，则是使受教育者自己去寻找生活的意义和价值、自己去丰富精神生活。

艺术地看待生活不仅是为了解闷，而且是为了提高教育质量。德育若不能使学生艺术地看待生活，就不会有真正的教育。没有诗意，在一个无意义的、冷冰冰的、“是其所是”的实物化世界中，教育就失去了育人的精神家园。

第二，艺术地看待自然。在宗白华看来，艺术人生观不仅要把人生当作一种艺术看待，而且要把自然当作一种艺术看待，“于一朵花中窥见天国，一滴露水参悟生命。”这样，人们不仅能从社会生活中寻找生活意义，而且能从自然中寻找生活乐趣。当一个人能从一枝花、一块石、一湾泉水中发现出一段“诗魂”(即产生诗意的想象)时，生活就变得有滋有味。

艺术地看待自然就是将自然拟人化，使人与自然“相遇”、“交流”、“对话”。按宗白华的话说，就是把人类的社会情感扩充到大自然中去。艺术地看待自然，是中国传统文化的一大特色，它使人与物“相看不厌”、“百看不厌”。人的情趣贯注于自然景物，使自然充满生机活力；自然景物又进一步丰富着人的情趣，使生活情深意浓。如此，人就

① 《宗白华选集》，天津人民出版社 1996 年版，第 25 页。

不再会精神空虚了。

胡晓明说:“清人施鸿保《读杜诗说》中,曾发现杜甫在诗歌中,常常用人称的方式,称花草禽鱼为‘尔’、‘汝’。……据语言学家考证,‘尔汝’为忘形亲密之称。直呼‘尔汝’,是朋友间无须乎官衔、辈分梗隔其中,没有谦倨、贵贱等计较之心,是直来直去的友情的照面。而‘尔汝群物’,正是诗人的至情洋溢,推己及物,不仅使无知异类的卉木禽犊变为有情的同类,而且使之成为‘忘形到尔汝’的知心朋友。诗圣之所以成为诗圣,不仅在于杜甫对人民有民胞物与、人溺己溺、人饥己饥的一副仁者情怀,而且在于诗人对万物皆有胞与之、尔汝之、体贴心印、心息相通的满腔恻隐之心。”①艺术地看待自然就是像杜甫那样对万物皆有胞与之、尔汝之的情怀。

诗意德育不仅要使学生有“至爱的人生”,还要有“至爱的自然”(宗白华语)。诗意德育要陶冶学生的性情,扩大学生的胸襟,就要培养学生对自然的美感。具有这种艺术感的人,登山则情满于山,观海则意溢于海。张载的“民吾同胞,物吾与也”不仅将自我融入社会的大我之中,而且将自我融入自然之中,将自然万物都视为我们有知觉、有感情的姐妹同胞。这种人与万物息息相通的情感,本身就是一种极高尚的艺术美感。

宗白华说:“我们时常作艺术的观察,又常同艺术接近,我们就是渐渐的得着一种超小己的艺术人生观。”②自然可以开阔人的胸襟。范仲淹的“先天下之忧而忧,后天下之乐而乐”的千古道德绝唱,就是从洞庭湖的景象中萌生出来的。正是艺术地看待自然,才使范仲淹产生了博大胸襟和壮丽景象契合无间、互映增辉的人生境界,生发抚爱人

---

① 胡晓明:《月印万川——中国山水诗的心灵境界》,北京大学出版社2005年版,第60页。

② 《宗白华选集》,天津人民出版社1996年版,第17页。

间万物的诗性之情。毛泽东“指点江山”、“激扬文字”所产生的“至大至刚”的艺术境界，也是景生情、情生景，情景交融的产物。在情景交融中，善即美、美即善，善与美达到了完美的统一。所以宗白华说：“艺术教育，可以高尚社会人民的人格。”①

第三，将人生作为艺术品来打造。宗白华指出：“艺术的人生观就是积极地把我们人生的生活，当作一个高尚优美的艺术品似的创造，使他理想化、美化。艺术创造的手续，是悬一个具体的优美的理想，然后把物质的材料照着这个理想创造去。我们的生活，也要是一个具体的优美的理想，然后把物质材料照着这个理想创造去。艺术创造的作用，是使他的对象协和、整饬、优美、一致。我们一生的生活，也要能有艺术品那样的协和、整饬、优美、一致。总之，艺术创造的目的是一个优美的艺术品，我们人生的目的是一个优美高尚的艺术品似的人生。”②以玉比德，切磋琢磨般的自我塑造就是将人生当作一个高尚优美的艺术品似的创造，这是艺术人生观的最高境界。将人生作为一件艺术品来塑造，这就使道德实践变成了生活美学。宗白华对中国传统诗性文化感悟至精至深，他的艺术人生观是诗哲相兼的艺术人生观，诗意德育应该具有宗白华那样的艺术人生观，将社会生活、自然事物和个体人生都艺术化。

第二节　用艺术的方式掌握世界

在艾斯纳看来，“人们所选择的认知世界的方式不仅影响了他们能够阐释什么，而且也影响了他们能够体验到什么。”“艺术能够让人

① 《宗白华选集》，天津人民出版社 1996 年版，第 18 页。

② 《宗白华选集》，天津人民出版社 1996 年版，第 31 页。

们进入到通过其他呈现方式所不能获得或很难达到的体验。”[①]本节谈论用艺术的方式掌握世界,这里只专题分析用诗性的眼光看世界。在海德格尔看来,“诗”是“存在的真理”的最本真的呈现方式。他指出:“艺术的本质是诗,而诗的本质是真理的创建。”[②]诗性思维可以作为教育探索与研究的重要方式,它向人们提供一个形象化的教育世界,从一个新角度看待教育。马克思在《〈政治经济学批判〉导言》中提出“用艺术的方式掌握世界。”艺术地掌握世界不同于科学地掌握世界,前者关注事物“如何”,后者关注事物“是什么”。

“是什么”的探讨是一种科学型追问。按照维特根斯坦的提示,这种追问方式来源于一种日常语言的知识型追问:“这是什么(Was ist das)?”在这里,起决定作用的是一种认识关系。[③] 以这种方式求真,“真”就是主观与客体的符合,是主体对客体的复写、摄影、反映。固然,正确地反映事物的本质及规律是德育实践活动获得成功的必备前提和条件,但科学求真只是反映真实的生活的一个方面。如果德育仅仅有科学求真的一种方式,求真仅仅是让人去反映客体、符合客体、认同客体、顺应客体,那么,德育又怎么能使人与事物的关系成为一种超越关系呢?德育怎么能有超越呢?

“是什么”是理性认识的路线,认识论只把握了事物的一般与个别的联系,这种联系只是事物之间联系的一种方式。认识这种联系其上行方向表现为由认识个别逐级上升到一般,其下行方向是凭借一般逐渐认识个别。这种认识方式不是理解任何事物所遵循的思维路线。“如何”是诗性理解事物的方法,它揭示显现的事物是如何与隐蔽的事物相联系的。马克思指出:我们“并不要求玫瑰花和紫罗兰散发出同

---

① 转引易晓明:《基于艺术的教育研究范式》,《全球教育展望》,2014年第8期。

② 海德格尔:《林中路》,上海译文出版社1997年,第58页。

③ 潘知常:《诗与思的对话》,生活·读书·新知三联书店1997年版,第2页。

样的芳香,""为什么却要求世界上最丰富的东西——精神只能有一种存在形式呢?"[①]精神性的理解活动难道只有理性一种吗?当然不是。艺术地掌握世界就是艺术地揭示生活之真。海德格尔认为"艺术是真理的生成与出现。""一切艺术,作为让'存在者的真理到来'发生,本质上都是诗。"[②]艺术与诗是联系在一起的。

诗最突出地体现了艺术精神,一切艺术本质上都是诗。美学家王朝闻认为艺术的特点就是"不全之全"。所谓"不全",是指艺术形象的有限性、确定性、直接性;所谓"全",是指艺术形象的无限性、不确定性、间接性。前者是艺术作品以一定的物质手段直接提供给人们的;后者却要靠欣赏者的想象"思而得之"。"艺术应当使人觉得,想到的比看到的更多。""由于不和盘托出,所以显得无穷无尽。即所谓引'一'以概'万',即所谓言有尽而意无穷,在有尽中显示无尽。"[③]这正是诗意德育所倡导的诗性境界。

诗是以显寓隐的,即"在有尽中显示无尽",艺术的精神是富有诗意的。例如,川剧《秋江》中演员在划船,他仅仅是在手中舞动一只木桨,就能使观众觉得他是在水中行舟。根据他的舞姿,可以感觉到河水时缓时急,船只摇摆不定。这种表现形式就是以显(木桨)寓隐(水和船),它给人提供了一个丰富的想象空间。罗伯特·沃迪指出"悲剧凭借自己独特的效果,为了在思想和情感上迷住观众,它必定要制造一种剧场幻觉:如果观众想要享受悲剧的体验,那么他们的反应必然就像是舞台上发生的事情的的确确正在发生。为了成功实现这一点,剧作家必须创造出一个想象的世界,但是观众也必须要'心甘情愿地悬置自己的怀疑',

---

① 《马克思恩格斯全集》(第 20 卷),第 385 页。

② 帕特里夏·奥坦伯德·约翰逊:《海德格尔》,中华书局 2002 年版,第 70 页。

③ 张本楠:《王朝闻美学思想研究》,辽宁人民出版社 1998 年版,第 65 页。

从而让这个世界具有真实性”。[①] 这个道理与任何种类的戏剧相同,戏剧必须要创造出一个想象的世界,激发起观众的由显到隐的想象。

艺术精神是“不全之全”,诗意德育应该体现出“不全之全”这一艺术特点,即用艺术的方式看教育。教育的精神与艺术的精神是相通的,这里的相通不是相同、同一的意思。否则,我们就会简单地把教育与艺术等同了。相通指的是艺术与教育都有显隐结合意识。这是由文化的特点决定的。

实际上不仅文化符号具有显隐两重性,文本的意义也有显隐两重性。可以把文化符号的学习称为“一级超越”,即超越语言符号的“此”,过渡到它所指的“彼”;把文本意义的掌握称为“二级超越”,从符号所含的意义再去揭示其隐含的、未显隐的意义。例如,弗洛伊德在《梦的解析》中从《俄底浦斯王》和《哈姆莱特》这两部西方文学的经典作品中的“俄底浦斯杀父娶母”和“哈姆莱特为父报仇”的剧情(显现的事件)的探讨,揭示了剧情中未显现的东西——俄底浦斯情结。以未显现的东西(俄底浦斯情结)说明显现的东西(剧情)。这种作品解读方式是一个再创造过程。这个解读过程不是认同作品字面的意义(剧情),而是从作品中已有的东西(剧情)过渡到作品中没有的东西(“俄底浦斯情结”是弗洛伊德的独创),从而赋予作品更深刻的意义,这种意义是剧作者所没有的。创造性教育不是让学生仅仅去认同文本上说的“是什么”、通过记诵与考试再现文本的原初含义,而是要通过创造性地解读文本,发现文本中所没有的东西,以不在场的东西去解释、揭示在场的东西。

“不全之全”的教育要求把文本看成“不全”的东西,是一个有待超

① 罗伯特·沃迪:《修辞术的诞生——高尔吉亚、柏拉图及其传人》,译林出版社2015年版,第41页。

越和发现新意义的东西。“不全”是显现的东西，“全”是未显现的东西；“不全”是确定的东西，“全”是不确定的、有待后来人创造的东西；“不全”是有限的东西，“全”是无限的东西。诗意德育就是要给学生造成“不全感”。历史上的科举制的“六经注我”，现在以应试为教育目标的“记诵之学”，都是一种“全”的教育，错把“不全”的东西当成了“全”，把既定的文本当成唯一性的东西，这种学习建立在对书本已知的公认意义的坚定不移的信赖上，学习是对前在的“是什么”的知识的复归。教育“不患不了，而患于了”。“了”的教育只是主体对在场客体的“是什么”的分析和认识(如学生对文本“是什么”的认识)，它阻碍了通向“不可穷尽”的道路。“不了”的教育是要使学生超越这种主客体关系，从已知中发展出未知，从确定性的知识中寻找不确定的知识。“不全之全”是一种新型的教育方式，它要求教育用艺术的方式掌握世界。艺术精神关注事物的显隐联系，诗意德育的超越性就在这种联系中。

第三节 万物一体的人生境界

张世英在《新哲学讲演录》中指出：“我以为这样的‘万物一体’既是真，又是善，也是美。就一事物之真实面貌只有在‘万物一体’之中(在无穷的‘相互联系、相互影响、相互作用’之中)才能认识(知)到而言，它是真；就‘万物一体’使人有‘民吾同胞，物吾与也’的同类感和责任感(意)而言，它是善；就‘万物一体’使人能通过当前‘在场的东西’(例如通过建筑、雕刻、绘画、音乐、诗的语言等)而显现出隐蔽的背后的东西(例如‘情在词外’之‘情’、‘意在言外’之‘意’)，从而使鉴赏者在想象的空间中纵横驰骋、玩味无穷而言，它就是美。”[①]万物一体的境

① 张世英：《新哲学讲演录》，广西师范大学出版社 2004 年版，“自序”第 8 页。

界体现了真善美的统一。诗的特点是“言有尽而意无穷”的,诗性思维是“于有限中见到无限,又于无限中回归有限”。诗意德育就是培养学生根据诗的这种特点看事物。

我们可以想象有一个穿着亚当·斯密的“毛外套”、身边放着一把海德格尔的“酒壶”的铁匠在打铁的一个生动场面。

宗白华看到了“这个铁匠”正在打铁。宗白华在《怎样使我们生活丰富》一文中说:“我有一次黄昏的时候,走到街头一家铁匠门首站着。看见那黑漆漆的茅店中,一堆火光耀耀,映着一个工作的铁匠,红光射在他半边的臂上、身上、面上,映衬着那后面一片的黑暗,非常鲜明。那铁匠举着他极健全丰富的腕臂,取了一个极适当协和的姿势,击着那透红的铁块,火光四射,我看着心里就想到:这不是一幅极好的荷兰画家的画稿?我心里充满了艺术的思想,站着看着,不忍走了。心中又渐渐的转想到人生问题,心想人生最健全最真实的快乐,就是有个一定的工作。我们得了它有一定的工作,然后才得身心泰然,从劳动中寻健全的乐趣,从工作中得人生的价值。社会中实真的支柱,也就是这班各尽所能的劳动家。将来社会的进化,还是靠这班真正工作的社会分子,决不是由于那些高等阶级的高等游民。我想到此地,则是从人生问题,又转到社会问题了。后来我又联想到生物学中的生存竞争说,又想到叔本华的生存意志的人生观与宇宙观,黄昏片刻之间,对于社会人生的片段,作了许多有趣的观察,胸中充满了乐意,慢慢地走回家,细细地玩味我这丰富生活的一段。”[①]宗白华偶遇铁匠打铁,这是一种外在经验。他将这一外在经验转化为内心丰富的体验,是诗意地看待生活的表现,这需要诗意地想象:从铁匠打铁联想到画家的画稿、从画稿联想到人生、从人生联想到社会、从社会联想到生物

① 《宗白华选集》,天津人民出版社1996年版,第25—26页。

学、从生物学联想到哲学的人生观与宇宙观。他将一个普通的生活情景变成了表现多方面生活意义(艺术、人生、社会、科学、哲学)的境相。铁匠打铁,在宗白华的眼中就像一首言有尽而意无穷的“诗作”。宗白华讲述这段经历,是要告诉年轻人对生活要作多方面的“玩味观察”,将一个单调、平常的环境,化成一个复杂的、丰富的情景。如此,生活就“不致因闲暇而无聊,因无聊而堕落,因堕落而痛苦了”。① 能否艺术地看待生活,反映了一个人智慧和精神境界的高低。艺术地看待生活,就会使心像“一个多方面的折光的镜子,照着那简单的物件,变成多方面的形态色彩。”②这色彩就是生活的意义。生活世界是一个由意义构成的世界,这个意蕴性的世界是靠诗意地想象去揭示的。

亚当·斯密看到了“这个铁匠”穿的“毛外套”。亚当·斯密在《国富论》中描述到:“毛外套”尽管看起来很粗糙,却是大量工人联合劳动的产品!他说:“牧羊人、选毛人、梳毛人、染工、梳理工、纺工、织工、蒸洗工、缝纫工和许多其他工人,为了完成这件日用产品,必须联合起他们的不同手艺。此外,这些材料从一些工人的手中运送到常常是住在国内最遥远的地方的其他工人手中,需要有多少商人和运输工具啊!尤其是需要有多少商人和航运,需要有多少造船人、航海人、制帆人和制绳人,以便把染匠所使用的不同染料带到一起,这些染料常常来自世界各个最遥远的角落!要生产这些最普通工人所使用的工具,也需多少种不同的劳动啊!且不谈水手的船只、蒸洗工的作坊或织工的织机那样复杂的机器。让我们只来看看为了制造牧羊人用来剪羊毛的剪刀这样一个非常简单的器具,就需要多少不同的劳动啊!采矿工、熔矿炉制造工、伐木工、熔矿炉所用焦炭的烧炭工、制砖人、泥

① 《宗白华选集》,天津人民出版社1996年版,第26页。

② 《宗白华选集》,天津人民出版社1996年版,第26页。

水匠、锅炉工、作坊的设计与建筑者、锻工、铁匠等，所有这些人必须把他们的不同手艺结合起来，才能生产出剪刀。……没有成千上万的人的帮助和合作，一个文明社会中最普通的工人就不可能得到他通常所能得到的那些按照我们的直觉看似平常又简单的生活用品。”①

亚当·斯密是经济学之父，《国富论》被视为市场经济的圣经。《国富论》的第一章就以“毛外套”展示了社会分工，读来让人叹为观止！虽然他是一个务实的经济学家，虽然他的论述没采用诗的形式，但他的思想是具有诗意的。

他能从显现在眼前的“毛外套”看到隐藏在后面的牧羊人、选毛人、梳毛人等大量的工人联合劳动。在“毛外套”这件产品中凝聚着许许多多的人的手艺。他能使一件平凡的“毛外套”变得如此的不平凡。没有这种丰富的观察力和想象力，就不会有《国富论》。亚当·斯密对“毛外套”的理解，就如张世英所说的，“一事物之真实面貌只有在‘万物一体’之中(在无穷的‘相互联系、相互影响、相互作用’之中)才能认识(知)到”。他能“超越这种在场的东西的有限性，进一步体悟到隐蔽在其背后的与之相联系的不在场的东西的根源性，体悟到在场与不在场的一体性。”②诗性思维是将“有尽”带入“无尽”，以“无尽”回注“有尽”。宗白华说：诗意就是“于一朵花中窥见天国，一滴露水参悟生命”。一件“毛外套”不就展示了一个文明社会吗？中国有诗云：“满园春色关不住，一枝红杏出墙来。”有诗意的人折取“一枝红杏”，不就报道了“满园春色”了吗？我们常说：一个工厂、一个村庄乃至一个家庭是社会的缩影。但对有诗意的人来说，一件生活用品就能成为全社会的缩影，并且他能展示这个缩影，放大这个缩影！

---

① 亚当·斯密：《国富论》，华夏出版社 2005 年版，第 12 页。

② 张世英：《新哲学讲演录》，广西师范大学出版社 2004 年版，第 198 页。

诗意德育要培养学生诗意的眼光，使他们能从小中见大，在刹那中见终古，在微尘中显大千，从有限中见到无限。在德育中提倡“见微知著”、“举一反三”、“闻一知十”，就包含着这种诗意教育。亚当·斯密又何止是“闻一知十”，他“闻一”而“知百”、“知千”、“知万”，他的思维是无穷开放的。只有将学生观察事物的眼光提升到“于有限中见到无限，又于无限中回归有限”，才能使学生深刻地理解事物。只有这种教育，才能培养出大学问家、大思想家来。

海德格尔看到了“这个铁匠”身边的酒壶：“它给出水，给出酒供我们饮用。在赠品之水中有泉。在泉中有岩石，在岩石中有大地的浑然蛰伏。这大地又承受着天空的雨露。在泉水中，天空与大地联姻。……倾注之赠品乃是终有一死的人的饮料。它解人之渴，提神解乏，活跃郊游。但是，壶之赠品时而也用于敬神献祭。如若倾注是为了祭神，那它就不是止渴的东西了。……在倾注之赠品中，各各不同地逗留着终有一死的人和诸神。在倾注之赠品中逗留着大地和天空。在倾注之赠品中，同时逗留着大地与天空、诸神与终有一死者。”通过海德格尔的诗意阐发，酒壶“容纳”了地与天、神与人。

张世英指出：“真理是隐蔽与去蔽的统一，这就要求我们人能‘绽出’(‘越出’)存在者以与世界整体合一，海德格尔把这叫作‘超越’。他说：‘超越存在者，进到世界中去’，让人与存在者整体相关联。’”①在海德格尔眼中，壶之为壶的壶性(真理)就是隐蔽与去蔽的统一。理解壶需要从显现者联想到隐蔽者(与壶相联系的背后的东西)，并将隐蔽者与显现者联系起来，将不在场者带入在场者中——去蔽(将壶与天地神人联系起来)。理解壶就要超越作为存在者的壶，进到天地神人四重整体的世界中去，使人与存在者整体即存在相联系。

① 张世英：《新哲学讲演录》，广西师范大学出版社 2004 年版，第 126 页。

海德格尔对酒壶的诗意阐述，并非是不着边际的幻想。“明月几时有，把酒问青天”，中秋赏月时，酒不是可以助兴吗？“久逢知己千杯少”，酒不是可以增进友情吗？“葡萄美酒夜光杯”，酒不是已经与“天”(夜光)和“地”(大地上生长之物——葡萄)联系起来了吗？中国传统文化中的这些诗句不是与海德格尔对酒壶的观察有相通之处吗？何以相通？源于生活本身就是具有诗意的。

教育需要理性，理性能使我们确定一个事物“是什么”，没有理性我们就无法知道什么是铁匠、毛外套、酒壶。但教育不能仅仅是理性的。在理性认识之外，教育还应该有诗意思想。诗性之思能使我们知道事物“如何”存在。诗意把“物”理解为“聚积”，物聚积着人对物的体验(如宗白华体验铁匠的打铁)、聚积着各种各样的现实关系(如亚当·斯密从毛外套所发现的各种社会关系)、聚积着整个生活世界(如海德格尔看到酒壶联系着地与天、神与人)。尽管这三个人的视角(美学家、经济学家、哲学家)不同，但从诗意上说，他们的思路是一样的：他们都从“在场的事物”中看到了“不在场的事物”，并以“不在场的事物”说明“在场的事物”，使“在场的事物”得以“敞亮”。这一思路被称为诗意的思想，在于与“在场的事物”联系着的“不在场的事物”是无穷无尽的，只有通过对无穷无尽的“不在场事物”(无限)进行丰富联想，才能展示“在场的事物”(有限)，且联想得越多，这种展示就越丰富。

一般说来科学家看到真，哲学家看到善，美学家看到美，但是，这不过是粗略的划分。观看到了极致，真善美就是一体的。在上述三个人的眼中，很难说只有一种单一的视角。在具有诗意的人眼中，铁匠的打铁、铁匠的毛外套、铁匠的酒壶都以诗意的光辉向人微笑。

朱光潜说：“深人所见物者亦深，浅人所见物者亦浅”，诗意德育就是培养“深人”的教育。如果一个学生既有宗白华的审美眼光，又有亚当·斯密的经济头脑，还有海德格尔的诗性哲学思维，那么，铁匠打铁的画面向他展示的东西就太丰富了！诗意德育不应该焕发出这种神奇的力量吗?！诗意德育不是让学生去模仿他们，而是学习他们观察事物的方法，通过诗意思维去开拓出更多、更广泛的领域。诗意德育是让学生发现美学、经济学、哲学等等学科中许多未被人体验、揭示、洞察的东西。

宗白华说："我记得德国诗人海涅(Heine)到了伦敦，有一天，走到一个街角上站了片刻，看见市声人海中的万种变相，就说道：'我想，要使一个哲学家来到此地站立了一天，一定比他说尽古希腊哲学书还有价值。因为，他直接地观察了人生，观察了世界。'他这几句话真可以表示他的思想丰富，生活丰富，随处可以发生无尽的观念感想，绝不会再有寂寞无聊的感觉。"[①]只有"深人"才有这样的体会。在"深人"面前，铁匠打铁所呈现的画面(这只是举例，生活中有许多其他画面)比他读的哲学书还有价值。

张世英指出："'万物一体'的境界决非一蹴而就。需要通过各种科学知识的学习，加深对任何当前事物都与其背后事物融为一体的认识；它需要通过人生的艰苦磨练，不断接受人生的经验教训，体悟到个人自我实现与全社会的背后支持不可分离地结合为一体，从而加深自己的道德意识；它需要通过对各种具体的艺术品和文学作品的鉴赏，以提高自己对'词外之情'、'言外之意'的想象力，实现从重实际功利的兴趣到更重审美兴趣的跨越。凡此种种，概括为一句话，就是需要超越'在场'，把'不在场'与'在场'融为一体。而这条超越之路是深长曲折的，甚至是艰苦的。"[②]诗意德育培养学生以诗性方式观察物，是一项艰巨的任务。

---

① 《宗白华选集》，天津人民出版社 1996 年版第 25 页。

② 张世英：《新哲学讲演录》，广西师范大学出版社 2004 年版，"自序"，第 8 页。

第四节　让生活本身成为艺术品

诗意德育应该有美学的态度,让艺术和生命相连,使美存在于整个生存过程中。今天的德育实践的变革未必一定是传统理论的超越。国内有些19世纪20—30年代的德育理论,在今天看来仍然是很新颖的,它们启示着今天德育变革的方向。我们不是要超越这些理论,而是要重新审视这些似乎已经被忘却的东西。这些理论是研究美学的学者提出来的,这不是偶然的。教育的最终的出路是美学出路,从事德育理论的研究者在一定意义上应该成为一个美学家。

朱光潜曾将道德划分为两种:"问理的道德"(morality according to principle)和"问心的道德"(morality according to heart)。他认为"问理的道德"迫于外力,"问心的道德"激于内情,问理而不问心的道德只能给人类以束缚而不能给人类以幸福。[①] 如果德育仅仅根据特定的理性框架(一种概念化的价值体系)去关照人生,从而在理性层次上依据外在的原则确定人应当如何行动,这种教育的内容就是"问理的教育",它忽略了情感、剥夺了人生乐趣。只有将哲理与情感相互渗透,使人对生活充满审美热情,使心灵的塑造艺术化,这种教育的内容才是"问心的教育"。

朱光潜不同意张东荪"理智救国"及李石岑、杜亚泉的重理智轻情感的主张,他指出:"他们想把理智抬举到万能的地位,而不问在事实上是否万能;他们只主张理智应该支配一切生活,而不考虑生活是否完全可以理智支配。"[②]在朱光潜看来,理智不仅不能支配生命,而且理

---

① 阎国忠:《朱光潜美学思想及其理论体系》,安徽教育出版社1994年版,第20页。

② 阎国忠:《朱光潜美学思想及其理论体系》,安徽教育出版社1994年版,第19页。

智生活并不比情感生活价值更高。

德育要有根本的改观，从“问理的教育”（纯粹的理性灌输）转变为“问心的教育”（情理交融），就必须走一条美学路径，让生活本身成为艺术品！这是人生修养的最高境界，也是个性教育的最高境界。提倡个性化就要使人生艺术化。个性化既需要理性教育，又需要诗性审美教育。

儒家的道德是生活美学，修身是要让生活本身成为艺术品。关于这方面的内容前面谈了很多。“他山之石，可以攻玉”。下面，让我们来看看现代西方的思想家们是怎么样谈人生修养的：

尼采曾说过：真正的自我“并非某种存在于那里可以被找到或被发现的东西，而是某种必须被创造的东西。”[①]人没有一个前定的、绝对的、单一的本质，人的本质是自己创造的。人也没有一个固定不变的“自我”，“自我”是被发明出来的。这种创造就是要使自我的人生艺术化。尼采认为在这种艺术创造中，“人不再是艺术家，而成了艺术品……在这里被捏制和雕琢。”[②]尼采认为：“赋予个性一种‘风格’，实在是伟大而稀有的艺术！”[③]海德格尔提出了“人在大地上诗意地栖居”，他曾感叹现代人的生活没有诗意。他的诗性哲学就是要把人带入诗意地栖居状态，这也是要将人生艺术化、诗化。法国思想家福柯曾说过：“令我震惊的是，在我们的社会中，艺术变成了只与客体相关的东西，它和个体、生命没有关系。这种艺术变得专业化了，而且只能由艺术家来完成，但人们的生活为什么不能成为艺术品？为什么房子或灯是艺术对象，而我们的生活却不是？”[④]福柯提出了“生存美学”概

---

① 转引李银河：《福柯与性》，山东人民出版社 2001 年版，第 3 页。

② 尼采：《悲剧的诞生》，生活·读书·新知三联书店 1992 年版，第 6 页。

③ 尼采：《快乐的知识》，中央编译出版社 1999 年版，第 198 页。

④ 转引汪民安：《福柯的界线》，中国社会科学出版社 2002 年版，第 324 页。

念,“福柯的生存美学,就是把审美创造当成人生的首要内容,以关怀自身为核心,将自己的生活当成一部艺术品,通过思想、情感、生活风格、语言表达和运用的艺术化,使生存变成一种不断逾越、创造和充满快感的审美享受过程。”[①]上述思想家都推崇对待自我的美学态度。在他们看来,创造自我,就是将自我作为一件艺术品来打造。这些思想与中国传统德育“切磋琢磨”的思想何其相似,它们间接地印证了中国传统诗意德育的价值。

自我选择、自我创造、自我塑造是今天德育经常强调的话题。问题是人如何自我选择和塑造呢?德育固然要向学生传递既定的价值观念、道德习俗和行为规范,但人的选择和塑造如果仅仅是通过对这些既定的普遍的规范和原则进行接受(正确的)、拒绝(错误的)、更新(不适合当前的)来实现,尽管他是一个有德性的人,但这种人的修养不能美学化,他还是一个单调的、枯燥的、贫乏的人。德育不是不要灌输、不要理性说服,但纯粹的灌输和理性教育,只是“问理”的教育而不是“问心”的教育,它所产生的人是没有艺术风格的人。今天,人的自我艺术化几乎已经被德育乃至艺术所遗忘了。在艺术的世界中,只有人的艺术作品——物。如果把时装表演、人体彩绘、健美等等也划入艺术行列,在这些把人当成艺术作品的东西中,其艺术性也仅仅体现在物之中(它们存在于服饰、油彩、肌肉里)。

在诗意德育中应该倡导生活美学,使学生不断改变自己,创造着像福柯所说的“某种根本不存在、我们一无所知的东西”,即一种“极新极美的人”。[②] 我们应该为自己的传统文化感到骄傲,因为艺术化人生在中国是“伟大”然而并非“稀有的艺术”,中国人原本就诗意地栖居在

---

① 高宣扬:《福柯的生存美学》,中国人民大学出版社 2005 年版,第 344 页。

② 李银河:《福柯与性》,山东人民出版社 2001 年版,第 3 页。

大地上，在对待人生艺术的问题上中国人从来不会有福柯似的“震惊”。当代西方人感悟到人生必须要风格化、美学化，从而大声疾呼创造一个美的自我时，中国传统文化早已使人生进入了美学境界了。

孟子就在自己的道德生活中创造了一种美学化、风格化的独特人格——“富贵不能淫，贫贱不能移，威武不能屈”的“大丈夫”。“大丈夫”人格在德育史上就是无（在孟子之前没有）中生有的创造，这种人格不仅在当时而且在今天看来都是“极新极美的人”。福柯说：“问题在于知道怎样支配自己的生活，才能让它具有更优美的形式（在别人眼中，在自己眼中，在自己将要成为榜样的未来一代人的眼中）。这就是我所要重建的：自我实践的形成和发展，其目的是为了把自己培养成自己生活的美学的工程师。”[①]什么是人格美？人格美就是将自己创造成艺术品向自我、他人和未来人呈现。孟子就是这种当之无愧的“美学的工程师”，文天祥也是“美学工程师”。孟子的“大丈夫”和文天祥的《正气歌》是道德品德塑造中的美学的典范，在道德实践中他们努力使自己的生活具有美的形式和美的内容，他们是人生的“伟大艺术家”。艺术要服务于生活，在所有的艺术创作中再没有比自我创造的艺术更能直接服务于生活了。今天的诗意德育应该继承儒家以玉比德的传统，并借鉴西方艺术化的自我创造思想，使教育走一条美学的路径，将人们培养成自己的生活的美学工程师。

① 福柯：《权力的眼睛——福柯访谈录》，上海人民出版社 1997 年版，第 141 页。

第十三章　海德格尔诗性哲学的启示与诗意德育的会通

海德格尔在《尼采》一书中指出："谁如果不具备思想的勇气和毅力，去深入研读尼采本人的著作，那么，他也就用不着去读旁的人关于尼采的什么著作了。"[①]这同样适合于了解海德格尔。要理解海德格尔的思想，只有读其原著，这个工作是谁都不能代替的。本章涉及到海德格尔《泰然任之》和《物》两篇文章的主要观点，以期给诗意德育以启示。

第一节　海德格尔的《泰然任之》与召唤思的教育

《泰然任之》是海德格尔纪念德国作曲家孔拉丁·科劳泽的讲话，是对现代文明的反思与批判和对人类生存的最普遍问题的深沉反思。他面对计算性思维的巨大遮蔽，将技术世界中人的立身与持存问题作为一个沉思道路的路标标举出来。该文指出了现代技术世界中人的无思状态，分析了计算性思维与沉思之思两种不同的思维方式，指出了人与技术世界所应该保持的关系等等。

① 海德格尔：《尼采》，商务印书馆 2002 年版，第 11 页。

一、无思状态与思之忙碌

由于在德语中纪念庆典(Gedenkfeier)与思想(denken)有字面和意义上的联系,海德格尔认为“思想”是纪念庆典中不可缺少的,因此,他在纪念庆典中的讲话主要谈思想。海德格尔向人们描绘了一幅无思图景,他指出,“我们不要给自己做任何姿态。我们所有的人,包括那些似乎由于职业而思想的人,我们大家往往是够思想贫乏的了。我们所有人都是太容易无思想的了。”[①]这话让人惊讶:难道说人们真的就没有思想了吗?海德格尔指出:当今世界人们在逃避思想,无思状态像一位不速之客,它在世界上到处进进出出、四处歇脚。他揭示了人们以一种奇特的方式逃避思想:我们并没有放弃思想的能力,我们甚至急需这种能力,但我们却于无思状态中“闲置”我们的思想能力,这种无思状态恰恰表现为一种思的狂热。他指出:“没有一个时代像今天这样做如此广泛的规划,如此众多的调查,如此狂热的研究。确实如此。这种洞察力和思考的奢意耗费有其巨大的效用。这样的思想仍不可缺少。然而,尽管如此,它只不过是一种特殊方式的思想。”[②]

无思状态不是人们思想的静止、停顿状态,恰恰是一种特殊方式的思想过度膨胀状态。

思想的贫瘠恰恰是被一种思想的虚假繁荣掩盖着,无思状态体现为一种“有思”中的无思。表面的思之忙碌遮蔽了无思状态,这使得“无思”成为人们最难发现的事情。更为隐秘的是,即便人们侥幸瞥见了“无思”的影子,也不愿看到“无思”的真实面孔,更不愿意承认对思想的逃避,并断然否定这种逃避。

---

① 《海德格尔选集》,上海三联书店 1996 年版,第 1232 页。

② 《海德格尔选集》,上海三联书店 1996 年版,第 1232 页。

在我们今天的教育中也能看到这种无思状态。无思状态在研究者身上的表现是“思想的忙碌”。有人感叹学术研究中存在着大量的“假性繁荣”。为评职称、争课题、争学位点等等导致的科研浮夸风,有愈演愈烈的趋势。这种“假性繁荣”来自企业化的运作。海德格尔指出:“科学的现代的企业活动特性的决定性展开也造就了另一类人。学者消失了。他被不断从事研究活动的研究者取而代之了。是研究活动,而不是培养广博学识,给他的工作以新鲜空气。研究者家里不再需要图书馆。他反正不断在途中。他在会议上磋商和了解情况。他受制于出版商的订货。出版商现在也一道来决定必须写哪一些书。”①今天,在教育中,随着学科建制和专业化分工的不断发展,学术研究也呈现出企业化的趋势,研究人员像产业工人生产产品那样生产“思想”的现象较为普遍。

这种运作使学者缺乏守候精神。在海德格尔看来,学术研究活动像传统农业而不像现代工业,这种研究“还必须耐心等待,像农夫守候种子抽芽和成熟那样”。② 今天,在企业活动的支配下,学者们的“板凳宁坐十年冷,文章不写一字空”的农夫“守候”精神,已经被快节奏、高效率的研究者的学术期望所取代。思想不再扎根于“大地”之中,而是行进在“高速公路”上,“如今人们把一切的一切以最快速和最廉价的途径纳入知识,以同样迅速地忘却于同一瞬间。如此这般地一个聚会追逐着另一个聚会。”③在求快求多的企业化的“思想”生产中,思想者伏匿了。

无思状态在学生身上的表现是学习变成了“投入——产出”式的掌握、再现的运行程式。例如,“有的语文教学变成枯燥的语法和篇章

---

① 《海德格尔选集》,上海三联书店 1996 年版,第 894 页。

② 《海德格尔选集》,上海三联书店 1996 年版,第 1233 页。

③ 《海德格尔选集》,上海三联书店 1996 年版,第 1232 页。

结构的分析，历史学习变成历史史实的机械背诵，智慧的哲学思想则被分解为可记诵的教条。”[①]这种教学令学生逃避思想。当学生对学习问题的回答不是基于自己的体悟和心得，而是基于教学的标准答案——一种可记诵的教条和冷藏库式的知识，这就早已经封闭了思想。在学生认为自己正在“精确”地思（想答案）时，思已经从他们身边“抽身”而去了！

海德格尔指出：“抽身，这应被思的东西抽身而去，在今天成了一个事件，它比一切现实的东西都更具当前性。”[②]召唤思的教育要使人们意识到在教育中有一种思的缺席，应该被思的东西已经从我们身边抽身而去；意识到“最激发思的东西显明于：我们尚不会思。”[③]当人们意识到了应该被思的东西已经抽身而去时，他们就已经接近思、开始思了。召唤思的教育要告诉人们“就人具有去思的可能性而言，人能够思”。[④]“我们之所以也会变得思想贫乏甚至无思想，是因为人在其本质之基础上具有思想能力，具有‘精神和理智’”。[⑤]

二、计算性思维与沉思之思

何以人们尚不会思？源于一种思想遮蔽了另一种思想。借用海德格尔的话说：一片遮蔽着的土地上空的一朵变幻不定的计算性思维的阴云，笼罩在一个始终不为主体所经验的沉思之思的真理之上。

海德格尔指出有两种思想：计算性思维和沉思之思。在他看来，无思状态来自于一种特殊的思维方式的膨胀——计算性思维。他指出：“它的特性在于：当我们进行规划、研究和建设一家工厂时，我们

① 杨钦芬：《迈向意义世界——教学的价值追求》，《大学教育科学》2009年第5期。

② 《海德格尔选集》，上海三联书店1996年版，第1211页。

③ 《海德格尔选集》，上海三联书店1996年版，第1206页。

④ 《海德格尔选集》，上海三联书店1996年版，第1205页。

⑤ 《海德格尔选集》，上海三联书店1996年版，第1232页。

始终是在计算已给定的情况。为了特定的目标,出于精打细算,我们来考虑这些情况。我们预先就估算到一定的成果。这种计算是所有计划和研究思维的特征。这种思维即使不用数来运行,不启用计数器和大型计算设备,也仍然是一种计算。计算性思维权衡利弊。它权衡进一步新的可能性,权衡前途更为远大而同时更为廉价的多种可能性。计算性思维唆使人不停地投机。计算性思维从不停息。"[①]它导致思想惊人的贫乏。

沉思之思是一种真正的思想,它思索存在问题。它不要求人们好高骛远,"我们只需栖留于切近处而慎思最切近的东西,即思索此时此地关系到我们每个个体的东西;所谓'此地',就是在这块故乡的土地上,所谓'此时',就是在当前的世界时刻。"[②]沉思之思思索原子时代这一"世界时刻"人的存在问题。沉思之思所思考的东西"是如此之近,以至于我们熟视无睹。因为通往近处的道路对于我们人来说,任何时候都是最遥远的,因而也是最艰难的。这条道路是沉思的道路。"[③]计算性思维阻碍了沉思的道路,当人为技术对象所奴役,片面地系紮于一种表象性思维,当思想作为以计算性方式订造自然、促逼自然、摆置自然的工具时,如此之近的东西(人的存在问题)就变得最为遥远。沉思之思思考人类作品的根基持存性,它思考"人,人的作品,将来还会从荒废的故土中成长出来并且上升到天穹之中,也即升入天空和精神的浩瀚之境中吗?"[④]这里"荒废的故土"是指受到战争创伤、外部的科学技术(原子弹)的威胁和时代精神——计算性思维笼罩的故土。沉思之思思考被计算性思维所遮蔽的人们尚未去思的东西。沉思之思

① 《海德格尔选集》,上海三联书店 1996 年版,第 1233 页。

② 《海德格尔选集》,上海三联书店 1996 年版,第 1233—1234 页。

③ 《海德格尔选集》,上海三联书店 1996 年版,第 1238 页。

④ 《海德格尔选集》,上海三联书店 1996 年版,第 1235 页。

与计算性思维虽然都不是自发的,但沉思之思对人们要求更高,它要求较长的入门训练和更多的努力。

海德格尔指出:“我们必须学会这种思,因为虽然我们有思的能力,或甚至是有天生禀赋,但这并没有保证我们能思。”[①]这话仿佛是冲着今天的教育说的。当今世界,沉思之思凤毛麟角,计算性思维却大行其道,它扭曲着现代教育体系。计算性思维将一切事物的性质都变成必须满足可计算的数理性质,它将思想变成了“计算”。在今天,教育在计算性思维的支配下,全面发展教育演变成了“全面计算教育”,好学生取决于其在各门功课中分数的占有量。在计算性思维的影响下,培养学生的人文精神是将文、史、哲、艺等等人文性学科归并人文学院,让学生占有人文学科的知识量。一所学校在大学学科中的人文学科所占有的比例、在学生课程中的人文课程所占有的比例愈高,似乎人文精神教育就愈好。人们借鉴科学技术的对象性思维方式将人文知识专业化,试图以计算性思维来抗拒计算性思维。计算性思维还支配着当今的研究者,教学法研究旨在提高学生占有知识的效率,最大限度提高学生的知识占有量。学校也在一味地追求量。一所学校、一位教师的(权威期刊、核心期刊的)论文、专著越多,其创造性似乎就越高。计算性思维造成了“炫耀性科研”能力的增长,产生了思想的停滞和无意义文本的繁衍,使中国成为世界上论文生产大国,学者成为废纸生产者,学术成为符号制作术。国家每年花费巨额资金投入科学研究,却滋生了大量“学术泡沫”。在计算性思维催促下,学分、科研分、甚至思想品德分(在教育中思想品德也被量化了)……拥有得越多越善!海德格尔指出:“当人欲求思时,人欲求太多,反而能思的就

① 《海德格尔选集》,上海三联书店 1996 年版,第 1218 页。

太少。”[①]

由计算性思维所引发的无思状态是一个海德格尔所描述的“消耗着当今人类的至内精髓的过程。”[②]当出于精打细算和权衡利弊，十几个、几十个教授博导“竞聘”一个处长岗位时，就是人类的至内精髓的消耗过程的突出表现。当不当官的教授博导难以获得当官的教授博导的“红利”(学术资源)时，计算性思维就唆使人不停地投机，这种至内精髓的消耗过程就从不停息。计算性思维“目标倒不全在于，确定那个‘多少’，而最终只是有助于对作为对象的存在者进行控制和统治”。[③] 计算性思维使教育中人趋炎附势、随波逐流，它削弱了人的批判意识，人只能单向度地默认与屈从这种异化形式。若没有召唤思的教育，最终教育中人都将被计算性思维所控制。

计算性思维消除着最激发思的东西，它使应思虑的东西坠入无关紧要的行列变得索然乏味，它用高效率塑造着人们对教育世界的体验，使人们保持“与计算性的规划和发明的最高的、最富有成效的敏感和对深思的冷漠”。[④] 假如经济利益主导着教育发展，教育的任务仅仅是通过科学技术提高学生掌握世界的能力，使学生为技术化的经济全球化作准备。那么，就会出现海德格尔预测的结局：“有朝一日只剩下计算性思维作为唯一的思维还适用和得到运用。”[⑤]当计算性思维笼罩着大地之时，人和人的作品就难以上升到天穹(海德格尔所说的天穹意味着：高空的自由空气，精神的敞开领域)之中，教育就无法培养出大师级的杰出人才。

计算性思维与资本市场的肆意扩张相关联。海德格尔指出：“人

---

① 《海德格尔选集》，上海三联书店 1996 年版，第 1204 页。
② 《海德格尔选集》，上海三联书店 1996 年版，第 1232 页。
③ 《晚期海德格尔的三天讨论班纪要》，《哲学译丛》2003 年 3 期。
④ 《海德格尔选集》，上海三联书店 1996 年版，第 1241 页。
⑤ 《海德格尔选集》，上海三联书店 1996 年版，第 1241 页。

之人性和物之物性，都在贯彻意图的制造范围内分化为一个在市场上可以计算出来的市场价值。这个市场……作为世界市场遍布全球。”[①]资本市场扩张将一切存在者带入计算行为中，使人与物都成为便于资本增值的可计算的对象。这一思想与马克思资本批判思想有相通之处。由于社会主义初级阶段处于利用资本和驾驭资本的过渡阶段，计算性思维存在着不断滋生的土壤，它诱使人们“满怀热情地”去干与召唤思的教育生活无关的事情，使教育呈现出了海德格尔描绘的无思图景。

召唤思的教育要指明那抽身而去者——存在问题，它要成为“指明者”的教育，从而使人从计算性思维转向沉思之思。在召唤思的教育中，这种转向没有桥梁，只有跳跃。这一跳把我们带向的地方不是对岸，而是全然不同的境地。随着跳跃，沉思之思所达的境地是反对把人当作“人力资本”来订造，防止人嵌入技术世界变成齿轮和人成为对地球的完全统治的最可靠工具。作为指明者的教育，它要指明计算性思维的非法尺度：尽管计算性思维把人视为“宝贵资源”与“人力资本”，将人估算为“最高价值”，但是，由于囿于工具性的解释，这种估算仍然是剥夺了人的尊严的亵渎之举。

召唤思的教育是“教比学难”，海德格尔指出，“教比学难是因为，教意味着让人去学。真正的老师让人学习的东西只是学习。所以，这种老师往往给人造成这样一种印象，学生在他那里什么也没有学到，因为人们把获取知识看作是‘学习’。真正的教师以身作则，向学生表明他应学的东西远比学生多，这就是让人去学。教师必须比弟子更能受教。”[②]在召唤思的教育中，教师不再扮演发号施令的“万事通”，不再满足于使学生掌握大量的、确定性知识，而是指导学生追求不确定的、

① 《海德格尔的智慧》，中国电影出版社 2007 年版，第 184 页。

② 《海德格尔选集》，上海三联书店 1996 年版，第 1217 页。

深刻的知识,这种教育比向学生奉送真理的教育要难得多。在“教比学难”中的教师有“更高的事务,这与当一个有名的大学讲师或教授完全是两码子事。”[①]这种教师的更高事务就是召唤思。如今,人们倡导师生间的对话关系、我——你关系、主体间性关系等等。召唤思的教育赞同上述关系,并认为在技术世界中,最要紧的是将师生关系进一步发展为激发思的教育关系,让教育在沉思之思中游动。

三、关于“人的根基持存”的思考

沉思之思“不是随便地去思能够被思的随便什么思的东西”[②],而是关于“人的根基持存”的思考。海德格尔由德国作曲家孔拉丁·科劳泽的纪念庆典联想到德国在上一个世纪、上上个世纪出现了许多伟大的诗人和思想家。“我们进入沉思并且要问:优秀作品的成熟不都植根于故乡的大地中吗?约翰·彼德·海贝尔写道:‘我们是植物,不管我们愿意承认与否,必须连根从大地中成长起来,为的是能够在天穹中开花结果。’”[③]

在上一个世纪、上上个世纪的伟大的诗人和思想家都有其成长的故乡的大地,而原子时代的科学技术(产生了可以毁灭地球的核武器)仿佛将人类从故乡的大地上连根拔起,技术对地球的征服使人的根基沦丧。在这个纪念庆典上,海德格尔对孔拉丁·科劳泽的生平只字不提,只关注产生伟大作品的故乡的大地。他问道:于今“还有根枝强劲的故乡——人在故乡的根基持存,也就是说,人在其中是根基持存的——吗?”[④]这里的“根基持存”字面上可译为“土生土长的、本地

---

① 《海德格尔选集》,上海三联书店 1996 年版,第 1217 页。
② 《海德格尔选集》,上海三联书店 1996 年版,第 1213 页。
③ 《海德格尔选集》,上海三联书店 1996 年版,第 1234 页。
④ 《海德格尔选集》,上海三联书店 1996 年版,第 1234 页。

的”[①]。在技术世界中，这种“根枝强劲”的故乡已经不存在了。

在海德格尔时代，技术已经渗透到社会生活的方方面面，人通过技术以多种多样的制作和塑造的方式来加工世界。他认为盲目抵制技术世界是愚蠢的，将技术世界诅咒为魔鬼是缺少远见的。然而，他所担心的是人们不知不觉被技术世界所奴役。他指出：当前时代，“世界就像一个对象一般显现出来，计算性思维对此发起进攻。……自然变成唯一而又巨大的加油站，变成现代技术与工业的能源。”[②]人们无止境地开发与掠夺自然。他认为当今时代为“原子时代”，它的最强烈的标志是原子弹。在这一时代，人的根基持存受到了致命的威胁。关于这种威胁，他主要谈了两个事例。一个事例是核武器对人的生存的威胁。海德格尔指出：“现代科学和技术的基本问题不再是：从哪里获得足够的燃料和能源？现在决定性的问题叫做：我们能够以何种方式限制并且控制难以想象的巨大核能，以维护人类安全，防止这种巨大能量——即使没有战争——突然在某处爆发出来，‘渗透’并且毁灭一切？”[③]正是这一问题的严重性，使海德格尔在思考作品成长的故乡时，超越了故乡原本具有的地域性，与技术世界中人的立身与持存的问题联系在一起了，并且只关注于此。

另一个事例是科学技术侵袭人的生命。海德格尔指出：“1955 年夏季，在林道又举行了诺贝尔奖获得者的国际会议。就此机会，美国化学家斯坦黎说道：‘生命掌握在化学家手中的时刻不远了，化学家将随意分解、组合和改造生命机体’。人们认可了这样一句名言。人们甚至惊诧于科学研究的大胆而什么都不想。人们没有考虑到，这里借助于技术手段在为一种对人的生命和本质的侵袭作准备，与之相

① 参见《海德格尔选集》，上海三联书店 1996 年版，第 1234 页注释。

② 《海德格尔选集》，上海三联书店 1996 年版，第 1236 页。

③ 《海德格尔选集》，上海三联书店 1996 年版，第 1236—1237 页。

比,氢弹的爆炸的意义微不足道。”[1]在海德格尔看来,恰恰是核武器没有毁灭人类的时候,人的生命体又受到了科学技术的威胁。

在技术世界中,科学技术解蔽了自然规律,却遮蔽了人对存在的思考。在海德格尔看来,科学技术不思,科学增长着一种盲目乐观。他说:“今年7月在玛瑙岛上,18位诺贝尔奖获得者在一份呼吁书中明确声明:‘科学,这里即现代自然科学,乃是人类通往更加幸福的生活的道路。’”[2]海德格尔指出,这种断言与沉思之思南辕北辙。在他看来,在世界变成彻头彻尾的技术世界时,人还没有能力深思,而计算性思维却使“一切都掉入规划和计算,组织和自动化企业的强制之中”。[3]在计算性思维的支配下,“没有任何个人,任何团体,任何委员会,没有任何举足轻重的政治家、研究人员和技术人员,也没有任何经济及工业首脑的协商会议,能够刹住或者控制核时代的历史进程。”[4]技术世界有如一辆盲目的、危险的快速列车,不知何去何从地疯狂奔跑。在这种无思状态中,“高深莫测的不是世界变成彻头彻尾的技术世界,更为可怕的是人对这场世界变化毫无准备。”[5]

这一“毫无准备”的普遍困境,使沉思之思成为最紧迫、最重大的思想任务。海德格尔在《关于人道主义的书信》中指出:“从存在的历史的意义看来,确定不移的是,一种对世界历史意义的东西的基本经验在共产主义中自行道出来了。谁若把‘共产主义’认为只是‘党’或只是‘世界观’,他就……想得太短浅了。”[6]共产主义具有世界历史意义。历史唯物主义就是一种关乎人类存在的沉思之思。海德格尔指

① 《海德格尔选集》,上海三联书店1996年版,第1237页。
② 《海德格尔选集》,上海三联书店1996年版,第1236页。
③ 《海德格尔选集》,上海三联书店1996年版,第1235页。
④ 《海德格尔选集》,上海三联书店1996年版,第1238页。
⑤ 《海德格尔选集》,上海三联书店1996年版,第1238页。
⑥ 《海德格尔选集》,上海三联书店1996年版,第384页。

出："欧洲的思想——曾经是它的伟大处——在逐渐展开的世界天命的本质进程中落后了。"[①]历史唯物主义超越了欧洲传统思想，把握了世界历史进程。海德格尔指出："因为马克思在体会到异化的时候深入到历史的本质性的一度中去了，所以马克思主义关于历史的观点比其余的历史学优越。但因为胡塞尔没有，据我看来萨特也没有在存在中认识到历史事物的本质性，所以现象学、存在主义也没有达到这样的一度中，在此一度中才有可能有资格和马克思主义交谈。"[②]马克思在理解异化时已经深入到历史的本质性的一度中去了。1969 年，海德格尔在哲学讨论班上指出："现今的所谓哲学只是满足于跟在知性科学后面亦步亦趋，却完全误解了我们这个时代的双重独特现实，即经济发展以及这种发展所需要的架构；而马克思主义懂得这双重的现实。"[③]历史唯物主义洞察到资本主义社会现实，预见到资本主义文明发展的限度。

今天，且不说核武器早已具备了多次毁灭地球的力量，仅资本的肆意扩张就已经触及到人类生存的自然底线。海德格尔指出："人的自身生产带来了自身毁灭的危险。"[④]此后，《增长的极限》等文献进一步敲响了人类生态危机的警钟，人们进一步意识到资本主义文明展示了整个人类毁灭的可能性前景。吴晓明教授指出："由于人口的众多和体量的巨大，……只要我们的发展目标指向美国标准的生活方式，我们就会在自然方面需要一整个'地球表面'，……这是可以用自然科学的精确性来加以描述的。"中国要按照美国的发展模式发展，以消耗地球资源为前提，就会"驱迫现代文明迅速地、不可遏制地抵达终结阶段。"[⑤]从马克思的资本批判到一百多年来资本全球化的发展历史，证

① 《海德格尔选集》，上海三联书店 1996 年版，第 384 页。

② 《海德格尔选集》，上海三联书店 1996 年版，第 383 页。

③ 《晚期海德格尔的三天讨论班纪要》，《哲学译丛》2003 年 3 期。

④ 《晚期海德格尔的三天讨论班纪要》，《哲学译丛》2003 年 3 期。

⑤ 吴晓明：《当代中国的精神文明建设及其思想资源》，《中国社会科学》2012 年 5 期。

明了中国不能按照资本主义文明的发展模式发展。那种认为中国的发展可以完全进入到现代资本主义文明中去的观点是一种无思状态。

沉思之思来自于对存在性空虚的恐惧,海德格尔曾引用荷尔德林的诗句"但哪里有危险,哪里也有救"①,来说明人类有自救的可能。在危险与救渡并存的时代,今天如何走中国特色社会主义发展道路的思考就是一种历史唯物主义中国化的沉思之思。沿着这条道路发展的教育应当成为召唤思的教育,它要从计算性思维下的获取知识的教育转向沉思之思的探索生存的智慧教育。召唤思的教育不仅仅让学生追求人生价值与意义,教师也不仅仅就是"人类价值的守护者"。召唤思的教育使教师与学生共同思考人的存在问题。试想,如果核威胁变成了现实,世界文明遭遇突然的毁灭,所有的价值与意义、所有的文化传统将统统化为乌有。因此,存在的思考比价值与意义的思考来得更根本。

海德格尔指出:"自由的真正意思是保护。"②召唤思的教育亟需发展与丰富今天的教育目标,使自由全面发展的教育目标增添"保护"这一本质性的自由维度。有学者指出:"在马克思主义创始人那里,基本的问题只是'活着的异化',而没有'生存的毁灭',因此,自由解放成为主题;今天显而易见的是,'毁灭'已经成为现实的可能性,成为存在论的基本领悟,因此,救亡也就成为实践的主题。"③以往的自由全面发展的教育目标承接着马克思自由解放的叙事,这在今天仍然具有强大的生命力。然而,在资本的肆意扩张将使人类文明走向崩溃的前景中思考教育,教育目标就不是单向地促进人的自由全面发展,而是使

---

① 《海德格尔选集》,上海三联书店 1996 年版,第 946 页。

② 《海德格尔选集》,上海三联书店 1996 年版,第 1192 页。

③ 罗骞:《今天,马克思主义哲学可以成为什么?》,《黑龙江社会科学》2012 年 2 期。

人成为存在的保护者。今天的自由全面发展教育论文汗牛充栋，却鲜有这方面的考虑，说明“保护”是被计算性思维所遮蔽的人们尚未去思的东西，它在今天是最能激发人们思的东西。召唤思的教育把“保护”作为一项任务委之于思想。

四、泰然任之与虚怀敞开

科学技术产生的巨大能量威胁到了人的根基持存性。核武器可以销毁，然而，科学技术可以随时将它制造出来。正是在人类未毁灭之际，人才应该沉思。在海德格尔看来，虽然说原子时代产生之前的思想有部分可利用、可借鉴的价值，但从总体上看，人们缺少一种应对技术世界的新的思想形态。他要通过沉思之思为人类寻找一种新的思想形态、新的根基持存性。

他指出：为了不被技术对象所奴役，“我们可以利用技术对象，却在所有切合实际的利用的同时，保留自身独立于技术对象的位置，我们时刻可以摆脱它们。我们可以在使用中这样对待技术对象，就像它们必须被如此对待那样。我们同时可以让这些对象栖息于自身，作为某种无关乎我们内心和本真的东西。我们可以对技术对象的必要利用说‘是’；我们同时可以说‘不’，因为我们拒斥其对我们的独断要求，以及对我们生命本质的压迫、扰乱和荒芜。”[①]他将这种对技术对象既说“是”也说“不”的态度，称为“泰然任之”。泰然任之的态度是让人保持与技术对象的一种自由关系，不让其压迫生命本质。

同时，海德格尔指出：“一种意义统治着所有的技术过程，这种非人所发现并造出的意义要求着人的有为与无为。核技术的迅猛发展令人生畏，我们不知道核统治的意义何在。技术世界的意义遮蔽自

---

① 《海德格尔选集》，上海三联书店1996年版，第1239页。

身。……我称那种我们据以对在技术世界中隐蔽的意义保持开放的态度为:对于神秘的虚怀敞开。”[①]海德格尔认为,技术世界的意义遮蔽自身,它是神秘的。对此,人应该有一个虚怀敞开的态度。

在海德格尔看来,只要人们将上述两种态度结合起来——对技术对象的泰然任之和对技术世界的意义虚怀敞开,人类就有了一个全新的基础与根基,就达到一种新的根基持存性。

两种态度的结合“让我们能够赖以在技术世界范围内——并且不受技术世界的危害——立身和持存。”[②]这样,伟大作品又有了成长的故乡。

在纪念庆典上,海德格尔向人们展示的前景是乐观的(这或许考虑到了听众的情绪)。然而,他并没有结束存在的沉思之思。例如,在“一切都掉入规划和计算,组织和自动化企业的强制之中”的技术世界里,人如何达到泰然任之、对技术对象既说“是”也说“不”?如何对技术世界采取自由的态度?这是一个十分困难的问题,他并没有解决这一问题。这一纪念庆典讲话的价值在于引发人们关于在技术世界中人的立身与持存的思考。正如他所讲的,“对于物的泰然任之与对于神秘的虚怀敞开从来不会自动地落入我们手中。它们不是什么偶然的东西。两者唯从一种不懈的热烈的思中成长起来。”[③]

召唤思的教育要沿着海德格尔的沉思道路使人们从一种不懈的热烈的思中成长起来。今天的教育本土化追求旨在寻求本土文化的根基和建立本土教育,消除他国教育的“霸权”,避免“文化帝国主义”。这固然需要,但仅此不够。今天,历史上的“为天地立心,为生民立命,为往圣继绝学,为万世开太平”的单向度(只考虑本民族)的文化传承

① 《海德格尔选集》,上海三联书店 1996 年版,第 1240 页。
② 《海德格尔选集》,上海三联书店 1996 年版,第 1240 页。
③ 《海德格尔选集》,上海三联书店 1996 年版,第 1241 页。

的自信心态已经被技术世界的问题打破了。英国思想家吉登思指出：核威胁已经使人不再有如此充分的信念：人类的生命一定能比个体生命延续的时间更长。吉登思引用了毕罗在长篇小说《赫佐格》中的话："核恐惧的革命还给了我们一个形而上学的维度。所有的实践活动都达到了顶点：所有的一切现在都可能完蛋，文明、历史、自然。"① 如今教育本土化的追求应该像海德格尔那样考虑人类存在的根基问题，而不仅仅考虑地域与传统文化意义上的回归"故乡"问题。在召唤思的教育中，人类存在的根基问题比本土问题更根本，这恰恰又是今天的教育尚未去思的东西，是最能激发思的东西。在教育本土化追求中已经清楚明白的地方（寻求本土文化的根基）恰恰隐藏着有待思的东西（寻求人类存在的根基），这说明当今教育本土化的追求尚未能胜任思想的任务。

五、当下人的立身与持存的三个维度

海德格尔开辟了沉思之思的道路，我们今天仍然行进在这条道路上。当下人的存在问题不是比海德格尔时代减轻了，而是在更广的意义上拓展着。今天的时代比海德格尔时代更能激发思，然而，恰如海德格尔所说："尽管世界的状况已变得愈来愈激发思，我们仍然不会思。"②技术世界的快速发展正日益凸显人的立身与持存的三个维度的问题：生物性生存、社会性生存与精神性生存的危机。在人的生态危机呈现出多层次化的状态下，探索人类如何存在和去存在是人类社会实践特别是中国快速发展向当下教育提出的重大思想课题。

在 1955 年海德格尔指出：人们对这场世界变化毫无准备。今天，

---

① 安东尼·吉登思：《现代性的后果》，译林出版社 2000 年版，第 128 页。

② 《海德格尔选集》，上海三联书店 1996 年版，第 1207 页。

人们对此也不能说就有了充分的准备。英国思想家齐格蒙特·鲍曼延续了海德格尔的对技术世界中人的存在状态的分析,他指出:“我们现代文明的当代状况所存在的问题是它已经停止了拷问自己。不提出某些问题充满了危险,这比无法回答已进入官方议事日程的问题更加危险。”[①]这说明今天人们仍然在逃避思想。海德格尔指出,没有人能够刹住或者控制住技术世界的进程。鲍曼将社会进步也视为一辆快速行驶的列车,他说:“当很多人跳进这一不停加速的列车并享受这一旅程时,还有很多人(没有那么狡猾,机灵,聪明,具有冒险精神或孔武有力)不是被车轮碾碎,就是落在了后面或者被拦在了过度拥挤的车厢外面。在进步这辆车上,座位和站位通常不足以容纳所有愿意上车的旅客,而进入车厢的资格审查总是那么严格;这也许正是为什么有那么多人将参与这一旅程视为甜美的梦想。人们宣传进步时总是说它能带给更多的人更美好的幸福;但是也许进步,这一现代标志,真正的含义是只要更少的(而且是不断减少的)人就可以使社会进步这辆列车运转、加速、爬坡,曾几何时需要社会大众来协调、征服的事务,只要更少的人就可以解决。”[②]计算性思维出于精打细算,追求以最小的代价(人力、物力、财力等等)获得最大的效益(使列车运转得越来越快)。在人的生物性生存(海德格尔所说过的突出的两个事例:核威胁和技术侵袭生命)没有有效解决的时候,人的社会性生存又出现了问题(这一问题在海德格尔的时代没有表现出来)。那些“没有挤上列车的人”产生了“多余的”、“社会性无归属”的感觉,伴随而来的是“丧失自尊和生存目的的感觉”。[③]

在经济全球化浪潮下,我们的社会是否也出现了鲍曼所讲的列

---

① 齐格蒙特·鲍曼:《全球化——人类的后果》,商务印书馆2001年版,第5页。
② 齐格蒙特·鲍曼:《废弃的生命》,江苏人民出版社2006年版,第8页。
③ 齐格蒙特·鲍曼:《废弃的生命》,江苏人民出版社2006年版,第6页。

车？有学者指出："目前中国的下岗和失业者，事实上已经成为社会中的被淘汰者，已经成为被甩到社会主体结构之外的一个规模很大的群体。因此，如果将现在的失业者和下岗者仅仅看成是由于某些暂时的原因而失去工作，解决这个问题的方式就是创造再就业的机会。如果承认这些人将永远也不可能回到社会的主导产业中去，甚至无法找到稳定的就业机会，就需要在创造边缘性就业机会的同时，作出某些制度上的安排，来保障他们的基本经济和社会需求。两种不同的思路，具有完全不同的政策含义。"①这是社会性生存问题所引发的思考。

不管我们的社会是否出现了鲍曼所说的列车，教育的竞争来自社会性生存的压力是一个不争的事实。电视台曾报道：八月份许多孕妇要求提前剖腹产，人在娘胎里就开始竞争了，早一个月上学就早一年考大学、早一年找工作；城市的"学区房"价格飙升，所谓的"学区"并非指有学校的社区，而是指能使学生的学习成绩排在其他学校学生的学习成绩前面的学校的社区；家长间流行的问话是"你的孩子在班上排第几?"以前仅是中学追求"升学率"，近些年大学又开始追求"考研率"。如果教育反思仅仅轻描淡写地将"应试教育"问题归结为教育管理者与教师的"教育理念落后"，就尚未达到沉思之思。

《废弃的生命》为技术世界中人的存在状态增添了社会性生存危机的浓烈一笔。然而，技术世界中人的生存危机还有精神性生存危机。今天，生物性生存问题尚未解决，社会性生存问题表现日益突出，与之相伴的是精神性生存问题不断滋生。技术世界设置在"车轮上"，人们感叹今天的生活节奏越来越快。有学者在《教育如何回应当代人的生存危机》一文中指出："听说一个女孩子一直读书，从本科到研究

① 郑莉：《理解鲍曼》，中国人民大学出版社 2006 年版，第 222 页。

生到博士生,后来找不到意义,就自杀了。”“又听另一位老师谈起北师大两位老师跳楼的事情,包括一位50多岁的博士生导师。”[①]上述现象反映人在教育世界中找不到生活的价值与意义,发生了精神性生存危机。该作者写道:“生活在大学之中,每个人都成了统计表上的标志,生命被缩减为没有生命内涵的符号,有时候你就是物。生活在大学里,除了教学、科研成果能给学校带来名誉,平常有谁真正在意你的完整性存在,在意学校里每个员工的价值呢?只能靠自己。表面上处处自由,实际上控制无处不在。”[②]为了实现教育的经济价值,传统教育理论主张把人当作“劳动力”来培养,使教育成为生产力发展的手段,人成为社会机器上的齿轮。恰如海德格尔所说:“为技术设备和自动装置所迫,人的位置越来越狭窄。”[③]如果人们无奈地任凭无休止的技术强权摆布,“行乎其所不得不行,止乎其所不得不止”。在世界上,还有在天地之间的人的诗意地栖居吗?人的三个维度的存在问题成为今天沉思道路上的路标。

技术世界引发了人的三种生存危机——生物性存在、社会性存在和精神性存在的危机,它们展示了人的生存方式的尖锐矛盾:没有技术世界人类未必幸福,有了技术世界人类也未必幸福,这是亟需改变和超越的存在悖论。今天的生态文明建设需要开创一个新的文明形态来延续人类的生存,这一绿色文明内在地包含着人的生物性存在、社会性存在和精神性存在三个维度的和谐发展。今天一种思想愈是广泛地关注人的存在,就愈是具有沉思之思的特性。

---

① 刘铁芳:《教育如何回应当代人的生存危机》,《21世纪经济报道》2007年423期第(32)页。

② 刘铁芳:《教育如何回应当代人的生存危机》,《21世纪经济报道》2007年423期第(32)页。

③ 《海德格尔选集》,上海三联书店1996年版,第1237页。

召唤思的教育要使学生的沉思充分而广泛，让“思生发浓郁的气息”①，就要使他们关注这三个维度的存在问题，思考如何积极占有现代资本主义文明成果又不完全进入现代资本主义文明中去；思考如何扬弃以物的依赖为基础的异化发展道路，构建实现人的全面发展的新型文明形态——让自由解放与保护共属一体，相伴而行。

召唤思的教育假如仅仅空洞地讨论什么召唤思，此外无所作为，这种教育与沉思都是无所助益的。沉思之思不仅存在于人的内部（作为思想），而且存在于人的现实生活过程之中（化为行动）；它不仅是一种追问，而且是一种生存方式。它昭示着教育的强国梦不是建立一个由资本驱动的、西方式的、扩张主义的强国。教育所培育的人也不是像资本主义“世界历史性个人”（马克思语）那样为在全球范围内攫取资源、在各大领域追逐世界霸权的目标服务。召唤思的教育培养具有世界历史眼光的人，他要在加强与世界各国的合作、创造互利互惠的“共赢”关系和为人与自然、人与人的和谐发展方面作出贡献。

召唤思的教育对人的本质有新的理解，它不仅把人的本质理解为“社会关系的总和”，而且将人的本质理解为一个“深思的生命”，如果人丧失了这种本质，没有了保护的能力，一切社会关系都将面临化为乌有的危险。从存在论上说，它们共同成为人的本质规定。“深思的生命”本质是“社会关系的总和”本质的守护者。召唤思的教育需要唤醒学生的沉思之思，让学生学会弃绝（功利性的计算），使学生作为“深思的生命”而存在。召唤思的教育以沉思之思为基点点燃学生走向未来、担当历史的激情，让“思在存在之野上开犁沟垄”。②

① 《海德格尔选集》，上海三联书店 1996 年版，第 1077 页。

② 《海德格尔选集》，上海三联书店 1996 年版，第 1077 页。

第二节　海德格尔的壶的虚空与中国诗性文化的融通处

海德格尔的著作晦涩难懂,他在《林中路》中有段话:“林是树林的古名。林中有许多路,这些路多半突然断绝在人迹不到之处。这些路叫做林中路。”[①]海德格尔的思想就像走在林中路上,而且是“人迹罕至”的路。读他的《物》就可以体会到他在林中路上的尝试和摸索,这一摸索可能受道家思想的影响。张祥龙指出:“海德格尔对于中国‘道’的长久、深刻的兴趣不只与他的学术思想相关,在更深切的意义上是来自他天性中质朴自然而又充满诗境的那个维度,也与他在田野道路上和托特瑙山间的原初体验大有干系。因此,他的乡土意识并不妨碍他与万里之遥、千载之上的一个异国的思想沟通,并可以用‘施瓦本地区和阿雷曼族的方言用法’来解释‘道’的开路本性。而他心目中的古希腊和基督教的‘神’,竟也可以与中国的‘天道’发生合乎时机的对话。”[②]

对海德格尔的文本解读有四重交互意义:显性意义,文本字面的意义,这是读者首先需要弄懂的意义;隐性意义,字面意义背后的意义,即海德格尔为什么要这样说;启示意义,理解了显隐意义后,其思想给我们带来的启发,这是由文本的显隐意义引出新意义;联接意义,海德格尔哲学思想与道家诗化思想融通,借鉴这些思想产生出开阔德育视野的新的思想。

本节分析海德格尔的壶的虚空与道家诗化思想的融通处。

海德格尔的哲学是诗与思的对话,《老子》的思想也是诗与思的对

---

① 熊伟:《熊译海德格尔》,同济大学出版社 2004 年版,第 190 页。

② 张祥龙:《海德格尔传》,河北人民出版社 1998 年版,第 305 页。

话。《老子》四十一章指出："道隐无名"。意思是道幽隐而无名。海德格尔指出："但若人要再度进入存在的近旁，那么他必须先学会在无名中生存。"①道家的思想主题之一是"无"，德国学者莱因哈德·梅依指出："对于海德格尔来说，其思想的首要论题，是与存在相应的'无'这一主题。"②海德格尔正是在壶的"无"（虚空）中揭示了壶这一物。海德格尔的思想与中国的诗性文化有着亲缘关系。本节从中国诗性文化看海德格尔的壶之虚空，旨在为理解海德格尔哲学提供一个视角，为诗意德育思考人的生存状态展示一个境界。

海德格尔在其《物》一文中的壶之思可能借鉴了《老子》的思想。张祥龙先生指出："1946 年夏天，海德格尔与中国学者萧师毅合作，要将《老子》或《道德经》译成德文。此次短暂合作以失败告终"。③"尽管这次合作没有取得翻译成果，却深远地影响了海德格尔，形成他与道家关系中的最大一段因缘。"④

在海德格尔看来，壶能成为一物，在于它是作为有容纳作用的器皿而存在。"当我们装满壶时，我们发觉这个器皿的容纳作用。显然是壶底和壶壁承担着容纳作用。但别忙！当我们装满一壶酒时，难道是在把酒注入壶壁和壶底么？我们顶多能说，我们把酒倒在壶壁之间、壶底之上。壶壁和壶底当然是这个器皿中不透水的部分。不过，不透水的东西还不是起容纳作用的东西。当我们灌满壶时，液体就在充灌时流入空的壶中。虚空乃是器皿的有容纳作用的东西。壶的虚空，壶的这种无，乃是壶作为容纳的器皿之所是。"⑤

---

① 《海德格尔选集》，上海三联书店 1996 年版，第 364 页。

② 莱因哈德·梅依：《海德格尔与东亚思想》，中国社会科学出版社 2003 年版，第 48 页。

③ 张祥龙：《海德格尔传》，河北人民出版社 1998 年版，第 315 页。

④ 张祥龙：《海德格尔传》，河北人民出版社 1998 年版，第 301 页。

⑤ 《海德格尔选集》，上海三联书店 1996 年版，第 1169 页。

这里,海德格尔先谈壶的有形的东西——壶底和壶壁,再谈壶的无形的东西——虚空。这很容易让人联想起《老子》十一章所说的“埏埴以为器,当其无,有器之用”。意思是使用陶泥作器皿,有了器皿中间的虚空,才有器皿的作用。这一思想启发了海德格尔。当他以壶来解说物时,他也在分析一个陶匠如何制造陶土的器皿。

海德格尔指出:“首先而且始终地,陶匠把握到不可把捉的虚空,并且把它置造出来,使之成为有容纳作用的东西而进入器皿的形态之中。壶之虚空决定着任何置造动作。”①在他看来,陶匠不是在制作有形的壶,而是塑造虚空,由虚空而产生了壶的外形,即陶匠是“把握到不可把捉的”虚空后才有壶的外形。壶能成其自身不在于它的不透水的部分——构成材料,而在于其无形的、有容纳作用的虚空。如何理解这一虚空呢?

一、虚空是不可定义的,它具有颠覆西方理性哲学的关于存在的形而上学的重要意义

这一说法颠覆了两千多年来西方哲学的物观念。理性主义的鼻祖柏拉图认为有两个世界,即理念世界与感觉世界,前者是真实不变的世界,后者是虚假的、变化的世界。理念产生了世界上的万事万物。理念世界是神创造的。在哲学史上,柏拉图第一次谈了工匠制造工具的活动,如前文已介绍过的柏拉图的三张桌子:神造出了桌子的理念,木匠根据桌子的理念制造出了现实的桌子,画家根据现实桌子绘画出桌子。这样,理念决定了工匠的制造活动。这使后来的西方哲学在理解物时注重物的共性、普遍性,物的理念、概念。

这种思想在萨特的哲学中有着明确的表露,萨特指出物是本质

① 《海德格尔选集》,上海三联书店1996年版,第1169页

(概念)先于存在,他说:“试拿一件工艺品——例如一本书或者一把裁纸刀——来说,它是一个对此已有一个概念的匠人制造的;他对裁纸刀的概念,以及制造裁纸刀的前此已有的工艺(这也是概念的一部分,说到底,即一个公式)同样已心中有数。因此裁纸刀既是一件可以按照固定方式制造出来的物件,又是一个达到某一固定目的的东西,因为人们无法想象一个人会制造一把裁纸刀而不知道它派什么用场。所以我们说,裁纸刀的本质,也就是使它的制作和定义成为可能的许多公式和质地的总和,先于它的存在。这个样式的裁纸刀或者书籍就是靠这样在我眼前出现的。我们这样说是从技术的角度来看世界,而且我们可以说制作先于存在。”①这里,制作先于存在就是物的概念先于物而存在。西方有位哲学学者指出:两千多年的西方形而上学,都是柏拉图哲学的脚注。由此看来,萨特的哲学也不例外。

不过,基于其人学,萨特提出人是存在先于本质的命题。萨特认为,在以往的哲学中“人的概念在上帝的脑子里就和裁纸刀在工匠的脑子里相仿佛:上帝按照一定程序和一种概念造人,完全像工匠按照定义和公式制造裁纸刀一样。”他指出尽管在十八世纪的无神论哲学里,上帝的观念被禁止了,但在对人的理解上,本质先于存在(先有概念然后才有人)的思想没有变,“每一个人都是这个普遍概念——人的概念——的特殊例子。”②他认为在狄德罗、伏尔泰甚至康德的著作中都有这种“人性”,即人的概念。

萨特试图扭转西方传统哲学。他说:“如果上帝并不存在,那么至少总有一个东西先于其本质就已经存在了;先要有这个东西的存在,然后才能用什么概念来说明它。……我们说存在先于本质的意思

---

① 萨特:《存在主义是一种人道主义》,上海译文出版社 1988 年版,第 6—7 页。

② 萨特:《存在主义是一种人道主义》,上海译文出版社 1988 年版,第 7 页。

是指什么呢？意思是说首先有人，人碰上自己，在世界上涌现出来——然后才给自己下定义。”[①]在萨特看来，人是首先存在(是一个把自己推向未来的、自我选择的、自由的存在)，然后才能给人下定义。萨特哲学对我国人学理论产生了较大的影响，并且这种人学理论影响了德育理论。这种人学理论认为人是积极、主动的，物是消极、被动的；人是“不是其所是”或“是其所不是”，物是“是其所是”。所以在德育中，最流行的话语是不能把人当成物。在探讨对话教育时，人们只讲人与人的对话，不讲人与物的对话。

萨特依据柏拉图对物的理解，提出了自己的人学观点。人的“存在先于本质”是物的“本质先于存在”的颠倒和倒转。海德格尔认为萨特的本质观是柏拉图式的：“把一个形而上学的命题倒转过来仍然还是一个形而上学的命题。”[②]在人学理论中，不能理解存在本身，不能理解物的存在特性，就不能对人有真正的理解。受这种人学理论影响，德育将物理解为对象性的物、被动的物，如此，就不再会有诗意德育的思考。

海德格尔根据存在的“平台”而不是人的“平台”来思。《老子》第一章指出：“道可道，非常道；名可名，非常名。”在道家看来，道是不可下定义的。海德格尔在《存在与时间》中指出：“存在既不能用定义方法从更高的概念导出，又不能由较低的概念来描述。”[③]“种加属差”的传统逻辑的定义方法不适用于物的“存在”。在《存在与时间》中，不能说海德格尔借鉴了老子思想，但两者有相通之处，这种相通为后来的借鉴提供了可能。

老子依据道的思想，阐述了容器的“无”产生了容器之用。海德格

---

① 萨特：《存在主义是一种人道主义》，上海译文出版社1988年版，第8页。

② 《海德格尔选集》，上海三联书店1996年版，第372页。

③ 海德格尔：《存在与时间》，生活·读书·新知三联书店1987年版，第5页。

尔依据存在本源之思，用虚空说明壶何以成为一物。虚空是存在的敞开状态（不是开门那样的空间意义上的敞开），是物的存在特性，它同样是不可定义的。

柏拉图与萨特关于（作为用具的）物的思考符合常人的想法，通常人们认为工匠要制造一个东西，必须先有关于某物的概念（包括图纸、制作公式等等）。而海德格尔却反其道而行之，他认为陶匠是根据虚空制作了壶。这种观念像他在《物》的后记中所说的“看起来好像是无法无天的任意之举”。[①] 这一奇思妙想，出人意料。然而，他却比柏拉图主义者更深刻地揭示了物的存在——诗性的存在状态。《老子》认为“道隐无名”，道不可下定义。海德格尔则用不可定义的虚空去克服西方传统哲学对物的现成性、概念性、实体性、定义性的存在理解。壶不是由概念而是由虚空决定的，虚空本身不是靠理性把捉的，它是不能下定义的。在这种理解中，海德格尔用与东方之思相似的“无”扭转了西方哲学关于物的思路，为在场与不在场、显现与隐蔽的诗性境域打开了通道。这一扭转，促使德育工作者思考，西方传统的理性哲学有其缺憾，德育要克服唯理性需要重新审视其理论的地基——哲学基础，不能将认识论视为德育的唯一理论基础。

二、虚空不是物理学上的空间概念，虚空是结缘性虚空

老子通过容器之“无”，讲到了容器之能容。海德格尔通过壶之虚空不仅讲了壶之能容，而且讲了壶之所容。在海德格尔的论述中，壶的虚空首先出现在壶壁之间、壶底之上，这就会让人想到物理学的空间概念。然而，这个有容纳作用的虚空却不是物理学上的空间。海德格尔指出：“壶的本质乃是那种使纯一的四重整体入于一种逗留的有

---

① 海德格尔：《存在与时间》，上海三联书店 1987 年版，第 1187 页。

所馈赠的纯粹聚集。”[①]

通过海德格尔在哲学上的诗意阐发,壶的虚空成了容纳天地神人的虚空。诗意德育赞赏“一沙一世界,一花一天国”的人生境界,海德格尔的壶之容纳就包含着这种境界。

作为“无”的虚空不是一无所有之“无”、不是虚无主义的无意义之“无”。在海德格尔看来:“对我们而言,无甚至也‘从属’于‘存在’”。“存在:无:同一。”[②]无就是存在的本源发生态。具体到壶,只有“无”才能“容纳”,才使壶成其为壶。这很像老子的思想:“天地万物生于有,有生于无。”关于海德格尔的“无”,以西方传统理性哲学无法理解,东方传统哲学却与之接近,“无”接近老子的“无状之状”,它存在却不可用理性言说。

壶如何容纳呢?地与天、神与人是不可能被装入物理学意义上的壶的空间中的,这一容纳实际上是“结缘”。海德格尔对壶的理解与其在《存在与时间》中对锤子的理解有相通性。他说:“例如,因我们称之为锤子的那种上手的东西同锤打有缘(因之我们才称那种上手的东西为锤子);因锤打,又同修固有缘;因修固,又同防风避雨之所有缘;这个防风避雨之所为此能避居其下之故而‘存在’,也就是说,为此在存在的某种可能性之故而‘存在’”。[③] 锤子是结缘性的存在,锤子与锤打活动结缘,与修固、雨棚、雨棚下避雨的人结缘。这种结缘形成了海德格尔所说的“因缘整体性”,锤子恰恰在这个“因缘整体性”中才成为一物。海德格尔认为,只有在这种状态中才能理解锤子。离开了这一状态,孤立地看待一把锤,无论是感性认识(感觉一把锤子的重量或外

① 海德格尔:《存在与时间》,上海三联书店 1987 年版,第 1174 页。

② 莱因哈德·梅依:《海德格尔与东亚思想》,中国社会科学出版社 2003 年版,第 48—49 页。

③ 海德格尔:《存在与时间》,上海三联书店 1987 年版,第 104 页。

形)或理性认识(给锤子找出一个定义)都难以理解这把锤。海德格尔的壶之思则将“因缘整体性”的思想“放大”,将壶置入天地神人的“四重整体”之中。

在道家看来,“无”是最大的,能容纳一切。然而,这种大却不是物理学空间意义上的大,不是外形上的大。老子说:“吾不知其名,强字之曰‘道’,强为之名曰‘大’。”[①]海德格尔的虚空有如老子的“大”,不能用概念说明,不能用物理学来测量。虚空的容纳是与天地神人结缘,这种空间是结缘性的空间。庄子说:“天地有大美而不言。”[②]壶由于结缘也有“无言的大美。”

三、作为存在本质的虚空是虚实相生的

在西方传统哲学中,对物的理解只有存在者的“实存”意识,没有存在者的“无”的意识,它把物理解为实体,理解物的过程是由对实体的感知(感性认识)上升到理性概念。从柏拉图到黑格尔,这种理性哲学不断完善。恰恰是由于在历史上西方理性哲学过于强大,受此影响,才使我们的德育重视理性哲学而忽视诗性哲学。在教育中,哲学指导德育就变成了理性哲学指导德育。

《庄子·知北游》二十二章指出:“物物者非物”,形成物的东西不是物。在道家看来,使物成为物之“道”并不等于实体意义上的物。《庄子·知北游》还说:“视之无形,听之无声,于人论者,谓之冥冥,所以论道,而非道也。”意思是看上去没有形态,听起来没有声音,人们在言谈中,常把这叫做“冥冥”,所以常被议论的道,就不是道。这同于《老子》的思想。《老子》十四章指出:“视之不见,名曰夷,听之不闻,

① 《老子·二十五章》。

② 《庄子·知北游》。

名曰希,搏之不得,名曰微。”在道家看来,道是看不见,听不到,摸不着的,它不是有形的、可感觉的实体。道存在于一切事物之中,使事物成为事物。因此,事物是“有无相生”的。

海德格尔也不将物视为实体,他指出:“无乃是一种可能性,它使存在者作为这样一个存在者得以为人的此在敞开出来。无并不首先提供与存在者相对的概念,而是源始地属于本质本身。”①这里所谓的“本质”不是名词概念性的,乃是动词性的存在之本质,它指的是自身隐匿又敞开的本源发生态,正是这种作为存在之本质发生态的虚空才可能成就结缘性的整体存在。使“存在者得以为人的此在敞开出来”。因此,这种虚空是活生生的、境域性的虚实相生的虚空。

在《存在与时间》中,他关于锤子的思考就有了初步的从有到无的想法。他说:“对锤子这物越少瞠目凝视,用它用得越起劲,对它的关系也就变得越原始,它也就越发昭然若揭地作为它所是的东西来照面,作为用具来照面。”②这种观点源于生活。当我们用锤子砸进一根钉子,对锤子越少观看,用得就越顺手。他指出工具具有“不触目性”,工具在使用中仿佛“抽身而去”。“它在其上手状态中就仿佛抽身而去,为的恰恰是能本真地上手。”锤子由有到无,恰恰在这种“无”(仿佛抽身而去)中,锤子才与锤打活动等等结缘,锤子才呈现出了它的作为存在物性的“因缘整体性”。海德格尔指出:“物具有着各种各样属性的‘外观’,如果对这种‘外观’‘仅仅作一观看’,那么这种‘观看’哪怕再敏锐也不能揭示上手的东西。”③这个由有到无不是由有变无(物消失了),而是从关注存在者的实体到关注存在者的结缘状态,这种“由有到无”是相对于认识论而言的,锤子作为认识的实体仿佛抽身了。

① 海德格尔:《路标》,商务印书馆2000年版,第133页。
② 海德格尔:《存在与时间》,上海三联书店1987年版,第86页。
③ 海德格尔:《存在与时间》,上海三联书店1987年版,第86页。

然而,作为存在者的结缘状态的“无”,并非一无所有,它在存在论上是有(esgibt),即是“给出”。

海德格尔的壶之思所理解的壶,是由在场状态的壶思及其虚空给出和容纳着赠品,此一容纳是聚集,它表现了物在存在关系中自行前来:“在赠品之水中有泉。在泉中有岩石,在岩石中有大地的浑然蛰伏。这大地又承受着天空的雨露。在泉水中,天空与大地联姻。”于是,壶和天与地结缘。“倾注之赠品乃是终有一死的人的饮料。它解人之渴,提神解乏,活跃交流。但是,壶之赠品时而也用于敬神献祭。”[①]于是,壶和人与神结缘,活泼泼地虚实相生,呈现出作为存在者之存在的丰富的存在特性。如此我们才能理解海德格尔的话:“壶之为器皿,并不是因为被置造出来了;相反,壶必须被置造出来,是因为它是这种器皿。”[②]正因为壶能解人之渴,提神解乏,活跃交流、敬神献祭,它与天地神人联系在一起,所以才被置造出来,才成其为壶。它是人与壶等等的存在活动自身的置造。

正是在容纳四重整体意义上,陶匠不是制造有形的壶,而是制造虚空。因此,仅仅靠柏拉图的理念、萨特的概念说明不了物,概念性的思维不能把捉物。相对于海德格尔的诗性阐发,认为给事物下一个理性定义就能把握了事物的思想就显得苍白。

四、虚空聚集着四重整体,人的栖居是保护着四重整体

海德格尔认为壶的虚空聚集着天地神人这四重整体,聚集成就自身的本质,而这四重整体在物中的逗留就是人的栖居状态。人的栖居是要守护四重整体的本质。“在拯救大地、接受天空、期待诸神和护送

---

① 《海德格尔选集》,上海三联书店 1996 年版,第 1172—1173 页。

② 《海德格尔选集》,上海三联书店 1996 年版,第 1168 页。

终有一死者的过程中,栖居发生为对四重整体的保护。"[①]这种保护是要达到人与世界的和谐相处。例如,他关于拯救大地的思想是"拯救大地远非利用大地,甚或耗尽大地。对大地的拯救并不控制大地,并不征服大地。"[②]

美学家宗白华说:"中国人对他的用具(石器铜器),不只是用来控制自然,以图生存,他更希望能在每件用品里面,表达对自然的敬爱,把大自然里启示着的和谐,秩序,它内部的音乐,诗,表显在具体而微的器皿中。一个鼎要能表象天地人。"[③]这里的"表象"不是表象性思维,而是"表征",即揭示与阐明,它是诗意地展示了中国人在与器皿(如"鼎")打交道中与天地人的和谐联系。这与海德格尔的酒壶能映射出天地神人的环绕世界何其相似!

中国诗性文化包含着天地人和谐相处的思想。侯敏指出:中国古代推崇"匠心",排斥"机心"。[④] "机心"是运用人造物代替造化和征服造化,"匠心"是顺应自然、推动自然的造化。海德格尔的陶匠制造壶就有顺应自然的思想,他说:"陶匠用专门为此选择和准备好的泥土制造出这个陶制的壶。"[⑤]这里是自然(合乎制造壶的泥土)决定、指令技术(制造活动),而不是工业化社会中的"技术决定、指令自然"。

海德格尔的壶聚集着四重整体与中国诗性文化一个鼎要能表象天地人,都蕴含着人与万物和谐相处的诗性思想。只有这种诗性思想,才能在一把壶、一个鼎中表现出和谐世界。海德格尔的诗性世界(即世界之世界化)是"天、地、神、人'四方'归于一体",中国诗性文化

① 《海德格尔选集》,上海三联书店 1996 年版,第 1194 页。

② 《海德格尔选集》,上海三联书店 1996 年版,第 1193 页。

③ 宗白华:《艺境》,北京大学出版社 1999 年版,第 179 页。

④ 侯敏:《有根的诗学》,上海人民出版社 2003 年版,第 74 页。

⑤ 《海德格尔选集》,上海三联书店 1996 年版,第 1167 页。

(区别于海德格尔的有神论)是天地人并列为叁。当然,相似并不是相同。中国古代的鼎是祭神、祭天的器皿,神与天是相通的,并且有时是可以相互代替的,这与海德格尔的天与神有所不同。

宗白华指出:“中国人的个人人格,社会组织以及日用器皿,都希望能在美的形式中,作为形而上的宇宙秩序,与宇宙生命的表征。”[①]中国人希望万事万物都能在美的形式中表现宇宙秩序。海德格尔指出:“柔和的是这样的物:壶和凳、桥和犁。但树木和池塘、小溪和山丘也是物,也以各自的方式是物。苍鹰和狍子、马和牛,也是物,每每以自己的方式物化着。每每以自己的方式物化之际,镜子和别针、书和画、王冠和十字架也是物。”[②]在海德格尔的“世界之世界化”中四重整体表现在一切物中。海德格尔认为物不是首先和本来纯然只是一物,物是聚集,它聚集着天地神人。在中国传统诗性文化中,物表征着天地人,然而,这一表征却不是偶然和随意附加的东西。中国传统诗性文化认为人与天地的精神是相通的,这种相通也体现在事物之中。

宗白华指出:“中国人感到宇宙全体是大生命的流行,其本身就是节奏与和谐。……一切艺术境界都根基于此。”[③]在中国的诗性文化中,自由就体现在宇宙的和谐上,艺术上的自由要能体现宇宙和谐。海德格尔则说:“自由的真正意思是保护。”自由就是要守护着四重整体,人的“栖居的基本特征就是这种保护”。[④] 这是基于对人的诗意的栖居的理解而产生的一种诗性的自由观,它不同于“自由是对必然的认识”的认识论上的自由观。在中国传统诗性文化与海德格尔的自由观中,人与万物都不是对立和分离的。

---

① 宗白华:《艺境》,北京大学出版社 1999 年版,第 180 页。
② 《海德格尔选集》,上海三联书店 1996 年版,第 1183 页。
③ 宗白华:《艺境》,北京大学出版社 1999 年版,第 180 页。
④ 《海德格尔选集》,上海三联书店 1996 年版,第 1192 页。

五、虚空靠诗性思维来把握

诗性思维不同于理性认识,它不是把事物当成一个既定的存在者,A是A地看待事物。理性认识将作为A的壶视为一个既定的存在者,通过从感性到理性的抽象,由A(具体的、个别的壶)上升到A1(壶的概念、理念)。海德格尔认为,仅仅这样思考并不能揭示壶之为壶。海德格尔将壶与天地神人联系起来,是将在场的A和与之不同的、不在场的a、b、c、d等等联系了起来,A只有在与a、b、c、d等等的联系中才能理解。而A与a、b、c、d等等的结缘状态就是事物的存在。这种存在不等于存在者。理解壶的这种存在状态靠诗性联想。西方二千多年的形而上学历史是存在的遗忘的历史,就在于它只盯着眼前的A而没有不在场的a、b、c、d等等的意识。诗性思维是一种超越性思维,即自由思维。它在本质上能够揭示人和自由、人和社会、人和人、人和神的存在关系中的超越维度的特点和关联。

海德格尔曾引用荷尔德林的诗句:“……人诗意地栖居……”指出人的栖居是以诗意为基础的。他认为:“作诗并不飞越和超出大地,以便离弃大地、悬浮于大地之上。毋宁说,作诗首先把人带向大地,使人归属于大地,从而使人进入栖居之中。”①在海德格尔看来,作诗是让栖居,它展示着人的栖居状态。诗意的言说并非不着边际的幻想,诗意的言说能真实地反映人的生活。

诗意的言说是什么呢?叶燮在《原诗》里说:“可言之理,人人能言之,安在诗人之言之;可征之事,人人能述之,又安在诗人之述之。必有不可言之理,不可述之事,遇之于默会意象之表,而理与事无不灿然于前者也。”这是说“可言之理”、“可征之事”,这不是诗性思维所要

① 《海德格尔选集》,上海三联书店1996年版,第468页。

道说的东西。海德格尔的思想是诗性的，在他看来，无论是感性认识还是科学理性，在考察一把壶时，说出的都是些“可言之理”、“可征之事”，而远离了物之存在的“物性”。海德格尔也这样说不可说之神秘：“诗召唤那种疏异的东西——不可见者为了保持其不可知而归于这种疏异的东西。”[①]这“不可见者”是非实体的东西，“不可知”是理性概念所不能说明的东西，它的“疏异”在于它对于西方传统理性哲学是陌生的。

《易经》说：“无往不复，天地际也。”中国诗性文化对空间的理解不是一往不返，而是回旋往复的。《老子》二十五章说：“大曰逝，逝曰远，远曰返。”这是关于“道”的思想，道与万事万物联系在一起，道的存在方式是内在于、回返于、成就于万事万物的存在方式。因此关于具体事物存在特性的理解就要思及它与道的关联，由小思及大，由大思及远，再由远返回到眼前的事物，就与道比较切近了。海德格尔在理解壶时，就有类似的思想，他将壶的本质思为“物物化”，“物化之际，物居留大地和天空，诸神和终有一死者；居留之际，物使它们的远中的四方相互趋近，……切近近化远，并且是作为远来近化。”[②]他的思维运动是由“小”虚空的敞开到“大而远”的四重整体的聚集运作，又由四重整体返回来说明壶的存在特性。

海德格尔曾言及：一个具有诗意的人会使一棵树、一座山、一所房屋、一声鸟啼——都完全不再平凡和普通。诗人善于小中见大，能于“一朵花中窥见天国，一粒沙中表象世界”（宗白华语），所以能使平凡的事情变得不再平凡。

宗白华认为艺术心灵的诞生起于“空灵”，他说：“空明的觉心，容

① 《海德格尔选集》，上海三联书店1996年版，第476页。

② 《海德格尔选集》，上海三联书店1996年版，第1178页。

纳着万境,万境浸入人的生命,染上了人的性灵。所以周济说:‘初学词求空,空则灵气往来’”。[1] 诗人一定要有空灵之心,由空灵才能容纳,所以苏轼说:“空故纳万境”。“空故纳万境”是一种超越又聚集的艺术思维,空灵之心能更深刻地理解事物。因为在中国传统文化看来,事物就是“虚实相生”的。中国艺术的“空”起于道家“无”的思想,后又掺入佛家空诸一切,心无挂碍的思想。这种“空”与海德格尔思想不相等同,但有相似处,它们都不将物视为实体。

美学家宗白华指出中国人爱在山水中设置空亭一所。倪云林每画山水,多置空亭,他有“亭下不逢人,夕阳澹秋影”的名句。张宣题倪画《溪亭山色图》诗云:“石滑岩前雨,泉香树杪风,江山无限景,都聚一亭中。”苏东坡《涵虚亭》诗云:“惟有此亭无一物,坐观万景得天全。”宗白华分析道:“一座空亭竟成为山川灵气动荡吐纳的交点和山川精神聚积的处所。”[2]空亭容纳了“江山无限景”,何以如此?借用海德格尔的思想,空亭与人结缘,人与江山结缘,空亭的存在是一种“缘在”。所谓“江山无限景,都聚一亭中”的“聚”,有似于海德格尔的壶的“聚集”。以中国的艺术眼光看,就能理解海德格尔而区别于西方传统形而上学,壶的空表现了很高的艺术美。当然,这种艺术美不是主观想象的东西,它源于对物之为物的理解。

海德格尔专家吕迪格尔·萨弗兰斯基曾描述过在欧洲二战时期的达达主义,“达达主义宣言明确声称:‘打碎一切关于伦理、文化和内在性的口号。’这就是说,电车就是电车,战争就是战争,教授就是教授,茅坑就是茅坑。”“达达这个词标示了人与周围现实的一种简陋关系的宣言。现在有的只是这个、那个、这个、那个。”[3]海德格尔讲空是

---

① 宗白华:《艺境》,北京大学出版社 1999 年第 3 版,第 161 页。

② 宗白华:《艺境》,北京大学出版社 1999 年第 3 版,第 150 页。

③ 吕迪格尔·萨弗兰斯基:《海德格尔传》,商务印书馆 1999 年版,第 138 页。

让人从这种实物化的眼光中解放出来，不仅仅盯着眼前的、有限的事物，不“是其所是”地看待事物。若事物孤立绝缘，就不成其为事物。中国诗性文化中的空不是正有此意吗？

宗白华认为将来最真确的哲学就是一首“宇宙诗”，其事业也就是尽力加入做这首诗的一部分。宗白华理解了中国诗性文化的精髓，那表现天地人的“鼎”像一首宇宙诗，万事万物都能在美的形式中表现宇宙秩序也是宇宙诗。与此相近，海德格尔的壶之思在某种发生学意义上也可以说是一首哲学化的宇宙诗。

笔者谈海德格尔的壶的虚空与中国诗性文化的会通处，不是将海德格尔“中国化”，而是寻找两者间对话的可能性。理解海德格尔哲学的障碍是西方传统形而上学，海德格尔在阐述自己的诗性哲学时关注东方思想，这不是偶然的，海德格尔的诗性思想是不能从西方传统哲学的理性语言中说出的。莱因哈德·梅依指出：阅读海德格尔文本将不得不遵循尼采所谓“跨欧洲之眼”的教诲来进行。从东西方两者间对话上研究，能切近海德格尔的思想，同时能加深对双方的理解。

主要参考资料

《论语》

《孟子》

《老子》

黑格尔:《小逻辑》,商务印书馆 1980 年第 2 版

《海德格尔选集》,上海三联书店 1996 年版

尼采:《偶像的黄昏》,河南人民出版社 1987 年版

海德格尔:《尼采》,商务印书馆 2002 年版

伽达默尔:《哲学解释学》,上海译文出版社 1994 年版

马丁·布伯:《我与你》,生活·读书·新知三联书店 2002 年版

萨特:《存在主义是一种人道主义》,上海译文出版社 1988 年版

恩斯特·卡西尔:《人论》,上海译文出版社 1985 年版

福柯:《规训与惩罚》,生活·读书·新知三联书店 1999 年版

福柯:《疯癫与文明》,生活·读书·新知三联书店 1999 年版

马克斯·韦伯:《新教伦理与资本主义精神》,生活·读书·新知三联书店 1987 年版

弗洛姆:《逃避自由》,工人出版社 1987 年版

德里达:《论文字学》,上海译文出版社 1999 年版

德勒兹:《哲学与权力的谈判》,商务印书馆 2000 年版

吕迪格尔·萨弗兰斯基:《海德格尔传》,商务印书馆 1999 年版
保罗·弗莱雷:《被压迫者教育学》,华东师范大学出版社 2001 年版
保罗·利科:《活的隐喻》,上海译文出版社 2004 年版
刘易斯·科恩:《理念人》,中央编译出版社 2001 年版
樱井哲夫:《福柯——知识与权力》,河北教育出版社 2001 年版
《方东美新儒学论著辑要——生命理想与文化类型》,中国广播电视出版社 1992 年版
宗白华:《艺境》,北京大学出版社 1999 年第 3 版
朱光潜:《无言之美》,北京大学出版社 2005 年版
张世英:《进入澄明之境——哲学的新方向》,商务印书馆 1999 年版
张世英:《天人之际——中西哲学的困惑与选择》,人民出版社 1995 年版
张世英:《新哲学讲演录》,广西师范大学出版社 2004 年版
杜小真:《一个绝望者的希望——萨特引论》,上海人民出版社 1988 年版
钱理群:《学魂重铸》,文汇出版社 1999 年版
胡为雄:《诗国盟主毛泽东》,当代中国出版社 1996 年版
张本楠:《王朝闻美学思想研究》,辽宁人民出版社 1998 年版
阎国忠:《朱光潜美学思想及其理论体系》,安徽教育出版社 1994 年版
刘北成编著:《福柯思想肖像》,上海人民出版社 2001 年版
张一兵:《神会马克思——马克思哲学原生态的当代阐释》,中国人民大学出版社 2004 年版
侯敏:《有根的诗学——现代新儒家文化诗学研究》,上海人民出版社 2003 年版
张志扬:《偶在论》,上海三联书店 2000 年版
李建平:《聚集新课程Ⅱ——解析新难点》,首都师范大学出版社 2004 年版
孙周兴:《我们时代的思想姿态》,东方出版社 2001 年版
阿尔森·古留加:《黑格尔小传》,商务印书馆 1978 年版

图书在版编目(CIP)数据

诗意德育/孙迎光,孙菲著.—修订本.—上海:上海三联书店,2017.9

ISBN 978-7-5426-5961-3

Ⅰ.①诗… Ⅱ.①孙…②孙 Ⅲ.①德育-研究 Ⅳ.①G41

中国版本图书馆 CIP 数据核字(2017)第 166932 号

诗意德育(修订本)

著　　者 / 孙迎光　孙　菲

责任编辑 / 张大伟

装帧设计 / 鲁继德

监　　制 / 姚　军

责任校对 / 朱　强

出版发行 / 上海三联书店

(201199)中国上海市都市路 4855 号 2 座 10 楼

邮购电话 / 021-22895557

印　　刷 / 上海盛通时代印刷有限公司

版　　次 / 2017 年 9 月第 1 版

印　　次 / 2017 年 9 月第 1 次印刷

开　　本 / 640×960　1/16

字　　数 / 280 千字

印　　张 / 22.5

书　　号 / ISBN 978-7-5426-5961-3/G・1462

定　　价 / 56.00 元